영포자 중등 보카

1등급 만들기

1등급 만들기

영포자 중등보카

1판 2쇄 발행 2018년 2월 20일

지은이 심우철
펴낸이 김선숙, 이돈희
펴낸곳 그리고책(주식회사 이밥차)

주소 서울시 서대문구 연희로 192 이밥차빌딩 2층
대표전화 02-717-5486~7
팩스 02-717-5427
출판등록 2003. 4. 4. 제 10-2621호

본부장 이정순
편집 책임 박은식
편집 진행 심형희, 양승은, 이현아
마케팅 남유진, 권지은, 허선형
영업 이석원
경영지원 차은영, 윤나라
교열 이현미
디자인 공간42 이용석

ISBN 978-89-97686-87-2 53740

영포자 1등급 만들기 중등 보카

24년 수능기출 완벽분석

심우철 지음

그리고책
andbooks

저자의 말

어휘(Vocabulary)는 듣기(Listening), 말하기(Speaking), 읽기(Reading), 쓰기(Writing) 등 영어의 모든 영역에서 핵심적인 역할을 합니다. 특히, 중학교 수준의 영어 학습에서 겪게 되는 가장 흔한 어려움의 핵심은 어휘에 있습니다. 초등영어가 주로 듣기, 말하기 중심이었다면, 중학교 이후 수능까지의 영어 학습은 읽기, 쓰기 중심이기 때문이죠. 결국, 중학교 수준의 과정에서 이를 제대로 이해하지 못하고 듣기와 말하기 수준의 어휘에 머문다면, 이후 수능영어 과정이 힘들어질 수밖에 없습니다.

그렇다면, 이 중요한 어휘를 어떻게 공부해야 할까요? 여러분이 사용하고 있는 다음의 여러 가지 접근법들의 장단점을 통해 효과적인 방법을 도출해 보았습니다.

첫째, 소재나 상황에 따른 관련 어휘들을 정리하는 주제별 어휘 학습법.

예를 들어, '날씨(weather)'라는 관련 주제 속에는 'rainy', 'snowy', 'sunny', 'cloudy', 'windy' 등의 관련어휘들이 있습니다. 물론, 서로 연상작용을 일으켜 기억을 도와주는 장점이 있지만, 결정적인 한계가 있죠. 바로 중학영어 과정에는 초등영어 수준의 기초 어휘들뿐만 아니라, 특정 주제로 묶을 수 없는 어휘들이 너무나도 많다는 점입니다.

둘째, 초급, 중급, 고급 등 단계나 수준을 정해 학습하는 수준별 어휘 학습법.

우선순위에 따라 먼저 익힐 어휘들부터 학습해야 합니다. 하지만, 이 방법 또한 기계적 단순암기라는 한계가 있다. 아무 관련성이 없는 어휘들을 억지로 묶어 외운다 해도 그 기억이 오래 지속될 리 없기 때문입니다.

셋째, 같은 어근을 가진 어휘들을 중심으로 공부하는 어원별 어휘 학습법.

핵심적 의미를 지닌 어근을 중심으로 학습하기 때문에 어근이 같은 어근의 어휘들의 확장과 적용에 효과적입니다. 그러나 2,000개 내외의 중학영어 수준의 어휘들 중 어근으로 접근할 수 있는 어휘는 극히 일부에 지나지 않습니다. 6,000 ~ 7,000개 정도의 수능 어휘에서나 어느 정도 적합한 방법입니다.

넷째, 자주 쓰이는 상용어구나 빈출어구 속에서 각각의 단어들을 익히는 어구별 어휘 학습법.

의미를 구성하는 어구 속 어휘는 연상작용이 일어나므로, 빠르게 습득하고 오래 기억이 유지된다는 장점이 있습니다. 읽기, 쓰기 중심의 학습이 시작되는 중학영어 단계에서 독해 지문 중심의 수능영어로 이어지는 시기에 알맞은 방법이라 할 수 있어요. 다만, 가장 중요한 것은 빈출어구들 속에 필수 어휘를 모두 포함시킬 수 있어야 한다는 것 입니다.

이 모든 것을 고려해, <영포자 중등보카>는 필수 중학영어 2,000여 단어를 주제별 어휘 학습법에 따라 큰 틀의 범주로 나누고, 그 한계를 극복하기 위해 어구별 어휘 학습법으로 보완했습니다. 또한 개별 어휘들의 의미도 추가해, 예비 수능 단계로서의 중학영어 어휘를 완성하였습니다. 이어지는 '집필기'와 '핵심구성 & 특징'을 통해 세부적 이용 방법을 숙지한 뒤 이 책을 공부한다면 마지막 책장을 넘기는 순간 영어 공부에 첫 번째 눈을 뜨게 될 것이라 자신합니다.

심우철

집필기

1. 지난 24년간의 수능 지문에서 중학교 수준의 어휘들을 모조리 뽑아 구성!

듣기와 말하기를 통한 실용영어 중심의 중학영어 과정에서 자연스럽게 소홀해질 수밖에 없는 것이 바로 수능으로 대변되는 읽기와 쓰기를 통한 지문독해입니다. 이러한 지문독해와 실용영어와의 가장 큰 차이가 바로 어휘예요.

알다시피 고등학교 수준의 어휘들(6,000~7,000단어)로 구성된 수능 지문 속에는 당연히 중학교 수준의 어휘(2,000단어 남짓)도 포함되어 있습니다. 따라서 수능영어로 이어지는 중학영어 과정에서 필수적인 것이 바로, **실제 수능에서 빈출되는 중학교 수준의 어휘**를 미리 숙지하는 것입니다.

2. 기존 주입식 단어 암기법의 한계를 극복하기 위해, 수능빈출 어구를 사용!

기존처럼 'modern **[mάdərn]** ⓗ 현대의' 또는 'society **[səsáiəti]** ⓜ 사회'와 같은 식의 단순 암기는 쉽게 잊어버리는 경향이 많습니다. 반면에, 'modern society 현대사회'와 같은 어구의 경우, 빈도가 높은 어구(11, 08, 04수능기출)를 통해 한 번의 공부로 'society'와 'modern'의 의미를 동시에 익힐 수 있죠. 이후 각 단어들이 서로를 연상시켜 주는 효과를 극대화하여 **기억력을 높입니다.**

3. 수능 기출예문을 통해 어휘의 독해 활용 능력을 극대화!

예문의 경우, 빈출어구에 있는 단어와 그 파생 단어 중 빈도가 높은 단어에 대해 예문을 달았습니다. 예문은 그 단어들이 실제 독해에서 활용될 수 있도록 단문과 복문을 적절히 설계하였습니다.

이때, 대부분의 예문들은 수능 출제기관인 교육과정평가원에서 지난 24년간 출제한 **모든 수능과 평가원모의고사의 지문에서 중학교 수준의 예문들을 엄선**하여 제시하였습니다.

4. 연습문제를 통해 어휘 숙지 여부를 다시 한 번 확인!

단어에 대한 이해도를 확인하기 위해 연습문제를 단계별로 구분하여 출제하였습니다.

1단계에서는 다음과 같이 기본적인 단어의 뜻을 점검하여, 자신감을 높입니다.

♣ 문장 속 괄호의 우리말에 알맞은 단어를 연결하세요.

thirst	①	ⓐ Mom feeds my brother and me (아침).
breakfast	②	ⓑ I drank some water to satisfy my (갈증).

2단계에서는 어원이 같은 파생어를 확인하여 그 활용도를 측정함으로써 독해 응용력을 높입니다.

♣ <보기>의 단어를 활용하여 빈칸에 우리말에 맞는 단어를 쓰세요.

free election

1. Every man has the (freedom) to choose a job.
   모든 사람은 직업 선택의 자유가 있다.
2. Citizens (elect) many leaders every 4 years.
   시민들은 4년마다 많은 지도자들을 선출한다.

5. 독해에서 실수를 발생시키는 '다의어'와 '혼동어'를 부록으로 수록!

누구나 지문 또는 문장을 독해할 때 실수할 가능성이 많은 단어들이 있습니다. 바로 다의어와 혼동어인데요. 이것들을 모아 정확하게 해석할 수 있는 능력을 키우고자 본문 마지막에 보너스 페이지로 소개했습니다.

수능 완전 분석 ① 다의어는 다음과 같이 한 단어가 두 개 이상의 뜻을 가지고 있어 따로 정리해 두어야 합니다.

♦ tear 1. 눈물[tiər] 2. 찢다[tɛər]

1. break into tears 눈물을 터뜨리다
2. tear a letter 편지를 찢다

수능 완전 분석 ② 혼동어는 단어의 모양이 비슷하여 숙지하지 않을 경우 다른 단어로 착각하기 쉬운 단어들입니다. 실전에서 혼동하는 경우가 많으니 특히 주의가 필요해요.

loose [lu:s] 느슨한 a loose screw 느슨해진 나사

lose [lu:z] 잃다 lose their jobs 그들의 직장을 잃다.(94수능)

암기 노하우

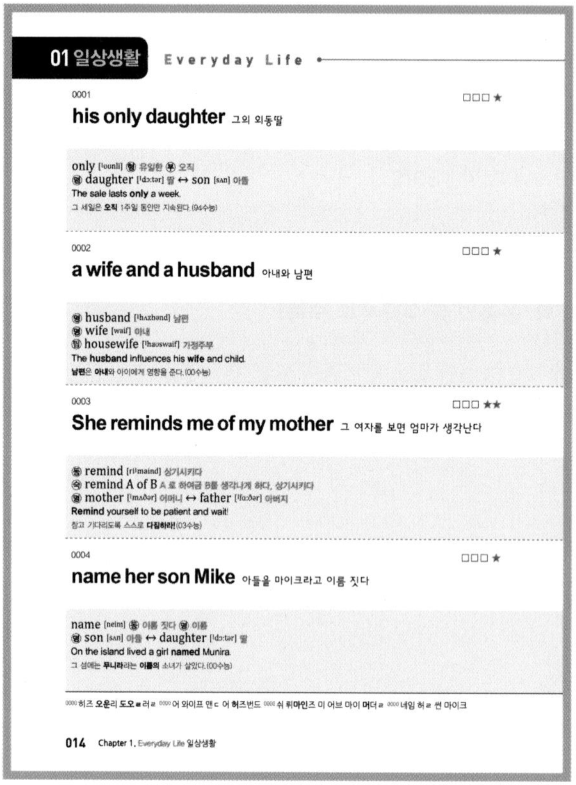
01 일상생활 Everyday Life

0001 ☐☐☐ ★

his only daughter 그의 외동딸

only [ˈounli] ㊗ 유일한 ㊕ 오직
㊐ daughter [ˈdɔːtər] 딸 ↔ son [sʌn] 아들
The sale lasts **only** a week.
그 세일은 **오직** 1주일 동안만 지속된다.(94수능)

0002 ☐☐☐ ★

a wife and a husband 아내와 남편

㊐ husband [ˈhʌzbənd] 남편
㊐ wife [waif] 아내
㊐ housewife [ˈhauswaif] 가정주부
The **husband** influences his **wife** and child.
남편은 **아내**와 아이에게 영향을 준다.(00수능)

0003 ☐☐☐ ★★

She reminds me of my mother 그 여자를 보면 엄마가 생각난다

㊍ remind [riˈmaind] 상기시키다
㊎ remind A of B A로 하여금 B를 생각나게 하다, 상기시키다
㊐ mother [ˈmʌðər] 어머니 ↔ father [ˈfɑːðər] 아버지
Remind yourself to be patient and wait!
참고 기다리도록 스스로 **다짐하라!**(03수능)

0004 ☐☐☐ ★

name her son Mike 아들을 마이크라고 이름 짓다

name [neim] ㊍ 이름 짓다 ㊐ 이름
㊐ son [sʌn] 아들 ↔ daughter [ˈdɔːtər] 딸
On the island lived a girl **named** Munira.
그 섬에는 **무니라**라는 **이름의** 소녀가 살았다.(00수능)

0001 히즈 **오**운리 **도오**ㄹ터ㄹ 0002 어 와이프 앤ㄷ 어 **허즈**번드 0003 쉬 뤼**마인**즈 미 어브 마이 **머**더ㄹ 0004 네임 허ㄹ 썬 마이크

014 Chapter 1. Everyday Life 일상생활

❶ 먼저 빈출어구를 보고 자신이 모르는 단어들을 1차 체크☑ 합니다.

❷ 체크된 단어들의 의미와 발음을 꼼꼼히 확인합니다.

❸ 예문을 통해 지문독해에 대한 감을 익힙니다.

❹ 체크된 단어들은 하루 중 자투리 시간에 짧게 3번 반복 학습합니다.

❺ 3번 반복해도 익혀지지 않는 단어들은 따로 '단어 블랙 리스트'를 만듭니다.

❻ 중간 확인을 위해 다시 빈출어구를 훑어보며 2차 체크☑ 합니다.

❼ 챕터가 끝날 때마다 2단계로 구성된 연습문제를 통해 어휘에 대한 자신감을 확인합니다.

❽ 연습문제에서 놓친 단어의 빈출어구는 최종적으로 3차 체크☑ 합니다.

❾ 보너스 페이지에 실린 혼동어와 다의어를 통해 독해에 대한 자신감을 높입니다.

❖ 단어를 효과적으로 암기할 수 있는 3가지 팁을 소개합니다.

❶ 반드시 발음할 수 있어야 합니다.
아는 단어인데 발음을 모른다? 아는 친구지만 이름을 모르는 것과 마찬가지!

❷ 10번, 20번 쓰면서 외우지 마라!
단어는 짧게, 자주, 여러 번, 보는 것이 가장 효과적입니다.

❸ 잊어버릴까 걱정하지 마라!
단어란 자고로 외웠다, 까먹었다 하는 법. 잊어버린 적 없이 외우는 단어는 없습니다.

발음표기 방법

❖ 〈영포자 중등보카〉는 각 어구에 대한 한글 발음표기를 각 본문 하단에 정리했습니다. 발음 표기는 아래를 참고해 주세요.

❶ 발음표기 중 기본적인 강세는 'ˈ'로 표기하였습니다.
[ˈwɑːtər]와 [wáːtər]의 발음표기는 동일합니다.

❷ r와 l
둘다 'ㄹ'로 표시하였습니다. 다만 'r'는 원음에 가깝게 '오'나 '우' 발음을 첨가하였습니다.
break 브뤠이크
black 블랙

❸ f와 p
둘다 'ㅍ'로 표시하였습니다. 다만 'f'는 원음에 가깝게 '오'나 '우' 발음을 첨가하였습니다.
fine 퐈인
pine 파인

❹ 장음은 모음을 한 번 더 반복하였습니다.
beef 비이프

❺ 강세가 있는 음절은 진한 글씨로 처리하였습니다.
yourself 유어ㄹ**쎌**프

❻ 연음되는 r 발음은 'ㄹ'로 표기하였습니다.
car 카아ㄹ

❼ 기디 발음은 최대한 원음에 가깝게 표기하였습니다.
bottom **바**럼 salad **쌜**러드 speak 스삐이크 this 디스 thank 땡크

CONTENTS

K A D

Chapter 1. 일상생활 (Everyday Life)

① Family(가족) … 014
② Cook(요리) … 020

Chapter 2. 건강 (Health)

① Medical & Physical(의학 & 신체) … 036
② Emotion & Psychology(감정 & 심리) … 058

Chapter 3. 교육 (Education)

① School(학교) … 074
② Literature & Language(문학 & 언어) … 096
③ Science & Mathematics(과학 & 수학) … 103
④ History(역사) … 116
⑤ Job & Success(직업 & 성공) … 119

Chapter 4. 사회 (Society)

① Economy(경제) … 134
② Politics & Law(정치 & 법) … 151

H F R Q

③ Living & Ethics(생활 & 윤리) ··· 160
④ Traffic(교통) ··· 179
⑤ Communication & Media(통신 & 언론) ··· 188
⑥ Information Technology(정보통신 기술) ··· 194

Chapter 5. 문화 (Culture)

① Hobby(취미) ··· 206
② Music & Art(음악 & 미술) ··· 210
③ Movie(영화) ··· 216
④ Travel(여행) ··· 221
⑤ Fashion(패션) ··· 234
⑥ Sports(스포츠) ··· 240
⑦ Architecture(건축) ··· 248

Chapter 6. 자연환경 (Natural Environment)

① Environment(환경) ··· 260
② Animals & Plants(동식물) ··· 270
③ Resources(자원) ··· 276
④ Geography(지리) ··· 281
⑤ Agriculture & Fisheries(농수산) ··· 285

Bonus. 다의어 & 혼동어 ··· 292
단어 쉽게 찾기 Index ··· 302

R
F
H

Chapter 1

Everyday Life 일상생활

A

① Family 가족

② Cooking 요리

D

K

Q

0001 ★ □□□

his only daughter 그의 외동딸

only [ˈounli] 형 유일한 부 오직
명 daughter [ˈdɔːtər] 딸 ↔ son [sʌn] 아들
The sale lasts **only** a week.
그 세일은 **오직** 1주일 동안만 지속된다.(94수능)

0002 ★ □□□

a wife and a husband 아내와 남편

명 husband [ˈhʌzbənd] 남편
명 wife [waif] 아내
팁 housewife [ˈhauswaif] 가정주부
The **husband** influences his **wife** and child.
남편은 **아내**와 아이에게 영향을 준다.(00수능)

0003 ★★ □□□

She reminds me of my mother 그 여자를 보면 엄마가 생각난다

동 remind [riˈmaind] 상기시키다
숙 remind A of B A로 하여금 B를 생각나게 하다, 상기시키다
명 mother [ˈmʌðər] 어머니 ↔ father [ˈfɑːðər] 아버지
Remind yourself to be patient and wait!
참고 기다리도록 스스로 **다짐하라!**(03수능)

0004 ★ □□□

name her son Mike 아들을 마이크라고 이름 짓다

name [neim] 동 이름 짓다 명 이름
명 son [sʌn] 아들 ↔ daughter [ˈdɔːtər] 딸
On the island lived a girl **named** Munira.
그 섬에는 무니라라는 **이름의** 소녀가 살았다.(00수능)

0001 히즈 **오운**리 **도오**ㄹ러ㄹ 0002 어 와이프 앤ㄷ 어 **허**즈번드 0003 쉬 뤼**마인**즈 미 어브 마이 **머**더ㄹ 0004 네임 허ㄹ 썬 마이크

0005 ★ □□□

be proud of her son 아들을 자랑스럽게 여기다

㊂ be proud of (=take pride in) ~을 자랑하다
㊑ pride [praid] 자랑, 긍지
㊖ proud [praʊd] 자랑스러운
The employees **take pride in** their work.
그 직원들은 자신들의 일에 **자부심을 갖고 있다.**

0006 ★ □□□

have a conversation with parents 부모님과 대화하다

㊑ conversation [ˌkɑːnvərˈseiʃn] 대화, 회화
㊑ parent [ˈperənt] 부모, 어버이
Enjoy a social **conversation with** a foreigner.
외국인**과의** 사교적 **대화**를 즐겨라.

0007 ★ □□□

a quarrel between family members 식구들 간의 다툼

quarrel [ˈkwɔːrəl] ㊑ 말다툼 ㊍ 말다툼하다
㊒ fight [fait] 치고받고 싸우는 것 ㊓ between [biˈtwiːn] 사이에
㊑ family [ˈfæməli] 가족, 식구 ㊑ member [ˈmembər] 구성원, 회원
A noisy **quarrel** took place at the ticket counter.
매표소에서 시끄러운 **싸움**이 일어났다.

0008 ★ □□□

try on a wedding dress 웨딩드레스를 입어 보다

㊂ try on (옷, 신발, 모자 등)을 입어[신어, 써] 보다
㊑ wedding [ˈwediŋ] 결혼(식), 혼례 ㊔ a wedding ceremony 결혼식
dress [dres] ㊑ 옷, 의복 ㊍ 옷을 입히다
She was wearing a **wedding dress** made of rich material.
그녀는 값진 재료로 만들어진 **웨딩드레스**를 입고 있었다.(08수능)

0005 비 프롸우드 어브 허ㄹ 썬 0006 해브 어 칸버ㄹ**쎄이**션 위드 **페**어런츠 0007 어 **쿼**어럴 비트**위인** **퀘**멀리 **멤**버ㄹ즈 0008 트롸이 온 어 **웨**딩 드뤠스

0009 ★★ □□□

depend on parents 부모님께 의존하다

㉠ depend on ~에 의존하다(신뢰하다) ⓜ dependence [diˈpendəns] 의존, 의지
ⓗ dependent [diˈpendənt] 의존적인 ↔ independent [ˈindiˈpendənt] 독립적인
The basic type of shoes **depended on** the climate.
신발의 기본 유형은 기후**에 달려 있었다.**(07수능)

0010 ★ □□□

say hello to your family 가족들한테 안부 전해줘

㉠ say hello to ~에게 안부를 전하다
ⓜ hello [həˈlou] 인사말, 안부
Be the first to smile and **say hello.**
먼저 나서서 웃으며 **인사하라.**

0011 ★ □□□

argue with his father 아버지와 말다툼하다

ⓓ argue [ˈɑ:rgju:] 논쟁하다, 말다툼하다
ⓤ argument [ˈɑ:rgjumənt] 말다툼 (*e가 탈락함에 유의)
When I was a girl, I never **argued** with my parents.
어린 소녀였을 때, 나는 부모님과 결코 **말다툼**하지 않았다.(94수능)

0012 ★ □□□

take care of orphans 고아들을 돌보다

㉠ take care of (=care for) ~을 돌보다
ⓜ orphan [ˈɔ:rfn] 고아 ⓤ orphanage [ˈɔ:rfənidʒ] 고아원
He became an **orphan** at age 9.
그는 9살에 **고아**가 되었다.

0009 디펜드 온 **페**어런츠 0010 쎄이 헬**로우** 투 유어ㄹ **풰**멀리 0011 **아**ㄹ규우 위드 히즈 **퐈아**더ㄹ 0012 테이크 케어ㄹ 어브 **오**ㄹ펀즈

0013 ★ □□□

name a baby after his parents 부모를 따라 아기 이름을 짓다

㊍ name A after B B를 따라 A의 이름을 짓다
㊔ baby [béibi] 아기
The woman was changing her **baby**'s diaper.
그 여자는 **아기**의 기저귀를 갈고 있었다.

0014 ★ □□□

a missing child 실종된 아이

㊒ missing [ˈmisiŋ] 실종된, 분실한 ㊖ miss [mis] 놓치다
㊔ child [tʃaild] 아이, 어린이 ㊢ children [tʃíldrən]
The police are looking for **a missing child**.
경찰이 **실종된 아이**를 찾고 있다.

0015 ★★ □□□

compare him with his brother 그를 동생과 비교하다

㊖ compare [kəmˈper] 비교하다 ㊔ comparison [kəmˈpærisn] 비교
㊔ brother [ˈbrʌðər] 형제(형, 오빠 또는 남동생) ↔ sister [ˈsistər] 자매(언니, 누나 또는 여동생)
Consumers **compare** prices at different stores.
소비자들은 다른 상점들의 가격을 **비교한다**.

0016 ★ □□□

Is your grandfather still alive? 할아버님 아직 살아 계시니?

㊔ grandfather [ˈgrænfɑːðər] 할아버지 ↔ grandmother [ˈgrænmʌðər] 할머니
㊔ grandparent(-s) [ˈgrænperənt] 조부모 ㊒ alive [əˈlaiv] 살아 있는, 생존한 ↔ dead [ded] 죽은
㊒ live [laiv] 생생한, 살아 있는
Water keeps us **alive** and healthy.
물은 우리를 **활력 있고** 건강하게 유지시킨다.

0013 네임 어 **베이**비 **애**프터ㄹ 히즈 **페**어뤈츠 0014 어 **미**씽 촤일드 0015 컴**페**어ㄹ 힘 위드 히즈 **브러**더ㄹ 0016 이즈 유어ㄹ **그뤤**드퐈아더ㄹ 스띨 어**라이**브

0017 ★★ □□□

support senior citizens 노인을 부양하다

㉿ senior [sí:njər] 나이가 더 많은, 연상의, 선배의
senior citizen 노인, 고령자
The percentage of **senior citizens** has increased very quickly.
노인들의 비율이 매우 빠르게 증가했다

0018[16출] ★ □□□

iron the clothes 옷을 다림질하다

iron [áiərn] ㉾ 다림질하다 ⓜ 철, 다리미 (*발음주의)
Keep your hand away from a hot **iron**.
뜨거운 **다리미**에서 손을 멀리 하세요.

0019 ★ □□□

buy household goods 살림살이를 구입하다

household [ˈhaʊshoʊld] ⓜ 가정, 집안 ㉿ 가사의, 가정의
household goods 가정용품, 살림살이
A woman may save her **household** money to carpet her bedrooms.
어떤 여자는 침실 카펫을 깔기 위해 **가계** 자금을 아낄 수도 있다.(96수능)

0020 ★ □□□

calm down a crying baby 우는 아기를 진정시키다

calm [kɑ:m] ㉾ 진정하다, 가라앉히다 ㉿ 고요한
㊉ calmly [kɑ́:mli] 조용히, 침착하게, 차분하게
Close your eyes and breathe **calmly.**
눈을 감고 **차분하게** 호흡하라.(08수능)

0017 서**포오**ㄹ트 **씨이**니어ㄹ **씨**리즌즈 0018 **아이**어ㄹ언 더 클로욷즈 0019 바이 **하우스**호울드 굿즈 0020 카암 다운 어 **크롸**잉 **베이**비

0021 ★ □□□

the meeting of separated families 이산가족 상봉

명 separated families 이산가족
separate [ˈsépreit] 동 분리시키다 [ˈséprət] 형 떨어진
Baby monkeys were **separated** from their mothers at birth.
아기 원숭이들은 태어나면서 어미로부터 **분리**되었다.(01수능)

0022 ★ □□□

a direct ancestor 직계 조상

형 direct [dəˈrekt] 직접적인 ↔ indirect [ˌindəˈrekt] 간접적인
명 ancestor [[ˈænsestər] 조상, 선조
The ancient animal was the **ancestor** of a horse.
그 고대 동물은 말의 **조상**이었다.

0023 ★★ □□□

be adopted by Swedish parents 스웨덴 부모님에게 입양되다

동 adopt [əˈdɑ:pt] 입양하다
형 Swedish [swí:diʃ] 스웨덴의 명 Sweden [swí:dn] 스웨덴
The decision to **adopt** a cat should not be taken lightly.
고양이를 **입양하는** 결정은 가볍게 해서는 안 된다.

0024 ★ □□□

stand in front of the house 집 앞에 서다

동 stand [stænd] 서 있다, 서다 숙 in front of ~ 앞에 front [frʌnt] 명 앞면 형 정면의
명 house [haʊs] 집
I open the **front** door to look outside.
나는 밖을 내다보기 위해 **앞**문을 연다.(13수능)

0021 더 **미이**링 어브 **쎄**퍼레이티드 **퉤**멀리즈 0022 어 다이**뤡**트 **앤**쎄스터ㄹ 0023 비 어**답**티드 바이 스**위이**디쉬 **페어**뤈츠 0024 스땐드 인 프뤈트 어브 더 하우스

0025 ★ □□□

have breakfast 아침을 먹다

㉯ have [həv;hæv] 먹다, 가지고 있다, 소유하다 ㊒ eat [i:t] 먹다
㉺ breakfast [ˈbrekfəst] 아침 ㉻ lunch [lʌntʃ] 점심 ㉻ dinner [ˈdinər] 저녁
㉻ brunch [brʌntʃ] 아침 겸 점심식사(아점) [breakfast(아침) + lunch(점심)]

Mom feeds my brother and me **breakfast.**

엄마는 동생과 나에게 **아침**을 주신다.

0026 ★ □□□

cut a finger 손가락을 베다

㉯ cut [kʌt] 자르다, 베다
㉺ finger [ˈfiŋgər] 손가락 ↔ toe [tou] 발가락

A cent is difficult to gather between **finger** and thumb.

1센트짜리 동전은 **손가락**과 엄지 사이로 잡기가 어렵다.

0027 ★ □□□

beef sauce 쇠고기 소스

㉺ beef [bi:f] 쇠고기 ㉻ pork [pɔ:rk] 돼지고기
㉺ sauce [sɔ:s] 소스, 양념

My mother had **sauce** stains on her apron.

어머니 앞치마에 **양념** 얼룩이 묻어 있었다.

0028 ★ □□□

a piece of an apple pie 애플파이 한 조각

㉺ piece [pi:s] 조각, 부분
㉺ apple [ˈæpl] 사과 ㉻ fruit [fru:t] 과일 pear [peər] 배 orange [ˈɔ:rindʒ] 귤 plum [plʌm] 자두
㉺ pie [pai] 파이

A piece of wood on water floats instead of sinking.

물 위의 나무 **조각은** 가라앉지 않고 뜬다.

0025 해ㅂ **브렉**퍼스트 0026 컷 어 **핑**거ㄹ 0027 비이프 쏘오스 0028 어 피이스 어브 언 **애**쁠 파이

0029[07출] ★★ □□□

feel hungry 배고픔을 느끼다

㉮ feel [fiːl] 느끼다, 느껴지다 *시제변화 feel-felt-felt
㉺ hungry [ˈhʌŋgri] 굶주린, 배고픈 ㉻ hunger [ˈhʌŋgər] 굶주림
Hunger is the best sauce.
시장이 반찬이다.(94수능)

0030 ★ □□□

Bring me that knife 저 칼 좀 갖다 줘

㉮ bring [briŋ] 가져오다, 데려오다 *시제변화 bring-brought-brought
㉻ knife [naif] 칼
The messenger **brought** the news of the victory.
전령이 승리의 소식을 **가져왔다.**

0031 ★ □□□

light a candle 초에 불을 붙이다

light [lait] ㉮ 불을 붙이다 ㉻ 빛 ㉺ 가벼운
㉻ candle [ˈkændl] 양초
A lens focuses **light** rays into an image.
렌즈는 **빛**을 초점에 모아서 상을 맺는다.

0032 ★ □□□

a delicious dish 맛있는 요리

㉺ delicious [diˈliʃəs] 맛있는
㉻ dish [diʃ] 접시, 요리
Kimchi is served with almost every **dish** in Korea.
한국에서 김치는 거의 모든 **요리**에 제공된다.

0029 퓌일 **헝**그뤼 0030 브륑 미 댓 나이프 0031 라이트 어 **캔**들 0032 어 딜**리**셔스 디쉬

0033 ★ □□□

chew some gum 껌을 씹다

㊐ chew [tʃuː] 씹다
㊐ gum [gʌm] 껌, 잇몸
A tough skin of some fruits is hard to **chew** and digest.
어떤 과일의 질긴 껍질은 **씹어서** 소화시키기가 어렵다.

0034 ★ □□□

wash the dishes 설거지를 하다

Ⓢ wash [wɑːʃ;wɔːʃ] 씻다, 세탁하다
Ⓣ a washing machine 세탁기
Wash your hands with soap and water before eating.
식사 전에는 비누와 물로 손을 **씻어라.**

0035 ★ □□□

a cutting board 도마

Ⓜ board [bɔːrd] 판자, 받침
Ⓣ blackboard [ˈblækbɔːrd] 흑판, 칠판
Each person took a wooden **board** and used it as a float.
모든 사람들이 나무 **판자**를 가져다 (구명)부유물로 사용했다.(07수능)

0036 ★★ □□□

Help yourself to the cookies 쿠키를 마음껏 드세요

Ⓢ help oneself to ~을 마음껏 먹다
Ⓜ cookie [ˈkuki] 과자, 쿠키
Please **help yourself** to the dishes if you are hungry.
배고프시면 음식을 **마음껏 가져다 드세요.**

0033 츄우 썸 검 0034 와쉬 더 **디**쉬즈 0035 어 **커**링 **보오**ㄹ드 0036 헬프 유어ㄹ**쎌**프 투 더 **쿠**키즈

0037

★ □□□

a host at the party 파티의 주인

㊔ host [houst] 주인 ㊇ hostess [ˈhoustəs] 여주인

Tourists and **hosts** learn about each other's differences.

관광객들과 **지역 주민**들은 서로의 차이점들을 알게 된다.

0038

★ □□□

mix flour and water 밀가루와 물을 섞다

㊎ mix [miks] 섞다, 혼합하다 ㊔ mixture [ˈmikstʃər] 혼합물

㊔ flour [ˈflauər] 밀가루 ㊇ flower [ˈflauər] 꽃

㊔ water [ˈwɔːtər] 물

Children learn about colors by **mixing** paints together.

아이들은 물감을 함께 **섞으면서** 색깔에 대해 알게 된다.

0039

★ □□□

pour hot water 뜨거운 물을 붓다

㊎ pour [pɔːr] 붓다, 쏟다

㊒ hot [hɑːt] 뜨거운

A freeze-dried meal is cooked by **pouring hot water.**

냉동 건조된 음식은 **뜨거운 물을 부어서** 요리한다.

0040

★ □□□

add some sugar 설탕을 첨가하다

㊎ add [æd] 더하다 ㊔ addition [əˈdiʃn] 더하기

㊔ sugar [ˈʃugər] 설탕

He sat in front of the fireplace and **added** logs.

그는 벽난로 앞에 앉아 땔나무를 **보탰다.**

0037 어 호우스트 앳 더 **파아**ㄹ리 0038 믹스 플라우어ㄹ 앤ㄷ 워어러 0039 포오ㄹ 핫 워어러 0040 애드 썸 **슈**거ㄹ

0041 ★ □□□

heat a frying pan 프라이팬을 가열하다

heat [hiːt] ⓢ 가열하다 ⓜ 열 ⓜ heater [ˈhiːtər] 전열기, 히터 ⓜ heating [híːtiŋ] 난방(장치)
ⓢ fry [frai] 튀기다 ⓣ fried eggs 달걀 프라이
ⓜ pan [pæn] 납작한 냄비
Most of the wood was used for cooking and **heating.**
목재의 대부분은 요리와 **난방용**으로 쓰였다.

0042 ★★ □□□

squeeze juice 즙을 짜내다

ⓢ squeeze [skwiːz] 압착하다, 짜내다
ⓜ juice [dʒuːs] 주스, 즙
We are trying to **squeeze** more activities into less time.
우리는 더 많은 활동을 더 적은 시간 속에 **짜 넣으려** 한다.

0043 ★ □□□

order a special dish 특별 요리를 주문하다

ⓜⓢ order [ˈɔːrdər] 명령(하다), 주문(하다)
ⓗ special [ˈspeʃl] 특별한
The little boy **ordered** the plain ice cream.
어린 소년이 플레인 아이스크림을 **주문했다.**

0044 ★ □□□

an appetizing salad 식욕을 돋우는 샐러드

ⓗ appetizing [ˈæpitaiziŋ] 식욕을 돋우는
ⓜ appetizer [ˈæpitaizər] 식욕을 돋우는 음식, 전채(前菜) ⓜ appetite [ˈæpitait] 식욕
That movie made me lose my **appetite.**
그 영화는 내 **식욕**을 잃게 만들었다.

0041 히이트 어 **프라**잉 팬 0042 스뀌이즈 쥬우스 0043 **오**ㄹ더ㄹ 어 스**뻬**셜 디쉬 0044 언 **애**피타이징 **쌜**러드

0045 ★★ □□□

run a restaurant 음식점을 운영하다

㊞ run [rʌn] 뛰다, 운영하다
㊞ restaurant [ˈrestrɑ:nt;-tərɑ:nt] 음식점
Victoria **runs** a flower shop.
빅토리아는 꽃가게를 **운영한다.**

0046 ★★ □□□

hunger and thirst 배고픔과 갈증

㊞ hunger [ˈhʌŋgər] 배고픔, 굶주림 ㊞ hungry [ˈhʌŋgri] 배고픈
㊞ thirst [θə:rst] 갈증, 목마름 ㊞ thirsty [ˈθə:rsti] 갈증 나는
I drank some water to satisfy my **thirst.**
나는 **갈증**을 풀기 위해 물을 좀 마셨다.

0047 ★ □□□

wash plates 접시를 닦다

㊞ plate [pleit] (dish에서 덜어 먹기 위한) 얕은 접시
㊞ dish [diʃ] (나눠먹도록 음식을 많이 담아 식탁에 놓는) 크고 깊은 접시
In Holland, he was taught to clear his **plate.**
네덜란드에서 그는 (식사 후) **접시**를 깨끗이 비우도록 배웠다.

0048 ★ □□□

a sharp knife 날카로운 칼

㊞ sharp [ʃɑ:rp] 날카로운, 가파른
㊞ knife [naif] 칼
May saw a **sharp** drop in the use of trains.
5월에는 기차 이용이 **가파르게** 감소했다.

0045 뤈 어 **뤠**스터린드 0046 헝거ㄹ 엔ㄴ 떠어ㄹ스드 0047 와쉬 플레이츠 0048 어 솨아ㄹ프 나이프

02

0049 ★★ □□□

recommend a good restaurant 좋은 식당을 추천하다

㊍ recommend [ˌrekəˈmend] 추천하다 ㊐ recommendation [ˌrekəmenˈdeiʃn] 추천
㊂ a letter of recommendation 추천장
The consultant **recommended** changes to make the company efficient.
그 자문가는 회사를 효율적으로 만들기 위한 변화들을 **추천했다.**

0050 ★ □□□

an ash tray 재떨이

㊐ ash [æʃ] 재
㊐ tray [trei] 그릇, 쟁반
Cigarette **ash** contains lead.
담뱃**재**에는 납 성분이 포함되어 있다.

0051 ★ □□□

a thin egg shell 얇은 달걀 껍데기

㊐ egg [eg] 달걀
㊐ shell [ʃel] (달걀, 견과류 등 딱딱한) 껍데기
The turtle has a hard **shell.**
거북은 딱딱한 **껍데기**를 가지고 있다.

0052 ★ □□□

a hot stove 뜨거운 난로

㊐ stove [stouv] 난로
Learn how to cook steak on the **stove.**
난로 위에서 스테이크를 요리하는 법을 배워라.

0049 뤠커**멘**드 어 굿 **뤠**스터런트 0050 언 애쉬 트뤠이 0051 어 띤 에그 쉘 0052 어 핫 스또우브

0053 ★ □□□

instant food 즉석 식품

㊍ instant [ˈinstənt] 즉각적인, 즉석의
㊔ food [fu:d] 음식
The internet has brought **instant** news into our living rooms.
인터넷은 **즉각적인** 소식들을 우리의 거실로 가져다주었다.

0054 ★★ □□□

use chopsticks instead of knives 나이프 대신 젓가락을 사용하다

㊔ chopstick [tʃɑpstik] 젓가락
㊝ instead [inˈsted] 대신에 ㊕ instead of ~대신에
These dogs were using their eyes **instead of** their noses.
이 개들은 코 **대신에** 눈을 사용하고 있었다.(16수능)

0055 ★ □□□

a round table 둥근 탁자

㊍ round [raʊnd] 둥근
㊔ table [ˈteibl] 탁자, 식탁
Earth is a large, **round** planet.
지구는 커다랗고 **둥근** 행성이다.(07.06평가원)

0056 ★ □□□

I don't care for seafood 난 해산물을 좋아하지 않는다

㊕ care for ~을 좋아하다, ~을 보살피다 (*care for 은 주로 부정문에서 쓰임)
㊔ seafood [ˈsi:fu:d] 해산물
My family went to a **seafood** restaurant for dinner.
우리 가족은 저녁을 먹으러 **해산물** 전문식당에 갔다.

0053 **인**스턴트 푸우드 0054 유우즈 **촵**스띡스 인스**떼**드 어브 나입즈 0055 어 롸운드 **테이**벌 0056 아이 도운트 케어ㄹ 풔ㄹ **씨이**푸우드

0057 ★ □□□

taste sour 신맛이 나다

taste [teist] ⓢ 맛이 나다 ⓜ 맛
ⓗ sour [ˈsauər] (맛이) 신
I don't like the bitter **taste** of fruit peel.
나는 과일껍질의 쓴**맛**을 좋아하지 않는다.(07수능)

0058 ★★ □□□

store food 음식을 저장하다

store [stɔːr] ⓢ 저장하다 ⓜ 가게
the local variety **store.**
지역 잡화점(12수능)
Computers process and **store** information digitally.
컴퓨터는 정보를 디지털 방식으로 처리하고 **저장한다.**

0059 ★ □□□

prefer banana to apple 사과보다 바나나를 더 좋아하다

ⓢ prefer [priˈfəːr] ~을 좋아하다, 선호하다
ⓜ banana [bəˈnɑːnə] 바나나
Goats **prefer** weeds to grass.
염소는 목초보다 잡초를 **더 좋아한다.**(00수능)

0060 ★ □□□

prepare the dinner 저녁 식사를 준비하다

ⓢ prepare [priˈper] 준비하다 ⓜ preparation [ˌprepəˈreiʃn] 준비
After a short conversation, Joan went to **prepare** coffee.
짧은 대화 후, 조앤은 커피를 **준비하러** 갔다.(11수능)

0057 테이스트 **싸우**어ㄹ 0058 스또오ㄹ 푸우드 0059 프리**풔어**ㄹ 버**내**너 투 **애**쁠 0060 프리**페**어ㄹ 더 **디**너ㄹ

0061 ★ □□□

bake some bread 빵을 굽다

㊍ bake [beik] (빵을) 굽다 ㊔ baker [ˈbeikər] 빵 굽는 사람 ㊔ bread [bred] 빵
We **bake** cakes and **bread** every morning.
우리는 매일 아침 케이크와 **빵을 굽는다.**

0062 ★★ □□□

suggest a good restaurant 좋은 식당을 제안하다

㊍ suggest [səgˈdʒest] 제안하다, 시사하다
㊔ suggestion [səˈdʒestʃən] 제안
My friend strongly **suggested** I contact you.
친구가 당신과 연락해보라고 내게 강하게 **제안했습니다.**

0063 ★ □□□

put in salt 소금을 넣다

㊍ put [put] 넣다, 놓다 ㊕ put in ~을 넣다
㊔ salt [sɔːlt] 소금 ㊖ salty [ˈsɔːlti] 짠
㊗ pepper [pépər] 후추
The taste of bread depends on the **salt** content in the bread.
빵의 맛은 빵 속의 **소금** 함량에 달려 있다.

0064 ★★ □□□

irregular meals 불규칙적인 식사

㊖ irregular [iˈregjələr] 불규칙적인 ↔ regular [ˈregjələr] 규칙적인
Regular exercise is as important as eating regularly.
규칙적인 운동은 규칙적으로 식사하는 것만큼이나 중요하다.

0061 베이크 썸 브뤠드 0062 서**줴**스트 어 굿 **뤠**스터런트 0063 풋 인 쏘올트 0064 이**뤠**귤러ㄹ 미일즈

0065 ★ □□□

spill some milk 우유를 엎지르다

㉮ milk [milk] 우유
It is no use crying over the **spilt milk.**
지나간 일(엎지른 우유)은 후회해도 소용없다.

0066 ★★★ □□□

recycle food waste 음식물 쓰레기를 재활용하다

㉯ recycle [ri:sáikəl] 재활용하다
㉰ food waste 음식물 쓰레기
Recycling is a necessity in today's society.
오늘날의 사회에서 **재활용**은 필수이다.

0067[95출] ★ □□□

drink herbal tea 한방차(허브티)를 마시다

㉯ drink [driŋk] 마시다 *시제변화 drink-drank-drunk
㉱ herbal [hə́:rbəl] 풀의, 약초의
㉮ tea [ti:] 차, 홍차
The water is usually clean and safe to **drink**.
그 물은 대개 **마시기**에 깨끗하고 안전하다.

0068[94출] ★ □□□

My mouth is watering 입에 군침이 도네

㉮ mouth [mauθ] 입
㉯ water [wɔ́:tər] 침을 흘리다, 물을 주다
I **watered** the grass every day.
나는 매일 잔디밭에 **물을 주었다**.

0065 스삘 썸 밀크 0066 뤼이**싸이**컬 푸우드 웨이스트 0067 드륑크 **허어**ㄹ벌 티이 0068 마이 마우뜨 이즈 **워어**러륑

0069 [09출] ★ □□□

form a balanced diet 균형 잡힌 식단을 이루다

(형) balanced [ˈbælənst] 균형 잡힌 (동) balance [ˈbæləns] 균형을 잡다
(명) diet [ˈdaiət] 식단, 식이요법(다이어트)

We gave up our wasteful **diet** of meat.
우리는 낭비적인 고기 **식단**을 포기했다.(96수능)

0070[96출] ★★ □□□

The pot calls the kettle black 솥이 주전자보고 검다 한다 (= 똥 묻은 개가 겨 묻은 개 나무란다)

(명) pot [pɑːt] 냄비, 단지
(명) kettle [ˈketl] 주전자
black [blæk] 형) 검은 명) 검은색

You accidentally spilled the entire **pot** of 95℃ soup on your foot.
당신은 95℃의 수프 한 **냄비**를 당신의 발에 우연히 쏟았다.(15.06평가원)

0071 ★ □□□

I cooked this meal especially for you 특별히 널 위해 이 요리를 했다

cook [kuk] (동) 요리하다 (명) 요리사 (팁) cooker [ˈkukər] 요리 기구 (명) meal [miːl] 식사
(부) especially [iˈspeʃəli] 특히

walk after a **meal 식사** 후에 산책하다(12수능)

I usually walk after eating my evening **meal**
나는 보통 저녁 **식사**를 한 후에 산책을 한다.

0072[16출] ★★ □□□

Booking is essential 예약은 필수입니다

(명) booking [ˈbukiŋ] 예약 (동) book [buk] 예약하다
(형) essential [iˈsenʃl] 필수적인 (명) essence [ˈesns] 본질, 핵심

The sun is **essential** for life on earth.
태양은 지구상의 생명체에게 **필수적**이다.

0069 포ㄹ옴 어 **밸**런스트 **다이**어트 0070 더 팟 코올즈 더 **케**를 블랙 0071 아이 **쿡**트 디스 미일 이스**빼**셜리 풔ㄹ 유 0072 부킹 이즈 이**쎈**셜

문장 속 괄호의 우리말에 알맞은 단어를 연결하세요.

ancestor	①	ⓐ Mom feeds my brother and me (아침).
breakfast	②	ⓑ Kimchi is served with almost every (요리) in Korea.
dish	③	ⓒ I drank some water to satisfy my (갈증).
especially	④	ⓓ I cooked this meal (특별히) for you.
orphan	⑤	ⓔ Computers process and (저장한다) information digitally.
remind	⑥	ⓕ (다짐하라) yourself to be patient and wait!
store	⑦	ⓖ He became an (고아) at age 9.
thirst	⑧	ⓗ The ancient animal was the (조상) of a horse.

〈보기〉의 단어를 활용하여 빈칸에 우리말에 맞는 단어를 쓰세요.

hungry miss order pour proud recommend suggest

1. ([1]) is the best sauce.
   시장이 반찬이다.

2. A freeze-dried meal is cooked by ([2]) hot water.
   냉동 건조된 음식은 뜨거운 물을 **부어서** 요리한다.

3. The little boy ([3]) the plain ice cream.
   어린 소년이 플레인 아이스크림을 **주문했다**.

4. The consultant ([4]) changes to make the company efficient.
   그 자문가는 회사를 효율적으로 만들기 위한 변화들을 **추천했다**.

5. My friend strongly ([5]) I contact you.
   친구가 당신과 연락해 보라고 내게 강하게 **제안했습니다**.

6. The employees take ([6]) in their work.
   그 직원들은 자신들의 일에 **자부심**을 갖고 있다.

7. The police are looking for a ([7]) child.
   경찰이 **잃어버린** 아이를 찾고 있다.

---

[1] ⓗ [2] ⓐ [3] ⓑ [4] ⓓ [5] ⓖ [6] ⓕ [7] ⓔ [8] ⓒ
[1] Hunger [2] pouring [3] ordered [4] recommended [5] suggested [6] pride [7] missing

문장 속 괄호의 우리말에 알맞은 단어를 연결하세요.

appetite ①　　ⓐ A cent is difficult to gather between (손가락) and thumb.

finger ②　　ⓑ That movie made me lose my (식욕).

instant ③　　ⓒ In Holland, he was taught to clear his (접시).

plate ④　　ⓓ The turtle has a hard (껍질).

quarrel ⑤　　ⓔ The internet has brought (즉각적인) news into our living rooms.

shell ⑥　　ⓕ I don't like the bitter (맛) of fruit peel.

taste ⑦　　ⓖ A noisy (싸움) took place at the ticket counter.

〈보기〉의 단어를 활용하여 빈칸에 우리말에 맞는 단어를 쓰세요.

bring　calm　comparison　irregular　live　mix　name

1. The messenger ([1]) the news of the victory.
   전령이 승리의 소식을 **가져왔다**.

2. Children learn about colors by ([2]) paints together.
   아이들은 물감을 서로 **섞으면서** 색깔에 대해 알게 된다.

3. ([3]) exercise is as important as eating ([4]).
   규칙적인 운동은 **규칙적으로** 식사하는 것만큼이나 중요하다

4. On the island lived a girl ([5]) Munira.
   그 섬에는 무니라라는 **이름을 가진** 소녀가 살았다.

5. Consumers ([6]) prices at different stores.
   소비자들은 다른 상점들의 가격을 **비교한다**.

6. Water keeps us ([7]) and healthy.
   물은 우리를 **활력 있고** 건강하게 유지시킨다.

7. Close your eyes and breathe ([8]).
   눈을 감고 **차분히** 호흡하라.

---

1 ⓑ 2 ⓐ 3 ⓔ 4 ⓒ 5 ⓖ 6 ⓓ 7 ⓕ

[1] brought [2] mixing [3] Regular [4] regularly [5] named [6] compare [7] alive [8] calmly

R
F
H

Chapter 2

Health
건강

① Medical & Physical **의학 & 신체**

② Emotion & Psychology **감정 & 심리**

0073 ★ □□□

go to the dentist 치과에 가다

㊐ go [gou] 가다 *시제변화 go-went-gone
㊔ dentist [ˈdentist] 치과의사 ㊖ dental [ˈdentl] 치과의, 이의
a dentist's office 치과(07수능)
I always feel uncomfortable at a **dentist's office**!
나는 **치과**에서는 언제나 불편하다!

0074 ★ □□□

a tooth brush 칫솔

㊔ tooth [tu:θ] 이 ㊕ teeth [ti:θ]
㊔ brush [brʌʃ] 솔, 붓
Don't leave behind your **tooth brush** when you travel.
여행갈 때, **칫솔**을 남겨 두고 가지 마라.

0075 ★ □□□

a fat body 뚱뚱한 몸

㊔ fat [fæt] 뚱뚱한, 지방
㊔ body [ˈbɑ:di] 몸, 신체
㊗ body fat 체지방
What causes high levels of **fat** in the blood?
무엇이 혈중 **지방** 수치를 높이는가?

0076 ★★ □□□

dirty hands 더러운 손

㊖ dirty [ˈdə:rti] 더러운, 불결한 ㊔ dirt [də:rt] 먼지, 때 ㊔ hand [hænd] 손, 팔
a dirty room 더러운 방(95수능)
Cars are producing too much **dirty** smoke.
자동차들은 너무 많은 **더러운** 연기들을 만들어 낸다.

0073 고우 투 더 **덴**티스트 0074 어 투우뜨 브뤄쉬 0075 어 퓃 바디 0076 **더**어ㄹ리 핸즈

0077 ★ □□□

a smoking area 흡연 구역

명 smoking [ˈsmoukiŋ] 흡연 smoke [smouk] 동 흡연하다, 연기 나다 명 연기
명 area [ˈeriə] 지역, 구역 팁 non-smoking area 금연 구역
Power is moving from Western contries to other **areas**.
권력이 서방 국가들에서 다른 **지역**으로 움직이고 있다.(02수능)

0078 ★ □□□

hurt his waist 허리를 다치다

동 hurt [həːrt] 다치게 하다, 상처 내다 *시제변화 hurt-hurt-hurt
명 waist [weist] 허리
Say you're sorry when you **hurt** somebody.
남에게 **상처를 주었을** 때는 미안하다고 말해라.(95수능)

0079 ★ □□□

catch a bad cold 지독한 감기에 걸리다

cold [kould] 명 감기 형 추운
The air was bright and **cold** against his face.
얼굴에 닿는 공기는 맑고 **차가웠다.**(10수능)

0080 ★ □□□

good for health 건강에 좋은

형 good [gud] 좋은 *비교급변화 good-better-best
명 health [helθ] 건강 형 healthy [ˈhelθi] 건강한
We want to pass a **healthy** world to our children.
우리는 아이들에게 **건강한** 세상을 물려주길 원한다.

0077 어 스**모우**킹 **에**어뤼어 0078 허어ㄹ트 히즈 웨이스트 0079 캐취 어 배드 코울드 0080 굿 풔ㄹ 헬뜨

0081 ★ □□□

a high fever 높은 열

형 high [hai] 높은 명 height [hait] 높이, 신장
명 fever [ˈfiːvər] 열, 열병
The tree reaches a **height** of about 12 meters.
그 나무는 **높이**가 약 12미터에 이른다.(06수능)

0082 ★ □□□

take medicine 약을 복용하다

동 take [teik] 잡다, 받다, 섭취하다 *시제변화 take-took-taken
명 medicine [ˈmedsn] 약, 의학
Don't forget to **take** the **medicine**!
약 먹는 거 잊지 마라!

0083 ★ □□□

Be careful! 조심해라!

형 careful [kέərfəl] 조심스러운 ↔ careless [kέərlis] 조심스럽지 못한, 부주의한
명 care [kεər] 조심, 걱정
The workman was **careless** in performing the work.
그 일꾼은 그 일을 수행하는 데 **부주의**했다.

0084 ★★ □□□

lie on the bed 침대에 눕다

동 lie [lai] 눕다, 놓여 있다 *시제변화 lie-lay-lain
동 lie [lai] 거짓말하다 *시제변화 lie-lied-lied
The doll **lay** beside her on the bed.
그 인형은 침대 위 그녀 옆에 **놓여 있었다.**

0081 어 하이 **퓌이**붜ㄹ 0082 테이크 **메**더썬 0083 비 **케어**ㄹ풜 0084 라이 온 더 베드

0085 ★ □□□

fall asleep in a minute 곧 잠들다

㊍ fall [fɔ:l] 떨어지다, 되다
㊒ asleep [əˈsli:p] 잠든 ㊔ sleep [sli:p] 잠
㊕ in a minute 곧, 즉시 ㊔ minute [ˈminit] 분, 짧은 시간
㊖ second [ˈsekənd] 초 ㊖ hour [ˈauər] 시간
Outside, snow continued to **fall** quietly. 밖에서는 눈이 조용하게 끊임없이 **내렸다**. (10수능)

0086 ★ □□□

skin and bone 피부와 뼈

㊔ skin [skin] (사람의) 피부, (동물의) 가죽
㊔ bone [boun] 뼈
Bone loss occurs naturally as people age.
뼈의 감소는 나이가 들면서 자연스럽게 일어난다.

0087 ★ □□□

a wounded soldier 부상당한 군인

㊒ wounded [ˈwu:ndid] 상처 입은, 부상당한 wound [wu:nd] ㊍ 부상을 입히다 ㊔ 부상
㊔ soldier [ˈsouldʒər] 군인, 병사
His **wounds** are healing fast.
그의 **부상이** 빠르게 회복되고 있다.

0088 ★ □□□

an assistant nurse 보조 간호사

㊒ assistant [əˈsistənt] 보조의 ㊍ assist [əˈsist] 돕다, 보조하다
㊔ nurse [nə:rs] 간호사
The guidebook **assists** you in solving the problems.
그 안내서는 당신이 문제를 푸는 것을 **도와준다.**

0085 풔올 어**슬리이**프 인 어 **미**니트 0086 스낀 앤ㄷ 보운 0087 어 워**운**디드 **쏘울**줘ㄹ 0088 언 어**씨**스턴트 너어ㄹ스

0089 ★ □□□

I'm worried about your health 너의 건강이 걱정된다

㊍ worry [ˈwə:ri] 걱정하다, 걱정시키다
㊌ be worried about ~에 대해서 걱정하다
The twelve-year-old does not **worry about** salary.
12살 아이는 월급 **걱정을** 하지 않는다.(05수능)

0090 ★★ □□□

feel nervous 긴장을 느끼다

㊎ nervous [ˈnə:rvəs] 신경의, 불안한
㊐ nerve [nə:rv] 신경
I **feel** very **nervous** about the interview tomorrow.
나는 내일 인터뷰 때문에 너무 **긴장된다.**

0091 ★ □□□

test blood type 혈액형을 검사하다

㊐ blood type 혈액형
㊐ blood [blʌd] 피, 혈액 ㊍ bleed [bli:d] 피를 흘리다
㊐ type [taip] 유형, 타입
The soldier was **bleeding** from his head.
그 병사는 머리에 **피를 흘리고** 있었다.

0092 ★★ □□□

look after the children 아이들을 돌보다

㊌ look after 돌보다 [look (봐주다) + after(뒤를)]
Oscar **looks after** patients in the hospital.
오스카는 병원에서 환자들을 **돌본다.**

0089 아임 **워어**뤼드 어바웃 유어ㄹ 헬뜨 0090 퓌일 **너어**ㄹ버스 0091 테스트 블러드 타입 0092 룩 **애**프터ㄹ 더 **췰**드런

0093 ★ □□□

deaf and blind 귀먹고 눈먼

ⓗ deaf [def] 귀먹은, 귀머거리의
ⓗ blind [blaind] 눈먼, 장님의
ⓣ blind date 소개팅, 미팅 [blind(보지 못하는 상태에서 나가는) + date(약속)]
Men are **blind** to their own faults.
사람들은 자신의 잘못을 **보지 못한다.** (97수능)

0094 ★★★ □□□

He must be sick 그는 아픈 게 틀림없다

ⓙ must [mʌst] (강한 추측) ~임에 틀림없다, (강한 의무) ~해야 한다
ⓗ sick [sik] 병든, 아픈 ⓜ sickness [ˈsiknəs] 병, 멀미
Sue woke up feeling **sick.**
수는 잠이 깨니 몸이 **아팠다.** (01수능)

0095 ★ □□□

breathe deeply 깊이 숨을 쉬다

ⓓ breathe [briːð] 호흡하다, 숨을 쉬다 ⓜ breath [breθ] 숨, 호흡
ⓑ deeply [ˈdiːpli] 깊이 ⓗ deep [diːp] 깊은
Nature gives us air to **breathe** and clean water.
자연은 우리에게 **숨 쉴** 공기와 깨끗한 물을 준다.

0096 ★ □□□

sleep during lunch time 점심 시간 동안 자다

ⓙ during [ˈduriŋ] ~동안
During the baseball game I missed an easy ball.
야구경기 **중에,** 나는 쉬운 공을 놓쳤다. (96수능)

0093 데프 앤ㄷ 블라인드 0094 히 머스트 비 씩 0095 브뤼이드 **디이**플리 0096 슬리이프 **듀**어륑 런취 타임

0097 ★ □□□

care about his health 그의 건강에 대해 염려하다

㊕ care about ~에 대해 걱정하다
㊕ care for ~을 좋아하다
A farmer **cares about** weeds.
농부는 잡초**에 대해 걱정한다**.

0098 ★ □□□

wear glasses 안경을 쓰다

㊐ wear [wɛər] 입다, 쓰다, 끼다 *시제변화 wear-wore-worn
㊓ glasses [glǽsiz] 안경
㊕ glass [glæs] 유리, 잔
The girl across from him was **wearing** a gold ring.
그의 맞은편에 있는 소녀는 금반지를 **끼고** 있었다.(05수능)

0099 ★★ □□□

height and weight 신장과 몸무게

㊓ weight [weit] 무게, 체중 ㊐ weigh 무게가 ~이다, 무게를 재다
㊕ overweight [ˌouvərˈweit] 과체중의, 비만인
Many Americans are worried about their **weight.**
많은 미국인이 자기 **몸무게**에 대해 걱정한다.

0100 ★ □□□

wipe sweat 땀을 닦다

㊐ wipe [waip] 닦다, 지우다 ㊓ wiper [wáipər] (자동차) 와이퍼 [wipe(얼룩을 닦는) + er(장치)]
sweat [swet] ㊓ 땀 ㊐ 땀을 흘리다
My friend **wiped** away the tear from my face.
친구가 내 얼굴의 눈물을 **닦아 주었다.**

0097 케어ㄹ 어**바웃** 히즈 헬뜨 0098 웨어ㄹ **글래**씨즈 0099 하이트 앤ㄷ 웨이트 0100 와이프 스웨트

0101 ★ □□□

take him to the hospital 그를 병원에 데려가다

㊌ take A to B A를 B에 데려가다
㊔ hospital [ˈhɑːspitl] 병원
The driver was **taken to the hospital** and treated.
그 운전자는 **병원으로 옮겨져** 치료를 받았다.

0102 ★ □□□

the human brain 인간의 뇌

㊔ brain [brein] 뇌, 두뇌
The patient has damage to the right **brain.**
그 환자는 오른쪽 **뇌**에 손상을 입었다.

0103 ★ □□□

bite me on the arm 내 팔을 물다

㊍ bite [bait] 물다, 쏘다 *시제변화 bite-bit-bitten
㊔ arm [ɑːrm] 팔 ㊖ leg [leg] 다리
arms and legs 팔다리(12수능)
Edward stretched out his **arms** to stop her. 에드워드는 **팔**을 뻗어 그녀를 막았다.

0104 ★ □□□

dark eyebrows 짙은 눈썹

㊔ eyebrow [ˈaibrau] 눈썹 ㊔ eye [ai] 눈
Don't rub your **eyes** with your hands.
손으로 **눈**을 문지르지 마라.

0101 테이크 힘 투 더 **하**스피를 0102 더 휴우먼 브뤠인 0103 바이트 미 온 디 아ㄹ암 0104 다ㄹ크 **아이**브라우즈

0105 ★ □□□

weigh 20 kilograms (무게가) 20킬로그램 나가다

㉬ weigh [wei] 무게가 ~이다, 무게를 재다 ㉰ weight [weit] 무게, 체중
㉰ kilogram [ˈkiləgræm] 킬로그램(무게단위 kg)
㉭ gram [græm] 그램(무게단위 g)
The giraffe's neck is six feet long and **weighs** 200 pounds.
그 기린의 목은 길이가 6피트에 **무게**는 200파운드이다.

0106 ★ □□□

carry a cane 지팡이를 짚고 다니다

㉰ cane [kein] 지팡이
A year later she could walk without a **cane** again.
일 년 후 그녀는 다시 **지팡이** 없이 걷게 되었다.

0107 ★ □□□

give up smoking 담배를 끊다

㉯ give up [gívʌ̀p] 포기하다, 그만두다
Successful people refuse to **give up.**
성공하는 사람들은 **포기하는** 것을 거부한다.(06수능)

0108 ★★ □□□

remove the caffeine 카페인을 제거하다

㉬ remove [riˈmu:v] 제거하다
㉰ caffeine [ˈkæfi:n] 카페인
Tea contains half the **caffeine** of coffee.
홍차는 **카페인** 함량이 커피의 절반이다.

0105 웨이 **트웬**티 **킬**로우그뤰즈 0106 **캐**뤼 어 케인 0107 기브 업 **스모우**킹 0108 뤼**무우**브 더 **캐**퓌인

0109 ★ □□□

the pain of toothache 치통으로 인한 통증

㉮ pain [pein] 고통, 아픔 ㉺ painful [ˈpeinfl] 고통스러운
㉮ toothache [ˈtu:θeik] 치통 ㉻ headache [ˈhedeik] 두통
Albert suffered from **pains** in his back.
앨버트는 허리에 **통증**을 앓았다.

0110 ★ □□□

a rich source of vitamin 풍부한 비타민 공급원

㉺ rich [ritʃ] 부자의, 풍부한
㉮ source [sɔ:rs] 근원, 원천
㉮ vitamin [ˈvaitəmin] 비타민
There are a variety of **sources of** stress.
스트레스에는 다양한 **근원**이 있다.

0111 ★ □□□

avoid danger 위험을 피하다

㉿ avoid [əˈvɔid] 피하다
㉮ danger [ˈdeindʒər] 위험 ㉺ dangerous [ˈdeindʒərəs] 위험한
Smoking is a serious **danger** to our health.
흡연은 우리의 건강에 심각한 **위험**이 된다.

0112 ★ □□□

a naked body 벌거벗은 몸

㉺ naked [ˈneikid] 벌거벗은, 있는 그대로의
㉻ the naked eye 안경을 쓰지 않은 눈, 나안(裸眼), 육안
We can't see the sun with **the naked eye.**
육안으로 태양을 볼 수는 없다.

0109 더 페인 어브 **투우**뜨에이크 0110 어 뤼취 쏘오ㄹ스 어브 **봐이**러민 0111 어**보이**드 **데인**줘ㄹ 0112 어 **네이**키드 **바**디

0113 ★★ □□□

put on weight 몸무게가 늘다

㉠ put on 더하다, 늘리다, (옷 따위를) 입다
㊒ gain weight 살이 찌다, 무게가 늘다 ↔ lose weight 살이 빠지다, 체중이 줄다
These shoes are easy to **put on** and take off.
이 신발들은 **신고** 벗기가 쉽다.

0114 ★ □□□

cough medicine 기침약

cough [kɔ:f] ㊔ 기침 ㊍ 기침을 하다
Williams suffered from a bad **cough.**
윌리엄스는 심한 **기침**으로 고생했다.

0115 ★★★ □□□

treat a patient 환자를 치료하다

patient [ˈpeiʃnt] ㊔ 환자 ㊖ 인내심 있는
Patient parents can teach a lot of things to kids.
인내심 있는 부모들은 아이들에게 많은 것을 가르칠 수 있다.

0116 ★★ □□□

special treatment 특별대우

㊔ treatment [ˈtri:tmənt] 대우, 대접, 치료
㊍ treat [tri:t] 다루다, 대접하다, 치료하다
A mild headache can be easily **treated** with medicine. 가벼운 두통은 약으로 쉽게 **치료할** 수 있다.
the **treatment** of ill patients. 아픈 환자에 대한 **치료**

0113 풋 온 웨이트 0114 코오프 **메**더썬 0115 트뤼이트 어 **페이**쉰트 0116 스**빼**쉴 **트뤼이**트먼트

0117

★★★ □□□

develop new drugs 신약을 개발하다

㊐ develop [diˈveləp] 개발하다, 발전하다 ㊊ development [diˈveləpmənt] 개발, 발전
㊊ drug [drʌg] 약, 약품

The **new drug** worked well on some people.

그 **신약**은 몇몇 사람들에게 효과가 좋았다.

0118

★ □□□

swallow a pill 알약을 삼키다

swallow [ˈswɑːlou] ㊐ 삼키다 ㊊ 제비
㊊ pill [pil] 알약

Vitamin **pills** have no health benefits.

비타민 **알약**은 건강상의 효능이 없다.

0119

★ □□□

a broad chest 넓은 가슴

㊌ broad [brɔːd] 넓은 ㊐ broaden [ˈbrɔːdn] 넓히다
㊊ chest [tʃest] 가슴

The problem is a **broad** one and demands a **broad** attack.

그 문제는 **광범위한** 문제여서 **폭넓은** 공략을 요구한다.(98수능)

0120

★ □□□

hit the chin 턱을 치다

㊐ hit [hit] 치다, 때리다 *시제변화 hit-hit-hit
㊊ chin [tʃin] 턱

A truck **hit** the motorcycle on the street.

길거리에서 트럭이 오토바이를 **쳤다.**

0117 디**벨**럽 뉴우 드뤅즈 0118 **스왈**로우 어 필 0119 어 브뤄오드 췌스트 0120 힛 더 췬

0121 ★ □□□

a bad smell 악취

smell [smel] 명 냄새 동 냄새 맡다, 냄새나다
형 smelly [smeli] 냄새나는
The air feels fresher and the flowers **smell** sweeter.
공기는 더 신선하게 느껴지고, 꽃은 더 향긋한 **냄새가 난다.**(05수능)

0122 ★★ □□□

freeze to death 얼어 죽다

동 freeze [fri:z] 얼다, 얼어붙다 *시제변화 freeze-froze-frozen
명 death [deθ] 죽음, 사망 형 dead [ded] 죽은
A severe disease caused several hundred **deaths.**
심각한 질병이 수백 명의 **죽음**을 일으켰다.

0123 ★ □□□

bend the knees 무릎을 굽히다

동 bend [bend] 굽히다, 휘다
명 knee [ni:] 무릎 동 kneel [ni:l] 무릎 꿇다 (*'k'는 묵음: know, knock)
The snow causes some trees to **bend.**
눈은 몇몇 나무들을 **휘게** 만든다.(99수능)

0124 ★★ □□□

suffer from cancer 암으로 고통받다

동 suffer [ˈsʌfər] (고통을) 겪다, 고생하다
명 cancer [ˈkænsər] 암
팁 lung cancer [lʌŋ ˈkænsər] 폐암
Most baseball players **suffer from** arm injuries.
대부분의 야구선수들은 팔 부위에 **부상을 겪는다.**

0121 어 배드 스멜 0122 프뤼이즈 투 데뜨 0123 벤드 더 니이즈 0124 **서**퍼ㄹ 프뤔 **캔**써ㄹ

0125

★ □□□

have a stomachache 복통이 있다, 배가 아프다

㉢ stomachache [stʌ́məkèik] 복통, 위통 [㉢ stomach(위, 배) + ache ㉢ (통증, 아픔)]

Muscle pain and **aches** can happen to anyone.

근육의 고통과 **통증**은 누구에게나 일어날 수 있다.

0126

★ □□□

a sore throat (감기 따위로) 쓰라린 목

㉠ sore [sɔːr] 아픈

㉢ throat [θrout] 목구멍

His throat became **sore** again.

그의 목이 다시 **아파**졌다.

0127

★★ □□□

look similar 유사하게 보이다

㉠ similar [ˈsimələr] 유사한

㉢ similarity [ˌsiməˈlærəti] 유사성, 닮음

Something **similar** has happened to me twice.

유사한 일이 나에게 두 번 일어났다.

0128

★ □□□

an emergency room 응급실

㉢ emergency [iˈməːrdʒənsi] 응급, 비상상태

The children escaped through an **emergency** exit.

아이들은 **비상** 출구를 통해 탈출했다.

0125 해브 어 **스떠**머케이크 0126 어 쏘오ㄹ 뜨뤄우트 0127 룩 **씨**멀러ㄹ 0128 언 이**머**어ㄹ줜씨 루움

0129 ★★ □□□

provide vital goods 필수품을 공급하다

㊍ provide [prə|vaid] 공급하다, 주다
㊎ vital [|vaitl] 필수적인
㊐ goods [gudz] 물건, 상품
In earlier times, people traded crops for the **goods.**
옛날에 사람들은 곡식을 **물건**으로 바꾸었다.

0130 ★★ □□□

physical strength 육체적인 힘

㊐ strength [streŋθ] 힘 ㊍ strengthen [|streŋθn] 강화하다
㊒ strong [strɔːŋ] ㊎ 튼튼한, 힘센
Fruit and vegetables give us **strength** for physical activity.
과일과 채소는 우리에게 신체활동을 할 **힘**을 준다.

0131 ★ □□□

worsen his health 건강을 악화시키다

㊍ worsen [|wəːrsn] 악화시키다, 악화되다 [worse(더 나빠지게) + −en(만들다)]
Over time, Lou's disease **worsened.**
서서히 루의 질병이 **악화되었다.**

0132 ★ □□□

a rare case 드문 경우

㊎ rare [rer] 드문, 희박한 ㊕ rarely [rerli] 거의 ~하지 않다
Short hairstyles are **rare** among people.
짧은 머리 스타일은 사람들 사이에서 **드물다.**

0129 프뤄**봐이드** **봐이**를 굿즈 0130 **퓌**지껄 스트뤵뜨 0131 **워어**ㄹ쓴 히즈 헬뜨 0132 어 뤠어ㄹ 케이스

0133 ★★ □□□

elbow injury 팔꿈치 부상

명 elbow [ˈelbou] 팔꿈치
명 injury [ˈindʒəri] 부상 동 injure [ˈindʒər] 다치게 하다, 부상을 입히다
Your body is recovering from **injury.**
너의 몸이 **부상**으로부터 회복되고 있다.

0134 ★★★ □□□

relax his body 몸을 편안하게 하다

동 relax [riˈlæks] 완화하다, 긴장을 풀다
명 relaxation [ˌriːlækˈseiʃn] 편히 쉬기
A bath in hot water is best for **relaxing** muscles.
뜨거운 물에서의 목욕은 근육을 **풀어주는** 데 가장 좋다.(01수능)

0135 ★★ □□□

a heart disease 심장병

명 disease [diˈziːz] 질병, 병 [ease(편안) + dis(-하지 않은)]
Our bodies have the natural ability to fight off **diseases.**
우리의 몸은 **질병**과 싸워 물리칠 능력을 타고났다.(05수능)

0136 ★ □□□

flu and colds 독감과 감기

명 flu [fluː] 독감 (*influenza [ìnfluénzə]의 축약형)
Flu and colds spread quickly and easily.
독감과 감기는 빠르고 쉽게 퍼진다.

0133 **엘**보우 **인**줘뤼 0134 륄**랙**스 히즈 바디 0135 언 하아ㄹ트 디**지**이즈 0136 플루우 앤ㄷ 코울즈

0137 ★ □□□

a stiff neck 뻣뻣한 목

㉻ stiff [stif] 뻣뻣한
㉼ neck [nek] 목
A **stiff neck** is due to damage to the muscles of the neck.
뻣뻣한 목은 목 근육의 손상 때문이다.

0138 ★ □□□

get an annual checkup 1년에 한 번 하는 정기검진을 받다

㉻ annual [ˈænjuəl] 1년의, 1년마다
㉼ checkup [tʃekʌp] 점검, 검진
The **annual** death rate decreased by half.
연간 사망률이 절반으로 줄었다.

0139 ★★ □□□

relieve the pain 고통을 덜어 주다

㉯ relieve [riˈliːv] 덜어 주다
㉰ a pain-relieving pill 진통제
Action **relieves** tensions and sets us free.
신체활동은 긴장을 **덜어주고** 우리를 자유롭게 만든다.(01수능)

0140 ★ □□□

starve to death 굶어 죽다

㉯ starve [stɑːrv] 굶주리다, 배고프다
Every day many children **starve to death** in Africa.
아프리카에서는 매일 많은 어린이가 **굶어 죽는다.**

0137 어 스띠프 넥 0138 겟 언 **애**뉴얼 **췌**크업 0139 륄**리이**브 더 페인 0140 스따아ㄹ브 투 데뜨

0141 [10.06평가원] ★ □□□

unable to see anything 아무것도 볼 수 없는

㉠ unable [ʌnˈeibl] ~할 수 없는, 무력한 ↔ able[ˈeibl] ~할 수 있는, 능력 있는
He is weak, or **unable** to function without you.
그는 허약하다, 즉 당신 없이는 역할을 **할 수 없는** 상태이다.

0142 ★ □□□

bite a thumbnail 엄지손톱을 물어뜯다

명 thumbnail 엄지손톱 [thumb(엄지) + nail(손톱)]
명 toenail [ˈtouneil] 발톱 ↔ fingernail [ˈfiŋgərneil] 손톱
I cut my **fingernail** too short.
손톱을 너무 짧게 잘랐다.

0143 ★ □□□

strong shoulders 강한 어깨

형 strong [strɔːŋ] 강한 명 strength [streŋθ] 힘
명 shoulder [ˈʃouldər] 어깨
Strong winds make strong trees.
강한 바람이 강한 나무를 만든다.

0144 ★ □□□

touch the child's face 아이의 얼굴을 만지다

동 touch [tʌtʃ] 접촉하다, 만지다 명 child [tʃaild] 아이
명 face [feis] 얼굴
A cool breeze **touched** her cheeks and neck.
시원한 산들바람이 그녀의 볼과 목에 **닿았다.**

0141 언**에이**벌 투 씨이 **에**니띵 0142 바이트 어 **떰**네일 0143 스트뤙 **쇼울**더ㄹ즈 0144 터취 더 좌일즈 풰이스

0145 ★ □□□

a familiar face 친숙한 얼굴

㊔ familiar [fəˈmiliər] (family(가족)처럼) 친근한, 익숙한
A man with a **familiar** voice walked into our office.
친숙한 목소리의 한 남자가 사무실로 걸어 들어왔다.

0146 ★ □□□

comb hair 머리를 빗다

comb [koʊm] ㊖ 빗질하다 ㊐ 빗 (*'b'는 묵음: debt, doubt, climb, dumb)
㊐ hair [heər] 머리카락 ㊕ hairdresser [ˈherdresər] 미용사
A small box contained tiny **combs** and a silver mirror.
작은 상자에는 자그마한 **빗**들과 은거울이 들어 있었다.(09수능)

0147 ★ □□□

dream a nightmare 악몽을 꾸다

㊖ dream [driːm] 꿈꾸다
㊐ nightmare [ˈnaitmer] 악몽
We may **dream** of being an actor on a stage.
우리는 무대 위의 배우가 되는 것을 **꿈꿀**지도 모른다.(02수능)

0148 ★ □□□

pass away years ago 몇 년 전에 돌아가시다

㊌ pass away 돌아가시다, 세상을 떠나다 (*die(죽다)보다 높여서 부르는 말)
㊒ ago [əˈgoʊ] ~전에
His mother **passed away**, leaving him an orphan.
그의 어머니는 그를 고아로 남겨두고 **돌아가셨다**.(14수능)

0145 어 풔**밀**리어ㄹ 풰이스 0146 코움 헤어ㄹ 0147 드뤼임 어 **나이**트메어ㄹ 0148 패스 어**웨이** 이어ㄹ즈 어**고우**

0149 ★ □□□

the bird flu 조류 독감

㉠ flu [flu:] 인플루엔자, 독감 (*influenza [ìnfluénzə]의 축약형)
Flu and colds spread very quickly, especially with the large amount of contact.
독감과 감기는, 특히 많은 양의 접촉으로, 매우 빠르게 퍼진다.(15.06평가원)

0150 ★ □□□

a severe toothache 심각한 치통

㉢ severe [sivíər] 심각한, 엄한
Severe illness will create a crisis for the individual.
심각한 질병은 그 개인에게 위기를 일으킬 것이다.(94수능)

0151 ★ □□□

an old folk remedy 오래된 민간요법

㉢ folk [fouk] 민속의, 서민의
㉠ remedy [rémədi] 치료, 치료법
Our progress in understanding has not **remedied** the social ills of the world.
지식의 발달은 세계의 사회적 문제들을 **치유하지** 못했다.(15수능)

0152 ★★ □□□

pay for health insurance 건강보험료를 지불하다

㉠ health insurance 건강보험
㉠ insurance [inʃúərəns] 보험, 보험료
All travellers should have adequate travel **insurance** before they depart.
모든 여행객들은 출발 전에 충분한 여행자 **보험**이 있어야 한다.(07수능)

0149 더 버어ㄹ드 플루우 0150 어 씨**뷔**어ㄹ **투우**떼이크 0151 언 오울드 풔우크 **뤠**머디 0152 페이 풔오ㄹ **헬**뜨 인**슈**어런스

01

0153 ★ □□□

strike him on the head 그의 머리를 때리다

㉯ strike [straik] 치다, 때리다 *시제변화 strike-struck-struck/stricken
Strike while the iron is hot.
(쇠가 뜨거울 때 **두드려라.**) 쇠뿔도 단 김에 빼라.(99수능)

0154 ★★ □□□

a pain in my left side 왼쪽 옆구리의 통증

left [left] ㉱ 왼쪽의 ㉲ 왼쪽 ↔ right [rait] ㉱ 오른쪽의 ㉲ 오른쪽
To his **left** were seated the scholars.
그의 **왼쪽**에는 학자들이 앉아 있었다.(95수능)

0155 ★★ □□□

build muscle strength 근력을 키우다

㉲ muscle [mʌ́səl] 근육, 힘줄 (*발음주의)
㉳ muscle strength 근력
Young men often use **muscle**-building drugs to become stronger.
젊은이들은 좀 더 강해지기 위해 **근육** 강화제를 사용하는 경우가 있다.

0156 ★ □□□

fall off the ladder 사다리에서 떨어지다

㉴ off [ɔ:f;ɑ:f] ~로부터 (떨어져)
㉲ ladder [ˈlædər] 사다리
The clerk got a **ladder** and climbed halfway up.
점원은 **사다리**를 가져다가 중간 정도 올라갔다.(00수능)

0153 스트라이크 힘 온 더 헤드 0154 어 페인 인 마이 레프트 싸이드 0155 빌드 머썰 스트렝뜨 0156 풔올 오프 더 **래**더ㄹ

0157 ★ □□□

begin to cry 울기 시작하다

(동) begin [biˈgin] 시작하다 *시제변화 begin-began-begun
(동) cry [krai] 울다
With sadness, you can **cry**.
슬프면, **울** 수도 있다.(08수능)

0158 ★ □□□

really love him 그를 정말로 사랑하다

(부) really [ˈri:əli] 실제로, 정말로 (형) real [ˈri:əl] 실제의, 현실의
(동) love [lʌv] 사랑하다
You can talk to each other in **real** time on the phone.
전화로 **실**시간으로 서로 대화할 수 있다.(08수능)

0159 ★ □□□

a warm heart 따뜻한 마음

(형) warm [wɔ:rm] 따뜻한 ↔ cold [kould] 차가운
(명) heart [hɑ:rt] 심장, 마음
(팁) kind-hearted 친절한 마음을 가진
Suddenly, I felt my **heart** beating faster.
갑자기 **심장**이 더 빨리 뛰는 것을 느꼈다.(01수능)

0160 ★★ □□□

wish him luck 그에게 행운을 빌다

(명) luck [lʌk] 운, 행운
(부) lucky [lʌki] 운 좋은 ↔ unlucky [ʌnlʌki] 불운한
wish [wiʃ] (동) 바라다 (명) 바람, 소원
How **lucky** I am to have friends like you.
너 같은 친구가 있으니 난 얼마나 **행운아**인가!(03수능)

0157 비**긴** 투 크라이 0158 **뤼이**얼리 러브 힘 0159 어 워ㄹ옴 하아ㄹ트 0160 위쉬 힘 럭

0161 ★ □□□

laugh loudly 큰소리로 웃다

㊂ laugh [læf] 웃다, 비웃다 ㊀ laughter [læftər] 웃음
㊄ loudly [láudli] 큰소리로 ㊁ loud [laud] 목소리 큰, 시끄러운
The air was alive with chatter and **laughter.**
잡담과 **웃음**으로 분위기가 활기 찼다.(03수능)

0162 ★ □□□

a shy smile 수줍은 미소

㊁ shy [ʃai] 소심한, 수줍어하는
smile [smail] ㊀ 미소 ㊂ 미소 짓다
Don't be **shy** of asking for help!
쑥스러워하지 말고 도움을 청하세요!

0163 ★ □□□

talk gently 점잖게 말하다

talk [tɔːk] ㊂ 말하다 ㊀ 담화, 이야기
㊄ gently [ˈdʒentli] 온화하게, 점잖게 ㊁ gentle [ˈdʒentl] 온화한, 점잖은
㊇ gentleman [ˈdʒentlmən] 신사
The grass dances upon a **gentle** breeze.
온화한 산들바람에 풀잎이 살랑거린다.(08수능)

0164 ★ □□□

miss his hometown 고향을 그리워하다

㊂ miss [mis] 그리워하다, 놓치다
㊀ hometown [ˈhoumtaun] 고향, 출생지
I'll never **miss** such an easy ball again.
그렇게 쉬운 공을 다시는 **놓치지** 않겠다.(96수능)

0161 래프 라우들리 0162 어 샤이 스마일 0163 토오크 **젠**틀리 0164 미쓰 히즈 **호움**타운

0165 ★ □□□

That's a pity 유감이군요

pity [piti] 명 동정(심), 애석한 일 동 동정하다, 애석해하다
We took **pity** on the hungry people and gave them some food.
우리는 가난한 사람들을 **동정**하여 음식을 좀 주었다.

0166 ★★★ □□□

an impatient kid 참을성 없는 아이

형 impatient [impeiʃnt] 참을성 없는, 조급한 ↔ patient [peiʃnt] 참을성 있는
명 kid [kid] 아이
He became **impatient** with the slow service.
그는 느린 서비스에 대해 **참을 수가 없게** 되었다.

0167 ★★ □□□

an unforgettable experience 잊을 수 없는 경험

형 unforgettable [ˈʌnfərˈgetəbl] 잊을 수 없는 [forget(잊어) + -able(버릴 수가) + un(없는)]
experience [ikˈspiriəns] 명 경험 동 경험하다
Jess had little **experience** of the countryside.
제스는 시골에 대한 **경험**이 거의 없었다.(11수능)

0168 ★ □□□

a clever boy 영리한 소년

형 clever [ˈklevər] 영리한, 똑똑한
The **clever** thief robbed the rich and gave all to the poor.
그 **영리한** 도둑은 부자들에게 뺏은 것을 전부 가난한 사람들에게 주었다.

0165 댓츠 어 **피**리 0166 언 임**페이**쉰트 키드 0167 언 언풔ㄹ**게**러블 익스**피**어리언스 0168 어 **클레**버ㄹ 보이

0169[08출] ★★ □□□

share the pain and sorrow 고통과 슬픔을 함께하다

명 sorrow [ˈsɑːrou]/[ˈsɔː-] 슬픔, 비애
Birth is a time of joy, death is a time of **sorrow.**
출생은 기쁨의 시간이고, 죽음은 **슬픔**의 시간이다.(94수능)

0170 ★★★ □□□

a stupid mistake 어리석은 실수

형 stupid [ˈstuːpid] 어리석은 유 silly [sili] 어리석은, 바보 같은
명 mistake [miˈsteik] 잘못, 실수
팁 make a mistake 실수를 저지르다
Everybody can make **mistakes.**
모든 사람은 **실수**를 할 수 있다.

0171 ★★ □□□

a strange behavior 이상한 행동

명 behavior [bihéivjər] 행동 동 behave [biˈheiv] 행동하다, 처신하다
People of different ages **behave** differently.
다른 나이의 사람들은 다르게 **행동한다.**(08수능)

0172 ★★ □□□

notice a small error 작은 실수를 발견하다

동 notice [noutis] 알아차리다, 인지하다
형 small [smɔːl] 작은, 적은
명 error [ˈerər] 잘못, 실수
Walking down the street, you may not even **notice** the trees.
당신은 거리를 걸으면서, 나무들이 있다는 것을 **인지하지** 못할 수도 있다.(07수능)

0169 쉐어ㄹ 더 페인 앤ㄷ **싸**뤄우 0170 어 스**뜌**피드 미스**떼이**크 0171 어 스트레인쥐 비**헤이**뷔어ㄹ 0172 **노우**리스 어 스모올 **에**뤄ㄹ

0173 ★ □□□

jump for joy 기뻐서 껑충 뛰다

㊂ jump [dʒʌmp] 깡충 뛰다, 도약하다
㊀ joy [dʒɔi] 기쁨
Don't let your children make noise or **jump** around.
아이들이 떠들거나 **뛰어다니지** 않도록 하시오.(03수능)

0174 ★★ □□□

warm comfort 따뜻한 위로

㊀ comfort [ˈkʌmfərt] 위로, 편안
㊁ comfortable [ˈkʌmftəbl] 편안한
Giving up old **comforts** and habits is very hard.
오래된 **편안함**과 습관을 포기하는 것은 아주 어렵다.(00수능)

0175 ★ □□□

a look of surprise 놀란 표정

look [luk] ㊀ (얼굴) 표정, 외모, 보기, 눈길 ㊂ 보다
surprise [sərˈpraiz] ㊀ 놀라움 ㊂ 놀라게 하다
Her students **looked** at her in surprise.
학생들은 놀라면서 그녀를 **쳐다보았다.**(11수능)

0176 ★★★ □□□

a wise decision 현명한 결정

㊁ wise [waiz] 현명한
㊀ decision [diˈsiʒn] 결정, 결심 ㊂ decide [diˈsaid] 결정하다
You have to make your **decision** alone.
당신의 **결정**은 스스로 해야 한다.

0173 줨프 풔ㄹ 줘이 0174 워ㄹ엄 **컴**퍼ㄹ트 0175 어 룩 어브 써ㄹ**프라이**즈 0176 어 와이즈 디**씨**줜

0177 ★ □□□

a fighting spirit 싸우고자 하는 정신력, 투지

㊐ fight [fait] 싸우다, 겨루다
㊔ spirit [ˈspirit] 정신, 영혼
Art enriches our **spirit.**
예술은 우리의 **정신**을 풍요롭게 한다.(99수능)

0178 ★ □□□

hurt his feelings 그의 마음을 아프게 하다

㊔ feeling [ˈfi:liŋ]] 감정, 감각 ㊐ feel [fi:l] 느끼다
The artist sincerely expresses **feelings** of pride.
그 예술가는 자존**감**을 진실하게 표현한다.(15수능)

0179 ★ □□□

an exciting adventure 흥미진진한 모험

㊕ exciting [ikˈsaitiŋ] 흥분하게 만드는 ㊐ excite [ikˈsait] 흥분시키다 ㊕ excited [ikˈsaitid] (사람이) 흥분된
㊔ adventure [ədˈventʃər] 모험
My dogs are still **excited** to go for a walk.
내 강아지들은 여전히 산책할 생각으로 **들떠 있는** 상태이다.(13수능)

0180 ★★ □□□

a normal person 정상적인 사람

㊕ normal [ˈnɔ:rml] 정상적인, 보통의 ↔ abnormal [æbˈnɔ:rml] 비정상적인
I still live a **normal** everyday life.
나는 여전히 **보통의** 일상적인 삶을 살고 있다.

0177 어 **파이**링 **스삐**릿 0178 허어트 히즈 **퓌일**링즈 0179 언 익**싸이**링 어드**벤**춰 0180 어 **노오**ㄹ멀 **퍼어**ㄹ선

0181 ★★★ □□□

a disappointing result 실망스러운 결과

㉻ disappointing [ˌdisəˈpɔintiŋ] 실망시키는 ㉰ disappoint [ˌdisəˈpɔint] ~를 실망시키다
㉻ disappointed [ˌdisəˈpɔintid] 실망한, 낙담한
㉹ result [riˈzʌlt] 결과
Upon receiving the cake, Rosalyn became **disappointed.**
케이크를 받자마자, 로절린은 **실망하게** 되었다.(10수능)

0182 ★ □□□

reply in a tender voice 부드러운 목소리로 대답하다

㉰ reply [riˈplai] 대답하다, 응답하다
㉻ tender [ˈtendər] 부드러운
Women usually speak in a more **tender** voice than men.
보통 여자들이 남자들보다 더 **부드러운** 목소리로 말한다.

0183 ★ □□□

thanks to their efforts 그들의 노력 덕분에

㉾ thanks to ~덕분에
Thanks to his efforts, all the passengers were saved.
그의 노력 덕분에 모든 승객들이 구조되었다.

0184 ★★ □□□

trust his honesty 그의 정직함을 믿다

trust [trʌst] ㉰ 신뢰하다 ㉹ 신뢰
㉹ honesty [ˈɑ:nəsti] 정직 ㉻ honest [ˈɑ:nist] 정직한 ↔ dishonest [disˈɑ:nist] 부정직한
An **honest** boy doesn't lie.
정직한 소년은 거짓말을 하지 않는다.

0181 어 디스어**포인**팅 뤼**절**트 0182 뤼**플라이** 인 어 **텐**더ㄹ 붜이스 0183 땡(ㅋ)쓰 투 데어ㄹ **에**풔ㄹ츠 0184 트뤄스트 히즈 **아**니스티

0185 ★ □□□

a witty joke 재치 있는 농담

형 witty [ˈwiti] 재치 있는 명 wit [wit] 재치
joke [dʒoʊk] 명 농담 동 농담을 하다
Sarah laughed at a **joke** of mine.
세라는 나의 **농담**을 듣고 웃었다.

0186 ★★★ □□□

a creative mind 창조적인 정신

형 creative [kriˈeitiv] 창의적인, 창조적인 동 create [kriˈeit] 창조하다, 만들어 내다
명 creature [ˈkriːtʃər] 창조물, 생물
God **created** a wonderful world.
신은 경이로운 세상을 **창조했다.**

0187 [04출] ★★ □□□

put a high value on honesty 정직에 높은 가치를 두다

명 value [ˈvæljuː] 가치
형 valuable [ˈvæljuəbl] 가치 있는, 소중한
Fruit is a **valuable**, healthy food.
과일은 **가치 있고** 몸에 좋은 음식이다.(07수능)

0188 ★ □□□

feel fear 두려움을 느끼다

명 fear [fiər] 두려움, 공포 형 fearful [ˈfirfl] 두려움이 가득한, 무서운
As a child grows, **fears** may disappear.
아이는 커 가면서, **두려움들**이 사라지게 될 것이다.(02수능)

0185 어 **위**티 줘우크 0186 어 크뤼**에이**티브 마인드 0187 풋 어 하이 **벨**류 온 **아**니스티 0188 퓌일 퓌어ㄹ

0189 ★ □□□

a sense of humor 유머 감각

㊔ sense [sens] 감각, 느낌
㊔ humor [hjú:mər] 유머, 해학 ㊗ humorous [ˈhju:mərəs] 유머러스한, 유머 감각이 있는
Humans use all their five **senses** to analyze food quality.
인간은 음식의 질을 분석하기 위해 모든 오**감**을 사용한다.(16수능)

0190 ★★ □□□

a woman of great courage 매우 용감한 여자

㊔ courage [ˈkə:ridʒ] 용기 ㊗ courageous [kəˈreidʒəs] 용기 있는
㊛ of courage 용기 있는(=courageous)
Asking for help is an act **of** strength and **courage.**
도움을 청하는 것은 힘 있고 **용기 있는** 행동이다.

0191 ★★ □□□

a rude attitude 무례한 태도

㊗ rude [ru:d] 무례한, 예의 없는 ↔ polite [pəˈlait] 예의 바른
㊔ attitude [ˈætitu:d] 태도, 자세
The coaches have caring **attitudes** to children.
감독들은 아이들에 대해 관심 어린 **태도**를 가지고 있다.(07수능)

0192 ★ □□□

stand his rudeness 그의 무례함을 참다

㊕ stand [stænd] 참다, 서다
㊔ rudeness [ru:dnis] 무례함 ㊗ rude [ru:d] 무례한, 예의 없는
His brain was unable to **stand** the stress.
그의 뇌는 그 스트레스를 **참을** 수가 없었다.

0189 어 쎈스 어브 **유우**머ㄹ 0190 어 **워**먼 어브 그뤠이트 **커어**뤼쥐 0191 어 루우드 **애**리튜우드 0192 스땐드 히즈 **루우**드니스

0193 ★★ □□□

remain silent 조용히 있다

㊍ remain [riˈmein] ~상태로 남아 있다
㊎ silent [ˈsailənt] 조용한, 침묵한 ㊌ silence [ˈsailəns] 침묵
Her voice broke a long **silence.**
그녀의 목소리가 긴 **침묵**을 깼다.

0194 ★ □□□

burst into tears 눈물을 터트리다

㊍ burst [bəːrst] 폭발하다 *시제변화 burst-burst-burst
㊏ burst into 갑자기 ~하다
㊌ tear [tir] 눈물
The whole class **burst into** laughter at the teacher's joke.
선생님의 농담에 반 전체가 웃음을 **터뜨렸다.**

0195 ★★ □□□

look down on the poor 가난한 사람들을 무시하다

㊏ look down on 무시하다, 얕보다 [on(~을) + down(내려다) + look(보다)]
㊌ the poor 가난한 사람들 (=poor people)
The lawyers have worked for **the poor** without charge.
그 변호사들은 보수 없이 **가난한 사람들**을 위해 일해 왔다.

0196 ★★★ □□□

develop the interpersonal skills 대인관계의 기술을 발전시키다

㊎ interpersonal [ˈintərˈpəːrsənl] 개인 간의, 대인관계의 [person(사람) + inter-(사이) + -al(의)]
The interpersonal skills are needed to be successful at work.
일에서 성공하기 위해서는 **대인관계의 기술**이 필요하다.

0193 뤼**메인 싸일**런트 0194 버어ㄹ스트 인투 티어ㄹ즈 0195 룩 다운 온 더 푸어ㄹ 0196 디**벨**럽 디 인터**퍼어**ㄹ서널 스낄즈

0197 ★ □□□

Thank you for your help 도와줘서 고마워

㊍ thank [θæŋk] 감사하다
help [help] ㊔ 도움 ㊍ 도와주다
Both Cindy and Mary **helped** patients twice.
신디와 메리는 환자들을 두 번 **도와주었다**.(01수능)

0198[95출] ★ □□□

I'm glad you came 와줘서 반갑습니다

㊕ glad [glæd] 반가운, 기쁜 ㊓ gladly [ˈglædli] 기꺼이
Everyone followed him **gladly**.
모든 사람들이 **기꺼이** 그를 따랐다.(99수능)

0199 ★ □□□

get upset with him 그에게 화내다

㊍ get [get] 되다, 얻다 *시제변화 get-got-got/gotten
㊕ upset [ˈʌpˌset] 화난, 당황한
She became **upset** at the meeting.
그녀는 회의에서 몹시 **화를 내게** 되었다.

0200 ★★ □□□

control his mind 그의 마음을 통제하다

㊍ control [kənˈtroul] 통제하다
㊔ mind [maind] 마음, 정신
We can **control** our actions.
우리는 우리의 행동을 **통제할** 수 있다.(02수능)

0197 땡크 유 풔ㄹ 유어ㄹ 헬프 0198 아임 글래드 유 케임 0199 겟 업**쎗** 위드 힘 0200 컨트**뤄울** 히즈 마인드

02

0201 [99출] ★ □□□

easily get angry and upset 쉽게 화나고 속상해지다

㉳ angry [ˈæŋgri] 화가 난, 성난 ㉰ anger [ˈæŋgər] 분노

With **anger**, you can get mad at someone and yell.

분노 때문에 당신은 누군가에게 화를 내거나 고함을 칠 수 있다.(08수능)

0202 [05출] ★★ □□□

please the audience 청중을 기쁘게 하다

㉯ please [pliːz] 기쁘게 하다, 만족시키다

㉰ audience [ˈɔːdiəns] 관중, 청중

A journalist must never change facts to **please** any person or any group.

언론인은 어떤 개인이나 집단을 **만족시키기** 위해 사실을 바꾸어서는 안 된다.(97수능)

0203 ★ □□□

give my best regards 안부를 전하다

㉰ regard [rigáːrd] 안부, 관심

Networking should not be **regarded** as a search for customers

네트웨킹이 고객을 찾는 것으로 **간주** 되어서는 안 된다.(08.09평가원)

0204 ★ □□□

a sincere heart 진실한 마음

㉳ sincere [sinˈsir] 성실한, 진실한 ㉫ sincerely [sinˈsirli] 진심으로, 진실되게

His **sincere** interest in the product.

제품에 대한 그의 **진실한** 관심(14수능)

Please accept our **sincere** excuse.

우리의 **진심 어린** 사과를 받아 주세요.(94수능)

0201 이절리 겟 앵그뤼 앤드 업쎗 0202 플리이즈 디 오디언스 0203 기브 마이 베스트 뤼가아ㄹ드 0204 어 씬씨어ㄹ 하아ㄹ트

0205[12출] ★★★ □□□

an uncomfortable stillness 불안한 정적

㉻ uncomfortable [ʌnˈkʌmfərtəbl] 불안한, 불편한 ↔ comfortable [ˈkʌmftəbl] 편안한
㉱ stillness [ˈstilnəs] 고요, 정지
㉻ still [stil] 아직도
Short, intensive training should be **uncomfortable**.
짧고 집중적인 훈련은 **불편할** 수 있다.(06. 06평가원)

0206 ★ □□□

Mind your own business 네 일이나 신경 써라

mind [maind] ㉯ 신경 쓰다, 꺼리다 ㉱ 마음
Our **mind** could play an important role in illness and healing.
우리의 **마음**이 질병과 치료에 중요한 역할을 할 수 있다.(95수능)

0207 ★ □□□

a terrific present 멋진 선물

㉻ terrific [təˈrifik] 멋진, 아주 좋은 ↔ terrible [ˈterəbl] 끔찍한
팁 traffic [ˈtræfik] 교통의
Great people have **terrific** advice about life.
위인들은 인생에 대한 **멋진** 충고들을 가지고 있다.

0205 언 언**컴**풔ㄹ터벌 스**띨**니스 0206 마인드 유어ㄹ 오운 **비**즈니스 0207 어 터**뤼**픽 **프뤠**전트

문장 속 괄호의 우리말에 알맞은 단어를 연결하세요.

blind	①	ⓐ Don't forget to take the (약)!
brain	②	ⓑ His (부상) are healing fast.
caffeine	③	ⓒ Men are (눈먼) to their own faults.
emergency	④	ⓓ The patient has damage to the right (뇌).
familiar	⑤	ⓔ Tea contains half the (카페인) of coffee.
medicine	⑥	ⓕ Most baseball players (고생한다) from arm injuries.
relieves	⑦	ⓖ The children escaped through an (비상) exit.
suffer	⑧	ⓗ Action (덜어 준다) tensions and sets us free.
wounds	⑨	ⓘ A man with a (친숙한) voice walked into our office.

〈보기〉의 단어를 활용하여 빈칸에 우리말에 맞는 단어를 쓰세요.

breath dangerous dirt health injure strong weigh

1. Cars are producing too much (1) smoke.
   자동차들은 너무 많은 **더러운** 연기들을 만들어낸다.

2. We want to pass a (2) world to our children.
   우리는 아이들에게 **건강한** 세상을 물려주길 원한다.

3. Nature gives us air to (3) and clean water.
   자연은 우리에게 **숨 쉴** 공기와 깨끗한 물을 준다.

4. Many Americans are worried about their (4).
   많은 미국인들이 자기 **몸무게**에 대해 걱정을 한다.

5. Smoking is a serious (5) to our health.
   흡연은 우리의 건강에 심각한 **위험**이 된다.

6. Fruit and vegetables give us (6) for physical activity.
   과일과 채소는 우리에게 신체활동을 할 **힘**을 준다.

7. Your body is recovering from (7).
   당신의 몸이 **부상**에서 회복되고 있다.

1 ⓒ 2 ⓓ 3 ⓔ 4 ⓖ 5 ⓘ 6 ⓐ 7 ⓗ 8 ⓕ 9 ⓑ
1 dirty 2 healthy 3 breathe 4 weight 5 danger 6 strength 7 injury

문장 속 괄호의 우리말에 알맞은 단어를 연결하세요.

attitudes	①	ⓐ She became (화가 난) at the meeting.
created	②	ⓑ Don't be (수줍어하는) of asking for help!
mistakes	③	ⓒ Everybody can make (실수들).
shy	④	ⓓ God (창조했다) a wonderful world.
upset	⑤	ⓔ The coaches have caring (태도들) to children.

〈보기〉의 단어를 활용하여 빈칸에 우리말에 맞는 단어를 쓰세요.

abnormal decide honesty luck patient silent

1. How ([1]) I am to have friends like you.
   너 같은 친구가 있으니 난 참 **운이 좋구나**!

2. He became ([2]) with the slow service.
   그는 느린 서비스에 대해 **참을 수가 없게** 되었다.

3. You have to make your ([3]) alone.
   당신의 **결정**은 스스로 해야 한다.

4. I still live a ([4]), everyday life.
   나는 여전히 **보통의** 일상적인 삶을 살고 있다.

5. An ([5]) boy doesn't lie.
   정직한 소년은 거짓말을 하지 않는다.

6. Her voice broke a long ([6]).
   그녀의 목소리가 긴 **침묵**을 깼다.

1 ⓔ 2 ⓓ 3 ⓒ 4 ⓑ 5 ⓐ
[1] lucky [2] impatient [3] decision [4] normal [5] honest [6] silence

R
F
H

Chapter 3

Education
교육

① School 학교

② Literature & Language 문학 & 언어

③ Science & Mathematics 과학 & 수학

④ History 역사

⑤ Job & Success 직업 & 성공

0208 ★ □□□

teach him English 그에게 영어를 가르치다

㊍ teach [tiːtʃ] 가르치다 *시제변화 teach-taught-taught
㊔ English [ˈiŋgliʃ] 영어
I **teach** the Korean language to workers.
나는 노동자들에게 한국어를 **가르친다.**

0209 ★ □□□

call his name 그의 이름을 부르다

㊍ call [kɔːl] 부르다, 전화하다
㊔ name [neim] 이름
I'll **call** you back.
나중에 다시 **전화할게.** (95수능)

0210 ★★ □□□

be always late for school 학교에 항상 지각하다

㊖ always [ˈɔːlweiz] 늘, 항상 ㊗ late [leit] 늦은, 지각한
㊔ school [skuːl] 학교, 수업
㊘ elementary school 초등학교 middle school 중학교 high school 고등학교
It's never too **late** to learn.
배움에는 결코 **늦는** 법이 없다. (속담)

0211 ★★ □□□

things to do 할 일(것)들

㊔ thing [θiŋ] 물건, 물체, 일
㊍ do [dəːdu] ~하다, 행동하다 *시제변화 do-did-done
They did the wrong **things** for the wrong reasons.
그들은 잘못된 이유 때문에 잘못된 **일들**을 했다.

0208 티이취 힘 **잉**글리쉬 0209 코올 히즈 네임 0700 비 **오올**웨이즈 레이트 풔ㄹ 스꾸울 0211 띵즈 투 두

0212 ★ □□□

sell books for children 어린이를 위한 책을 팔다

㊍ sell [sel] 팔다, 판매하다 *시제변화 sell-sold-sold
㊔ book [buk] 책
㊔ children [tʃíldrən] 아이들 ㊟ child [tʃaild] 아이
People often **sell** old record albums and **books** for pennies.
사람들은 가끔씩 오래된 레코드앨범이나 **책들**을 돈 몇 푼 받고 **판다**.(06수능)

0213 ★★★ □□□

a vacation plan 휴가 계획

㊔ vacation [vəˈkeiʃn]/[veiˈkeiʃn] 휴가, 방학
plan [plæn] ㊔ 계획 ㊍ 계획하다
while on **vacation** **휴가** 중에 (11수능)
A couple may spend their **vacation** traveling in Europe.
한 부부는 유럽 여행을 하면서 **휴가**를 보낼 것이다.(96수능)

0214 ★ □□□

remember his name 그의 이름을 기억하다

㊍ remember [riˈmembər] 기억하다 ↔ forget [fərˈget] 잊다
It is very hard to **remember** other's names.
다른 사람들의 이름을 **기억하는** 것은 매우 어렵다.(01수능)

0215 ★★★ □□□

create an academic atmosphere 면학 분위기를 만들다

㊍ create [kriˈeit] 창조하다 ㊔ creation [kriˈeiʃn] 창조, 창조물
㊒ academic [ˌækəˈdemik] 학구적인, 학원의
㊔ atmosphere [ˈætməsfir] 대기, 분위기
Art is a **creation** that lifts our human spirit.
예술은 인간의 정신을 고양시켜 주는 **창조물**이다.(99수능)

0212 셀 북스 풔ㄹ **췰**드런 0213 어 붜**케이**숸 플랜 0214 뤼**멤**버ㄹ 히즈 네임 0215 크뤼이**에이**트 언 애커**데**믹 **앳**머스퓌어ㄹ

0216 ★ □□□

Jack is in the sixth grade 잭은 6학년이다

명 grade [greid] 학년, 성적

The duck made excellent **grades** in flying.

오리는 비행에서 우수한 **성적**을 받았다.(97수능)

0217 ★★ □□□

my favorite subject 내가 가장 좋아하는 과목

형 favorite [féivərit] 좋아하는, 마음에 드는

명 subject [ˈsʌbdʒikt]/[ˈsʌbdʒekt] 과목, 주제

the main **subjects** of my work. 내 연구의 주요 **주제**(03수능)

I interviewed one of my **favorite** comedians, Mike Myers.

나는 **가장 좋아하는** 코미디언 중 한 사람인 마이크 마이어스와 인터뷰를 했다.(05수능)

0218 ★ □□□

a book shelf 책꽂이

명 shelf [ʃelf] 선반 복 shelves [ʃelvz]

High on a **shelf**, she saw the box of honey.

그녀는 **선반** 위 높은 곳에 있는 꿀 상자를 보았다.(00수능)

0219 ★★★ □□□

Students are anxious about the next exam 학생들이 다음 시험을 걱정한다

명 student [ˈstu:dnt] 학생 형 anxious [ˈæŋkʃəs] 걱정하는 숙 anxious about [for] ~걱정하는(~열망하는)

명 anxiety [æŋˈzaiəti] 걱정, 열망 형 next [nekst] 다음의 명 exam [igˈzæm] 시험 (*examination의 줄임말)

become stressed and **anxious** 스트레스가 쌓이고 **걱정**되다(00수능)

She wasn't well prepared for the **exam.** 그녀는 **시험**에 준비가 잘 되어 있지 않았다.(94수능)

0216 줵 이즈 인 더 씩스뜨 그뤠이드 0217 마이 **풰이**붜뤼트 **써**브줵트 0218 어 북 쉘프 0219 스**뜌우**던츠 아ㄹ **앵**(ㅋ)숴스 어**바우**트 더 넥스트 이그잼

0220 ★ □□□

What does it mean? 그건 무슨 뜻입니까?

㊍ mean [miːn] 의미하다, 뜻하다 *시제변화 mean-meant-meant

The word "symphony" **means** "sounding together"

"symphony(교향곡)"라는 단어는"함께 소리가 남"을 **의미한다.** (00수능)

0221 ★ □□□

forget his name 이름을 잊어버리다

㊍ forget [fərˈget] 잊다 *시제변화 forget-forgot-forgotten ↔ remember [riˈmembər] 기억하다

The adult **forgets** the troubles of his youth.

어른은 자신의 젊은 시절의 걱정들을 **잊는다.** (05수능)

0222 ★ □□□

around 5 p.m. 오후 5시경

p.m. 오후 라틴어 post meridiem의 축약형

㊥ a.m. 오전 라틴어 ante meridiem의 축약형

around [əˈraund] ㊝ 대략 ㊫ ~둘레에

There aren't any more fish **around** here.

여기 **주변에는** 더 이상 물고기들이 없다. (00수능)

0223 ★ □□□

a pencil and an eraser 연필과 지우개

㊔ pencil [ˈpensl] 연필 ㊕ mechanical pencil 샤프연필

㊔ eraser [iréisər] 지우개 ㊍ erase [iˈreis] ~을 지우다, 없애다

(*영국에선 지우개를 rubber로 씀)

Erase pencil mistakes cleanly.

연필로 잘못 쓴 것들을 깨끗하게 **지우시오.**

0220 왓 더즈 잇 미인 0221 풔ㄹ**겟** 히즈 네임 0222 어**롸**운드 파이브 **피이엠** 0223 어 **펜**설 앤ㄷ 언 이**뤠이**저ㄹ

0224 ★ □□□

I don’t know for certain 확실히는 모른다

㉻ certain [ˈsə:rtn] 확실한 ㉮ certainly [ˈsə:rtnli] 확실히, 반드시
㊏ for certain 확실히 (=for sure)
Injured animals **certainly** spend more time asleep.
다친 동물들은 **반드시** 더 많은 시간을 자면서 보낸다.(96수능)

0225 ★★★ □□□

agree with his idea 그의 생각에 동의하다

㉯ agree [əˈgri:] 동의하다, 찬성하다 ↔ disagree 동의하지 않다 ㉰ agreement [əˈgri:mənt] 동의
agree with their peers
동료들과 **의견이 일치하다**(11수능)
He **disagrees** with Tom’s idea.
그는 톰의 생각에 **동의하지 않는다**.(97수능)

0226 ★ □□□

try to pass the exam 시험에 합격하려고 노력하다

㉯ try [trai] 노력하다
㉯ pass [pæs] 합격하다, 지나가다, 통과하다
The wind grew stronger as time **passed.**
시간이 **지나면서** 바람은 더 강해졌다.

0227 ★ □□□

fold a sheet of paper 종이 한 장을 접다

㉯ fold [fould] 접다, 포개다 ↔ unfold (접힌 것을) 펴다
㉰ sheet [ʃi:t] 한 장, 얇은 판
㉰ paper [ˈpeipər] 종이
The tent is easily **folded** and rolled.
그 텐트는 쉽게 **접히고** 쉽게 말린다.

0224 아이 도운트 노우 풔ㄹ **써어**ㄹ턴 0225 어**그뤼이** 위드 히즈 아이**디이**어 0226 트롸이 투 패스 디 이그**잼** 0227 풔울드 어 쉬이트 어브 **페이**퍼ㄹ

0228 ★★★ □□□

take a basic English course 기초 영어 과정을 밟다

㊟ take [teik] 잡다, 받다, 먹다
㊢ basic [ˈbeisik] 기초의, 기본의 ㊔ base [beis] 기초, 기본
㊔ course [kɔ:rs] 진로, (수업) 과정
pursue a right **course** of action 올바른 행동 **과정**을 추구하다.(11수능)
You've mastered the **basic** skills of painting. 당신은 그림의 **기본** 기법들을 숙달했다.(02수능)

0229 ★★ □□□

understand the meaning 뜻을 이해하다

㊟ understand [ˌʌndərˈstænd] 이해하다 *시제변화 understand-understood-understood
㊔ meaning [ˈmi:niŋ] 의미, 뜻 ㊟ mean [mi:n] 의미하다, 뜻하다
The meanings of words change over time.
단어의 **뜻**은 시간이 지나면서 변한다.

0230 ★ □□□

choose a topic 주제를 선택하다

㊟ choose [tʃu:z] 선택하다 ㊔ choice [tʃɔis] 선택
*시제변화 choose-chose-chosen
㊔ topic [ˈtɑ:pik] 화제, 주제
The **choice** of friends is really important.
친구를 **선택**하는 것은 정말로 중요하다.

0231 ★★ □□□

attend the contest 경연 대회에 참가하다

㊟ attend [əˈtend] 참가하다, 참석하다 ㊔ attendant [əˈtendənt] 참가자
㊔ contest [ˈkɑ:ntest] 경연, 콘테스트, 경쟁
I won second prize at a dance **contest.**
나는 춤 **경연 대회**에서 2등상을 탔다

0228 테이크 언 **베이**식 **잉**글리쉬 코오ㄹ스 0229 언더ㄹ**스탠**드 더 **미이**닝 0230 츄우즈 어 **타**픽 0231 어**텐**드 더 **칸**테스트

0232 ★ □□□

be in a hurry 서두르다

hurry [ˈhəːri] 명 급함 동 재촉하다, 서두르다
숙 in a hurry 급한, 서두르는 숙 hurry up 서두르다
Hurry up and get ready.
서둘러서 준비해라.(94수능)

0233 ★ □□□

It's already five o'clock 벌써 5시다

부 already [ɔːlˈredi] 이미, 벌써 부 o'clock [əˈklɑːk] ~시(정각)에
팁 a quarter to five 5시 15분 전=4시 45분
a quarter past five 5시 15분 후=5시 15분
He had **already** learned to ski.
그는 **이미** 스키 타는 법을 배웠었다.(06수능)

0234 ★★ □□□

explain over and over again 반복해서 설명하다

동 explain [ikˈsplein] 설명하다
부 over [ˈouvər] 되풀이하여 부 again [əˈgen] (또)다시
숙 over and over again 계속 반복해서(=repeatedly)
Please **explain** the reason for your absence.
당신이 결석한 이유를 **설명하세요**.

0235 ★★★ □□□

doubt his ability 그의 능력을 의심하다

doubt [daut] 동 의심하다 명 의심
명 ability [əˈbiləti] 능력 형 able [ˈeibl] ~할 수 있는, 유능한
Noise decreases our **ability** to solve problems.
소음은 우리의 문제 풀이 **능력**을 감소시킨다.

0232 비 인 어 **허어**뤼 0233 잇츠 오올**뤠**디 퐈이브 어**클락** 0234 익스**플레인** **오우**붜ㄹ 앤ㄷ **오우**붜ㄹ 어**겐** 0235 다우트 히즈 어**빌**리티

0236 ★ □□□

May I ask you a favor? 제 부탁 좀 들어주실래요?

㉰ ask [æsk] 요청하다, 묻다
㉱ favor [féivər] 부탁, 호의
Would you do me a **favor**?
제 **부탁** 좀 들어주실래요?

0237 ★★ □□□

physical education 체육

㉲ physical [ˈfizikl] 신체적인, 물리적인 ↔ mental [ˈmentl] 정신적인
㉱ education [ˌedʒuˈkeiʃn] 교육
Schools leave moral **education** to the parents.
학교는 윤리 **교육**을 부모에게 맡긴다.

0238 ★ □□□

a tough question to answer 답하기 어려운 질문

㉲ tough [tʌf] 강한, 질긴, 어려운 (*발음주의)
㉱ question [ˈkwestʃən] 질문, 의문
answer [ˈænsər] ㉰ 대답하다 ㉱ 대답
A long, **tough** journey is ahead of me.
길고 **어려운** 여정이 내 앞에 놓여 있다.(16수능)

0239 ★ □□□

a middle school principal 중학교 교장 선생님

㉱ principal [ˈprinsəpl] 교장 선생님
Her father was a **school principal**.
그녀의 아버지는 **교장 선생님**이셨다.

0236 메이 아이 애스크 유 어 **풰이**붜ㄹ 0237 **퓌**지껄 에쥬**케이**쉰 0238 어 터프 **퀘스**쳔 투 **앤**써ㄹ 0239 어 **미**들 스꾸울 **프린**써펄

0240 ★ □□□

take notes 노트 필기를 하다

명 note [nout] 메모, 기록
I'll **take** good **notes** and lend them to you.
내가 **노트 필기**를 잘해서 너한테 빌려줄게(10.06평가원)

0241 ★ □□□

poor grades 형편없는 성적

형 poor [pɔ:r] 가난한 ↔ rich [ritʃ] 형 부유한
형편없는, 초라한 ↔ good [gʊd] 좋은, 괜찮은
명 grade [greid] 성적, 등급, 학년
I've had a good friend since the fourth **grade.**
나는 4**학년** 때부터 좋은 친구가 하나 있다.(99수능)

0242 ★ □□□

a native speaker 원어민

형 native [ˈneitiv] 출생지의, (지역) 토박이의
명 speaker [ˈspi:kər] 말하는 사람, 연설자, 확성기(스피커)
Native animals of the New World are smaller than those of Europe.
신대륙의 **토착** 동물들은 유럽의 동물들보다 더 작다.(10.09평가원)

0243 ★★ □□□

a correct answer 바른 답

형 correct [kəˈrekt] 올바른, 정확한 ↔ incorrect [ˌinkəˈrekt] 틀린, 부정확한
We are flooded by **incorrect** information.
우리는 **부정확한** 정보가 넘쳐난다.(05수능)

0240 테이크 노우츠 0241 푸어ㄹ 그뤠이즈 0242 어 **네이**티브 **스삐이**커ㄹ 0243 어 커**뤡**트 **앤**써ㄹ

0244 ★★★ □□□

get used to a new school 새 학교에 익숙해지다

㊕ used to+㊔ ~에 익숙한
㊓ used to+㊖ (과거에) ~하곤 했다
People **used to** say "Seeing is believing."
사람들은 "보는 것이 믿는 것이다."라고 말**하곤 했다.**(00수능)

0245 ★ □□□

deeply respect his teacher 선생님을 (마음) 깊이 존경하다

㊖ respect [riˈspekt] 존경하다, 존중하다
㊔ teacher [ˈtiːtʃər] 교사, 선생님 ㊖ teach [tiːtʃ] 가르치다
Parents should **respect** the children's wishes.
부모는 아이들의 바람을 **존중해야** 한다.

0246 ★ □□□

a punctual student 시간을 잘 지키는 학생

㊗ punctual [pʌ́ŋktʃuəl] 시간을 엄수하는
Be **punctual** for the job interview.
구직면접에는 **시간을 엄수해야** 한다.

0247 ★ □□□

study abroad 외국에서 공부하다

study [ˈstʌdi] ㊖ 공부하다 ㊔ 공부, 연구
㊘ abroad [əˈbrɔːd] 외국으로, 해외에
I advise that you first make a journey **abroad.**
우선 **해외** 여행을 하라고 나는 충고한다.(01수능)

0244 겟 유우스트 투 어 뉴우 스꾸울 0245 **디이**플리 뤼스**뻭**트 히즈 **티이**춰ㄹ 0246 어 **펑**츄얼 스**뜌우**던ㅌ 0247 **스떠**디 어**브뤄오**드

0248 ★ □□□

plan ahead 미리 계획을 짜다

plan [plæn] ㉺ 계획하다 ㉹ 계획
㉾ ahead [əˈhed] 미리 [head(머리) + a(=at)(앞에)]
First of all, it is important to **plan.**
우선 **계획을 세우는** 것이 중요하다.(94수능)

0249 ★★★ □□□

speak not only English but also French 영어뿐만 아니라 프랑스어도 한다

㊄ not only A but also B A뿐만 아니라 B도 (또한) ㉾ also [ˈɔːlsou] 또한, 역시
㉹ French [frentʃ] 프랑스어, 프랑스인
Writing makes a writer's ideas **not only** clearer **but** more logical.
글쓰기는 작가의 생각을 더 명확하게 해줄 **뿐만 아니라 또한** 더 논리적으로 만들어 준다.(13수능)

0250 ★ □□□

show up late 늦게 나타나다

㊄ show up 나타나다(=appear up)
㉾ late [leit] 늦게, 뒤늦게 ㊏ lately [ˈleitli] 최근에
You've been having a hard time **lately.**
최근에 너는 힘든 시간을 보내고 있다.(15수능)

0251 ★ □□□

Repeated practice is important 반복된 연습이 중요하다

㉻ repeated [riˈpiːtid] 되풀이되는, 반복된 ㉺ repeat [riˈpiːt] 반복하다, 되풀이하다
㉻ important [imˈpɔːrtnt] 중요한
A **repeated** mistake is not a mistake at all.
반복되는 실수는 결코 실수가 아니다.

0248 플랜 어**헤**드 0249 스삐이크 낫 오운리 **잉**글리쉬 벗 **오올**쏘우 프뤤취 0250 쇼우 업 레이트 0251 뤼**피이**티드 **프뤡**티스 이즈 임**포오**ㄹ 턴트

0252 ★★ □□□

a wrong answer 틀린 대답

㉠ wrong [rɔ:ŋ] 틀린, 그릇된 ↔ right [rait] 옳은

a sense of **right** and **wrong**. **옳고 그름**에 대한 의식(04수능)

You might be **wrong**. 당신이 **틀릴** 수도 있다.(09수능)

0253 ★ □□□

classify by subject 주제별로 분류하다

㉡ classify [ˈklæsifai] 분류하다, 등급으로 나누다 ㉢ class [klæs] 반, 수업, 계급, 계층

We humans like to **classify** things.

우리 인간은 사물을 **분류하는** 것을 좋아한다.

0254 ★★ □□□

keep the plan secret 계획을 비밀로 유지하다

㉡ keep [ki:p] ~을 유지하다, 지키다

secret [ˈsi:krət] ㉠ 비밀의 ㉢ 비밀

㉣ top secret 일급비밀

Company **secrets** remain protected. 회사의 **비밀들**은 보호되어 유지된다.(01수능)

0255 ★ □□□

solve a serious problem 심각한 문제를 해결하다

㉡ solve [sɑ:lv] 해결하다, 풀다 ㉢ solution [səˈlu:ʃn] 해결, 풀이

㉠ serious [ˈsiriəs] 심각한, 진지한

There is an easy **solution** to traffic jams.

교통체증에는 쉬운 **해결책**이 있다.(97수능)

0252 어 뤄옹 **앤**써ㄹ 0253 **클래**써퐈이 바이 **써브**쿼트 0254 키이프 더 플랜 **씨이**크륏 0255 쌀브 어 **씨**어뤼어스 **프롸**블럼

01

0256 ★★★ □□□

use background knowledge 배경 지식을 사용하다

명 background [ˈbækgraʊnd] 배경
명 knowledge [ˈnɑːlidʒ] 지식 동 know [noʊ] 알다, 알고 있다
Both **knowledge** and practice are important.
지식과 실습은 둘 다 중요하다.(95수능)

0257 ★ □□□

a boring professor 따분한 교수

형 boring [ˈbɔːriŋ] 따분하게 만드는, 지루한 팁 bored [bɔːrd] 따분해진
명 professor [prəˈfesər] 교수
The **professors** have their own ideas on the matter.
교수들은 그 문제에 대한 자신들만의 생각이 있다.(94수능)

0258[98출] ★ □□□

follow your teacher's instruction 선생님의 지시를 따르다

명 instruction [instrʌ́kʃən] 지시, 교육
동 instruct [instrʌ́kt] 지시하다, 가르치다
I can't learn how to use a computer just by reading an **instruction** manual.
나는 **지시** 매뉴얼(=안내책자)을 읽는 것만으로는 컴퓨터 사용법을 익힐 수 없다.

0259 ★ □□□

graduate (from) college 대학을 졸업하다

동 graduate [ˈgrædʒueit] 졸업하다 명 graduation [ˈgrædʒuˈeiʃn] 졸업
명 college [ˈkɑːlidʒ] (단과) 대학 팁 university [ˈjuːniˈvəːrsəti] (종합)대학
Upon **graduating from** high school, I went to college.
고등학교를 **졸업**하자마자, 나는 대학을 갔다.(12수능)

0256 유우즈 **백**그라운드 **날**리쥐 0257 어 **보오**링 프뤄**풰**써ㄹ 0258 **퐐**로우 유어ㄹ **티이**쳐ㄹ즈 인스트**뤅**션 0259 **그뤠**쥬에이트 (프뤔) **칼**리쥐

0260 ★★ □□□

force him to be a king 억지로 그를 왕으로 추대하다

force [fɔːrs] ⓢ (강제로) ~하게 하다 ⓜ 힘
ⓜ king [kiŋ] 왕 ↔ queen [kwiːn] 여왕
The **forces** of nature are very powerful.
자연의 **힘**은 매우 강력하다.

0261 ★ □□□

be absent from school 학교에 결석하다

ⓗ absent [ˈæbsənt] 결석의, 부재의
ⓜ absence [ˈæbsəns] 부재, 결석
Corn and beans form a balanced diet in the **absence** of meat.
옥수수와 콩은 고기가 **없는 상태**에서 균형 잡힌 식단을 형성한다. (09수능)

0262 ★ □□□

an administration office 행정실

ⓜ administration [ædmìnəstréiʃən] 관리, 행정
ⓢ administer [ədmínəstər] 관리하다, 집행하다
The **Administration** Department offers many public services.
행정부서에서는 많은 공공 서비스를 제공한다.

0263 ★★★ □□□

an unexpected outcome 예상치 못한 결과

ⓗ unexpected [ˈʌnikˈspektid] 예상치 않은, 뜻밖의 ⓢ expect [ikˈspekt] 예상하다, 기대하다
ⓜ outcome [ˈautkʌm] 결과
Predict the **outcome** of football games.
축구 경기의 **결과**를 예측하라.

0260 포오ㄹ스 힘 투 비 어 킹 0261 비 **앱**썬트 프뤔 스꾸울 0262 언 어드미니스트**뤠이**션 **오**퓌스 0263 언 언익스**뻭**티드 **아웃**컴

0264 ★ □□□

keep the lesson in mind 교훈을 마음속에 간직하다

숙 keep ~ in mind ~을 마음속에 간직하다
명 lesson [ˈlesn] 교훈, 학과
Keep in mind the importance of communication.
소통의 중요성을 **마음속에 간직해라.**

0265 ★★ □□□

guess the answer 답을 추측하다

guess [ges] 동 짐작하다, 추측하다 명 추측, 짐작
Only 30% of the **guesses** were correct.
짐작 중에 30%만이 정확했다.(02수능)

0266 ★ □□□

work in a school laboratory 학교 실험실에서 연구하다

명 laboratory [ˈlæbrətɔːri] 실험실
To be a mathematician you don't need an expensive **laboratory.**
당신이 수학자가 되기 위해서, 값비싼 **실험실**이 필요하지는 않다.(07수능)

0267 ★★★ □□□

a rise of interest in social psychology 사회 심리학에 대한 관심의 증가

명 rise [raiz] 상승, 증가
명 psychology [saikάlədʒi] 심리학, 심리 (*발음주의)
A few years back, he took my **psychology** class in college.
몇 년 전에 그는 대학에서 내 **심리학** 수업을 들었다.(15수능)

0264 키이프 더 **레**쓴 인 마인드 0265 게쓰 디 **앤**써ㄹ 0266 워어ㄹ크 인 어 스꾸울 **래**버러토오뤼 0267 어 롸이즈 어브 **인**터리스트 인 **쏘우**쉴 싸이**칼**러쥐

0268 ★ □□□

yawn during class 수업시간에 하품하다

yawn [jɔ:n] ⓢ 하품하다 ⓜ 하품
ⓜ class [klæs] 수업, 학급 ⓣ classroom [ˈklæsru:m] 교실
Take some deep breaths before you start to **yawn.**
하품이 나오기 전에 심호흡을 좀 해라.

0269 ★ □□□

skip a chapter 한 단원을 건너뛰다

ⓢ skip [skip] 깡충 뛰다, 건너뛰며 읽다
ⓜ chapter [ˈtʃæptər] 단원, 장(章)
You should never **skip** the breakfast.
당신은 절대로 아침을 **걸러서는** 안 된다.

0270 ★ □□□

neat handwriting 깔끔한 글씨

ⓗ neat [ni:t] 깔끔한 ⓑ neatly [ní:tli] 단정하게, 깔끔하게
ⓜ handwriting [ˈhændraitiŋ] 필적, 글씨
We did our part by keeping our rooms **neat.**
우리는 방을 **깔끔하게** 함으로써 우리의 역할을 했다.(04수능)

0271 ★★★ □□□

a negative answer 부정적인 답변

ⓗ negative [ˈnegətiv] 부정적인 ↔ positive [ˈpɑ:zətiv] 긍정적인
hear **positive** remarks.
긍정적인 의견을 듣다.(01수능)
We need to express our **negative** feelings.
우리는 **부정적인** 감정을 표현할 필요가 있다.

0268 요온 **듀**어륑 클래스 0269 스낍 어 **췝**터ㄹ 0270 니이트 **핸**드롸이팅 0271 어 **네**거티브 **앤**써ㄹ

0272 ★★ □□□

refer to a dictionary 사전을 참조하다

㊐ refer [rifə́ːr] 참고하다, 조회하다
㊔ reference [ˈrefrəns] 참조, 참고
㊍ a reference book 참고서
The book is used as a **reference** book.
그의 책은 **참고**서로 사용된다.

0273 ★ □□□

manage to pass the test 시험을 가까스로 통과하다

㊌ manage to 가까스로 ~하다
㊐ manage [mǽnidʒ] 관리하다, 경영하다
test [test] ㊔ 시험, 검사 ㊐ 검사하다
The survivor **managed to** walk to the village.
그 생존자는 **가까스로** 마을까지 걸어갔다.(08수능)

0274 ★★ □□□

improve his English skills 영어 실력을 향상시키다

㊐ improve [imˈpruːv] 개선시키다, 향상시키다
㊔ improvement [imˈpruːvmənt] 향상
I kept practicing to **improve** my driving skills.
나는 운전 기술을 **향상시키기** 위해서 계속 연습했다.(02수능)

0275 ★ □□□

give a hint 힌트를 주다

㊔ hint [hint] 암시, 넌지시 일러주는 것
James took the **hint** and left the party.
제임스는 **눈치**를 채고 그 파티를 떠났다.

0272 뤼**퍼어**ㄹ 투 어 **딕**쉬네뤼 0273 **매**니쥐 투 패스 더 테스트 0274 임**프루우**브 히즈 **잉**글리쉬 스낄즈 0275 기브 어 힌트

0276 ★★★ □□□

pay attention to the lecture 강의에 주의를 기울이다

㊟ pay attention to ~에 관심을 기울이다 ㊔ attention [əˈtenʃn] 주의
㊔ lecture [ˈlektʃər] 강의
attract public **attention** 대중의 **관심**을 끌다(00수능)
Other people are **paying** no **attention to** his nose at all
다른 사람들은 그의 코**에** 전혀 **관심을 기울이지** 않고 있다.(04수능)

0277 ★★ □□□

return books 책을 반납하다

㊕ return [riˈtəːrn] 돌려주다, 반환하다, 돌아오다
Borrowers are responsible for **returning** items on time
빌린 사람들은 정시에 그 품목을 **반납할** 책임이 있다.(07수능)

0278 ★★ □□□

learn step by step 하나씩 차근차근 배우다

㊟ step by step 한 걸음 한 걸음, 조금씩 조금씩
㊔ step [step] 발걸음, 단계, 절차
Focus on the next **step**, not the final result.
최종 결과가 아니라, 다음 **단계**에 초점을 맞춰라.(15수능)

0279 ★★ □□□

figure out the meaning 의미를 이해하다

㊟ figure out ~을 이해하다
㊔ figure [ˈfigjər] 수자, 인물
㊖ a major figure 중요한 인물
People turn to sports stars and other popular **figures** to find their role models.
사람들은 자신들의 롤모델을 찾기 위해 스포츠 스타나 다른 대중적인 **인물들**에게 눈을 돌린다.(03수능)

0276 페이 어**텐**쉰 투 더 **렉**춰 0277 뤼**터**ㄹ언 북스 0278 러ㄹ언 스뗍 바이 스뗍 0279 **퓌**겨ㄹ 아웃 더 **미이**닝

0280 ★★ □□□

submit papers 과제(보고서)를 제출하다

㉯ submit [səbˈmit] 제출하다
㉢ paper [ˈpeipər] 논문, 보고서, 신문
Only essays **submitted** by email will be accepted.
이메일로 **제출된** 에세이만 인정됩니다.(15.06평가원)

0281 ★ □□□

a university graduate 대학교 졸업생

㉢ university [ˌjuːniˈvəːrsəti] (종합) 대학교 ⓣ college [ˈkɑːlidʒ] (단과) 대학
㉢ graduate [grǽdʒuit] 대학 졸업자, 대학원생
You should finish your studies at **university.**
대학교에서 너의 공부를 끝마쳐야 한다.(02수능)

0282 ★★★ □□□

apply for financial aid 학자금 지원을 신청하다

㉠ apply for ~에 지원하다, 신청하다
㉢ financial aid 학자금 지원, 재정 지원
㉧ financial [faiˈnænʃl] 재정적인, 재무의
The performing arts need **financial** help.
공연 예술은 **재정적** 도움이 필요하다.(03수능)

0283 ★★ □□□

fail to acquire a license 면허를 따는 데 실패하다

㉯ fail [feil] 실패하다
㉯ acquire [əˈkwaiər] 얻다, 획득하다
㉢ license [ˈlaisns] 면허, 면허증
Getting a driver's **license** is very easy in Hong Kong.
홍콩에서는 운전 **면허**를 따기가 아주 쉽다.

0280 써브**밋 페이**퍼ㄹ즈 0281 어 유너**뷔어**ㄹ써리 **그뤠**쥬잇 0282 어**플라이** 풔ㄹ 퐈인**낸**쉴 에이드 0283 풰일 투 어**콰이**어ㄹ 어 **라이**쎈스

0284 ★ □□□

fill out the blank 빈칸을 채우다

㊌ fill out 채우다, 작성하다
blank [blæŋk] ㊐ 공백, 빈칸 ㊒ 텅빈, 공백의
Suddenly, your mind may seem as **blank** as the paper.
갑자기 당신의 마음이 백지처럼 **텅 빈** 것처럼 느껴질지 모른다.(08수능)

0285 ★ □□□

go through a hard training course 힘든 훈련 과정을 거치다

㊍ through [θruː] ~을 통해, ~을 관통하여
㊌ go through ~을 겪다, 거치다
㊐ training [ˈtreiniŋ] 훈련, 연습
A uniform is the start of formal **training** in schools.
교복은 학교에서의 공식 **훈련**의 시작이다.(96수능)

0286 ★★ □□□

last for several months 몇 달 동안 지속되다

last [læst] ㊕ 지속되다 ㊒ 지난, 마지막의
㊒ several [ˈsevrəl] 몇몇의
Last week he spent his sixtieth birthday alone.
지난 주에 그는 60번째 생일을 혼자 보냈다.(03수능)

0287 ★ □□□

remarkably easy questions 너무 쉬운 질문들

㊓ remarkably [rimάːrkəbəli] 현저하게, 대단히 ㊒ remarkable [rimάːrkəbəl] 주목할 만한, 현저한
㊕ remark [riˈmɑːrk]] 주목하다, 말하다
Dubai experienced a **remarkable** growth.
두바이는 **주목할 만한** 성장을 경험했다.

0284 퓔 아웃 더 블랭크 0285 고우 뜨루우 어 하아ㄹ드 **트뤠이**닝 코오ㄹ스 0286 래스트 풔ㄹ **쎄**버럴 먼(ㄸ)쓰 0287 뤼**마아**ㄹ커벌리 **이**지 **퀘**스쳔즈

0288[01출] ★ □□□

praise my homework 내 숙제를 칭찬하다

㉧ praise [preiz] 칭찬하다
㉢ homework [hóumwə̀:rk] 숙제
Don't forget to **praise** others when they need support.
남들에게 지원이 필요할 때, 잊지 말고 **칭찬하라**.

0289 ★ □□□

run errands 심부름을 하다

㉢ errand [ˈerənd] 심부름
㉠ go (on) errands 심부름을 하다
Every day, learning experiences exist in the form of **errands** and chores.
매일, 학습의 경험들은 **심부름**과 집안일의 형태로 존재한다.

0290(15출) ★★ □□□

a common name 흔한 이름

㉫ common [ˈkɑ:mən] 흔한, 공통의
㉢ common interest 공통의 관심사
My friend made a **common** mistake.
내 친구는 **흔한** 착각을 했다.

0291 ★ □□□

break a stick 막대기를 부러뜨리다

stick [stik] ㉢ 막대기 ㉧ 달라붙다
㉢ sticker [ˈstikər] (붙이는) 스티커
㉠ stick to ~에 집착하다, ~을 지키다
People tend to **stick to** their first impressions.
사람들은 첫인상**에 집착하는** 경향이 있다.(07수능)

0288 프뤠이즈 마리 **호**움워ㄹ크 0289 뤈 **에**뤈즈 0290 어 **카**먼 네임 0291 브뤠이크 어 스띡

0292

★ □□□

a ghost story 귀신 이야기

㉰ ghost [goʊst] 유령, 귀신 ㉱ ghostly [ˈgoʊstli] 귀신 같은
㉰ story [ˈstɔːri] 이야기, 줄거리
The truth is that everyone has a **story.**
사실 모든 사람이 다 **이야기**를 가지고 있다.(12수능)

0293

★★ □□□

an interesting story 흥미진진한 이야기

㉱ interesting [ˈintrəsti] 흥미 있는, 재미있는 ↔ uninteresting [ʌnˈintrəstiŋ] 시시한, 재미없는
㉱ interested [ˈintrəstid] 관심 있는
Students took field trips to many **interesting** places.
학생들은 **재미있는** 많은 곳으로 소풍을 갔다.

0294

★ □□□

funny cartoons 웃기는 만화

㉱ funny [ˈfʌni] 우스운, 재미있는 ㉰ fun [fʌn] 재미
㉰ cartoon [kaːrˈtuːn] 만화, 풍자화
The minister told some **funny** stories at the party.
그 목사는 파티에서 **재미있는** 이야기들을 했다.(98수능)

0295

★★ □□□

imagine herself as a princess 스스로 공주라고 상상하다

㉲ imagine [iˈmædʒin] 상상하다, 그리다 ㉰ imagination [iˈmædʒiˈneiʃn] 상상(력)
㉳ herself [həːrˈself] 그녀 자신
㉰ princess [ˈprinˈses] 공주 ↔ prince [prins] 왕자
Reading develops the powers of **imagination.**
독서는 **상상력**을 길러 준다.(97수능)

0292 어 고우스트 **스또오**뤼 0293 언 **인**터뤼스팅 **스또오**뤼 0294 풔니 카아ㄹ**투운**즈 0295 이**매**쥔 허ㄹ**쎌**프 어 **프륀**쎄스

0296 ★★ □□□

write a poem 시를 쓰다

㊍ write [rait] 쓰다 *시제변화 write-wrote-written
㊐ poem [ˈpouəm] 시 ㊐ poet [ˈpouət] 시인
She tried to get her **poems** published.
그녀는 자신의 **시**를 출판하려고 노력했다.(95수능)

0297 ★★★ □□□

body language 몸짓 언어

㊐ language [ˈlæŋgwidʒ] 언어 ㊄ linguist [ˈliŋgwist] 언어학자
He is going to Korea to study the Korean **language** and culture.
그는 한국의 **언어**와 문화를 공부하기 위해 한국에 간다.(04수능)

0298 ★ □□□

marry a prince 왕자와 결혼하다

㊍ marry [ˈmæri] ~와 결혼하다 ㊐ marriage [ˈmæridʒ] 결혼
Marriage is more important to men than to women.
결혼은 여자보다 남자에게 더 중요하다.

0299 ★ □□□

carry heavy books 무거운 책들을 나르다

㊍ carry [ˈkæri] 나르다, 운반하다 ㊐ carrier [ˈkæriər] 나르는 것, 수레
㊒ heavy [ˈhevi] 무거운 ↔ light [lait] 가벼운
Vicky is wearing a **heavy** winter coat.
비키는 **무거운** 겨울 외투를 입고 있다.(04수능)

0296 롸이트 어 **포우**임 0297 바디 **랭**귀쥐 02698 **매**뤼 어 프륀스 0299 **캐**뤼 **헤**뷔 북스

0300

★ □□□

a long tale 긴 이야기

명 tale [teil] 이야기 동 tell [tel] 말하다
명 tail [teil] 꼬리
The **tale** is a folk **tale** from Russia.
그 **이야기**는 러시아의 민간 **설화**이다.

0301

★★ □□□

write a sentence 한 문장을 쓰다

명 sentence [ˈsentəns] 문장 팁 clause [klɔːz] 절(節) phrase [freiz] 구(句)
She wasn't taught how to spell and to **write sentences.**
그녀는 철자를 익히고 **문장을 쓰는** 법을 배우지 못했다.

0302

★ □□□

the name below the title 제목 아래의 이름

전 below [biˈlou] ~의 아래에
명 title [ˈtaitl] 제목, 타이틀
I was singing the **title** song from the film Annie.
나는 영화 '애니'의 **주제**가(**타이틀** 곡)를 부르고 있었다.(99수능)

0303

★★ □□□

speak in Jejudo dialect 제주도 사투리로 말하다

명 dialect [ˈdaiəlekt] 사투리, 방언 팁 standard language 표준어
Several **dialects** are spoken in South Korea.
한국에서는 몇 가지 **방언**이 사용된다.

0300 어 로옹 테일 0301 롸이트 어 **쎈**텐스 0302 더 네임 빌**로우** 더 **타이**를 0303 스삐이크 인 제주도 **다이**얼렉트

0304 ★ □□□

be scared of a ghost 귀신을 무서워하다

숙 be scared of ~을 두려워하다
동 scare [skeər] ~를 놀라게 하다, 위협하다
명 scarecrow [ˈskeəkrəu] 허수아비
Ellie felt **scared** when Miss Smith was upset.
엘리는 스미스양이 화가 났을 때, **무서움**을 느꼈다.(15.06평가원)

0305 ★★ □□□

the exact meaning of a word 단어의 정확한 뜻

형 exact [igˈzækt] 정확한 부 exactly [igˈzæktli] 정확하게
We need to express ourselves **exactly**.
우리는 우리 자신을 **정확하게** 표현할 필요가 있다.

0306 ★★ □□□

translate English into Korean 영어를 한국어로 번역하다

동 translate [trænsˈleit] 번역하다 명 translation [trænsˈleiʃn] 번역
명 Korean [kərí:ən] 한국어, 한국인 명 Korea [kərí:ə] 대한민국
Jokes are difficult to **translate** into other languages.
농담은 다른 언어로 **번역하기가** 어렵다.

0307 ★ □□□

an amazing story 놀라운 이야기

형 amazing [əˈmeiziŋ] 놀라운, 놀라게 하는
형 amazed [əˈmeizd] 놀란 동 amaze [əˈmeiz] 놀라게 하다
Computers remain among the most **amazing** of human achievements.
컴퓨터는 인간의 가장 **놀라운** 업적 중 하나로 남아 있다.(97수능)

0304 비 스깨어ㄹ드 어브 어 고우스트 0305 디 이그**잭**트 **미이**닝 어브 어 워어ㄹ드 0306 **트뢘**슬레이트 **잉**글리쉬 **인**투 커**뤼이**언 0307 언 어**메이**징 스**또오**뤼

0308 ★ □□□

an ugly monster 흉측한 괴물

ⓗ ugly [ˈʌgli] 추한, 못생긴
ⓜ monster [ˈmɑ:nstər] 괴물
The horse had been changed into an **ugly** camel.
그 말은 **못생긴** 낙타로 변해 버렸다.(05수능)

0309 ★ □□□

at the bottom of the page 페이지 밑에

ⓜ bottom [ˈbɑ:təm] 밑, 바닥
ⓜ page [peidʒ] 페이지, 쪽
Shoes usually have a price tag on the **bottom.**
신발은 대개 **바닥**에 가격표가 있다.(02수능)

0310 ★★ □□□

fact and fiction 사실과 허구

ⓜ fact [fækt] 사실, 실제 ⓢ in fact 사실은, 사실상
ⓜ fiction [ˈfikʃn] 허구, 소설
Science **fiction** is starting to feel old-fashioned.
공상과학 **소설**이 시대에 뒤쳐지게 느껴지기 시작한다.(03.09평가원)

0311 ★ □□□

borrow a novel from the library 도서관에서 소설책을 빌리다

ⓜ novel [ˈnɑ:vl] 소설
ⓜ library [ˈlaibreri] 도서관, 서재
He continued to write popular **novels.**
그는 계속해서 대중 **소설**을 썼다.

0308 언 **어**글리 **만**스터ㄹ 0309 앳 더 **바**럼 어브 더 페이쥐 0310 **퐥**트 앤ㄷ **퓍**쉰 0311 **바**뤄우 어 **나**뷜 프뤔 더 **라이**브뤄뤼

0312 ★ □□□

commonly used idioms 흔히 사용되는 숙어들

㈮ commonly [ˈkɑ:mənli] 흔하게, 보통으로 ㊙ common [ˈkɑ:mən] 흔한, 공통의
㉧ idiom [ˈidiəm] 숙어, 관용어
Idioms are not used in academic writing.
학술적인 글에서는 **관용어**가 사용되지 않는다.

0313 ★★ □□□

a tragic ending 비극적 결말

㊙ tragic [ˈtrædʒik] 비극적인
㉧ tragedy [ˈtrædʒədi] 비극 ↔ comedy [ˈkɑ:mədi] 희극
㉧ ending [ˈendiŋ] 결말 ㉢ end [end] 끝나다, 종결되다
The beggar led a sad and **tragic** life.
그 거지는 슬프고 **비극적인** 삶을 살았다.

0314 ★ □□□

mother tongue 모국어

㉧ tongue [tʌŋ] 혀, 언어
She touched her finger to her **tongue**.
그녀는 손가락을 **혀**에 가져다 댔다.

0315 ★★ □□□

learn a poem by heart 시를 암송하다

㉯ learn by heart 암기하다, 외우다 ㉰ memorize [ˈmeməraiz] 암기하다, 기억하다
They had to **memorize** whole texts.
그들은 전체 본문을 **암기해야** 했다.(97수능)

0312 **카**먼리 **유우**즈드 **이**디엄즈 0313 어 **트뢔**쥑 **엔**딩 0314 **머**더ㄹ 텅 0315 러ㄹ언 어 **포우**임 바이 하아ㄹ트

0316 ★★★ □□□

classical literature 고전문학

명 literature [ˈlitrətʃər] 문학
Literature is language charged with meaning.
문학은 의미로 충전된 언어이다.(94수능)

0317 ★★ □□□

award-winning authors 수상한(표창을 받은) 작가들

명 award [əˈwɔːrd] 상, 상금
명 author [ˈɔːθər] 작가, 저자
Authors will be signing books in the lobby.
작가들이 로비에서 책 사인회를 할 예정입니다.(16.06평가원)

0318 ★ □□□

the 26 letters of the English alphabet 영어 알파벳 26글자

명 letter [ˈletər] 글자, 문자, 철자
명 alphabet [ˈælfəbet] 알파벳, 자모
The **letters** 'O' and 'I' are the third and sixth most frequently used **letters** in the English language.
철자 O와 I는 영어에서 세 번째와 여섯 번째로 가장 흔히 사용되는 **철자들**이다.(11.06평가원)

0319[10출] ★★★ □□□

recognize incorrect pronunciation 부정확한 발음을 인지하다

동 recognize [ˈrekəgnaiz] 인지하다, 인정하다
명 pronunciation [prəˌnʌnsiˈeiʃn] 발음 동 pronounce [prəˈnauns] 발음하다
Bob instantly **recognized** the error.
밥은 즉시 잘못을 **인지했다**.(17수능)

0316 **클래**시컬 **리**터러춰ㄹ 0317 어**워어ㄹ**드-**위**닝 **오**떠ㄹ즈 0318 더 **투웬**티씩스 **레**러ㄹ즈 어브 디 **잉**글리쉬 **앨**풔벳 0319 **뤠**커그나이즈 인커**뤡**트 프뤄넌씨**에이**쉬

0320[08출] ★ □□□

spell words 단어의 철자를 적다

㊐ spell [spel] 철자를 쓰다(말하다) ㊔ spelling [ˈspeliŋ] 철자(법)
Correct grammar and **spelling** do matter.
정확한 어법과 **철자**는 정말 중요하다.

0321 ★★ □□□

come across an unfamiliar word 생소한 단어와 마주치다

㊕ come across 우연히 만나다(=meet by chance)
㊖ unfamiliar [ˌʌnfəˈmiliər] 생소한, 낯선
We got lost on **unfamiliar** streets.
우리는 **낯선** 거리에서 길을 잃었다.

0322 ★★ □□□

generally speaking 일반적으로 말하자면

㊗ generally [ˈdʒenrəli] 일반적으로(=in general)
㊖ general [ˈdʒenrəl] 일반적인
He **generally** looks and feels like a fool. 그는 **일반적으로** 바보처럼 보이거나 느껴진다.(06수능)
a **general** public **일반** 대중(09수능)

0323 ★ □□□

an alien invasion 외계인의 침범

alien [ˈeiliən] ㊖ 외계의, 외국의 ㊔ 외계인, 외국인
㊔ invasion [inˈveiʒn] 침입, 침략 ㊐ invade [inˈveid] 침략하다, 침범하다
Napoleon **invaded** Egypt in 1798
나폴레옹은 1798년에 이집트를 **침략했다.**(14수능)

0320 스뻴 워어ㄹ즈 0321 컴 어크뤄스 언 언풔**밀**리어ㄹ 워어ㄹ드 0322 **줴**너럴리 스**삐이**킹 0323 언 **에일**리언 인**붸이**줜

0324 ★★★ □□□

become a famous scientist 유명한 과학자가 되다

㊐ become [biˈkʌm] ~이 되다 *시제변화 become-became-become
㊒ famous [ˈfeiməs] 유명한 ㊕ fame [feim] 명성
㊕ scientist [ˈsaiəntist] 과학자 ㊒ scientific [ˈsaiənˈtifik] 과학적인

Science is the study of nature.
과학은 자연을 연구하는 학문이다.(16수능)

0325 ★ □□□

watch things closely 사물을 면밀히 관찰하다

㊇ closely [klóusli] 면밀히, 엄밀히, 밀접하게 ㊒ close [klous] 가까운

For me, happiness is **closely** tied to my family.
나에게 행복은 가족과 **밀접하게** 관계되어 있다.(94수능)

0326 ★ □□□

happen at the same time 동시에 발생하다

㊐ happen [ˈhæpən] 일어나다, 발생하다
㊓ at the same time 동시에

You may be asked to play two or more roles **at the same time**.
당신은 **동시에** 두 가지 이상의 역할을 하도록 요구받을 수도 있다.(01수능)

0327 ★ □□□

think of new ways 새로운 방법을 생각해 내다

㊐ think [θiŋk] 생각하다 *시제변화 think-thought-thought
㊒ new [nuː] 새로운
㊕ way [wei] 방법, 길

Asia seeks to do things in the Asian **way**.
아시아는 아시아의 **방식**으로 일하려고 노력한다.(03수능)

0324 비**컴** 어 **풰이**머스 **싸이**언티스트 0325 와취 띵즈 **클로우**슬리 0326 **해**쁜 앳 더 쎄임 타임 0327 띵크 어브 뉴우 웨이즈

03

0328 ★★★ □□□

a scientific experiment 과학적인 실험

명 experiment [ikˈsperimənt] 실험

Scientists obtain data from an **experiment.**

과학자들은 **실험**을 통해 자료를 얻는다.

0329 ★★ □□□

invent a new machine 새 기계를 발명하다

동 invent [inˈvent] 발명하다 명 invention [inˈvenʃn] 발명, 발명품

명 inventor [inˈventər] 발명가

명 machine [məˈʃiːn] 기계

The Chinese used their cats as clocks in the days before the **invention** of the watch.

중국인들은 시계 **발명** 전 시대에 고양이를 시계로 사용했다. (97수능)

0330 ★ □□□

a foolish idea 어리석은 생각

형 foolish [ˈfuːliʃ] 어리석은

명 fool [fuːl] 바보

You look like a **fool** to me.

넌 내 눈에는 **바보**처럼 보여.

0331 ★ □□□

use a tool 도구를 사용하다

동 use [juːz] 사용하다, 이용하다

명 tool [tuːl] 도구, 연장

The **tools** of the digital age give us a way to share information easily.

디지털 시대의 **도구들**은 우리에게 정보를 쉽게 공유할 수 있는 방법을 제공한다.

0328 어 싸이언**티**픽 익스**페**뤄먼트 0329 인**벤**트 어 뉴우 머**쉬인** 0330 어 **푸울**리쉬 아이**디이**어 0331 유우즈 어 투울

0332 ★ □□□

boiling water 끓는 물

㊍ boil [bɔil] (물이) 끓다, 삶다
The eggs are not **boiled** long enough.
계란들이 충분히 오래 **삶아**지지 않았다.

0333 ★ □□□

call up his memory 기억을 되살려 내다

㊌ call up 불러내다, 상기시키다
㊔ memory [ˈmeməri] 기억(력), 추억
The ancient Greeks sought to improve **memory** through brain training.
고대 그리스인들은 두뇌 훈련을 통해 **기억력**을 증가시키려고 시도했다.(16.06평가원)

0334 ★★ □□□

replace a light bulb 전구를 갈아 끼우다

㊍ replace [riˈpleis] 교체하다 [re-(다시) + place(자리를 차지하다)]
㊔ bulb [bʌlb] 구(球), 전구 ㊔ light bulb (백열) 전구
Will cyber schools **replace** traditional schools some day?
언젠가 사이버 학교가 전통적인 학교를 **대체**할 것인가?(02수능)

0335 ★★ □□□

operate the machine 기계를 작동시키다

㊍ operate [ˈɑːpəreit] 작동하다, 조작하다
㊔ operation [ˌɑːpəˈreiʃn] 작동, 수술
Pay toilets were **operated** by city governments.
유료 화장실은 시 정부에 의해 **운영되었다.**(06.06평가원)

0332 **보일**링 **워오**러 0333 코올 업 히즈 **메**머뤼 0334 뤼**플레이**스 어 라이트 벌브 0335 **아**퍼뤠이트 더 머**쉬인**

03

0336 ★★ □□□

break down easily 쉽게 고장 나다

㈜ break down 고장 나다, 부숴 버리다
㉾ easily [ˈi:zəli] 쉽게, 편하게 ㉻ easy [ˈi:zi] 쉬운, 편안한
Take it **easy.**
마음 **편하게** 가져.(94수능)

0337 ★★ □□□

examine a patient 환자를 검사하다

㉼ examine [igˈzæmin] 검사하다, 시험하다 ㉹ examination [igˈzæmiˈneiʃn] 검사, 시험
Everyone over the age of 25 should have a regular physical **examination.**
25세 이상의 모든 사람은 정기적인 신체 **검사**를 받아야 한다.(05수능)

0338 ★ □□□

repair a broken watch 고장 난 시계를 수리하다

repair [riˈper] ㉼ 수리하다 ㉹ 수리, 수선
㉻ broken [ˈbroʊkən] 부서진, 망가진 ㉼ break [breik] 깨다
㉹ watch [wɑ:tʃ;wɔ:tʃ] (손목) 시계
I went to the local service center to get the camera **repaired.**
나는 지역 서비스 센터에 가서 사진기를 **수리했다.**(12.06평가원)

0339 ★★★ □□□

dangerous chemicals 위험한 화학물질

chemical [ˈkemikl] ㉹ 화학물질 ㉻ 화학적인
Some **chemicals** remain on the surface of the peel.
과일껍질 표면에는 **화학물질** 일부가 남는다.

0336 브뤠이크 다운 **이**절리 0337 이그**재**민 어 **페이**쉰트 0338 뤼**페어** ㄹ 어 **브뤄우**컨 와취 0339 **데인**줘뤄스 **케**미컬즈

0340 ★ □□□

fix a machine 기계를 수리하다

㊍ fix [fiks] 수리하다, 고정시키다
Shopkeepers open and close at **fixed** hours.
가게 주인들은 **고정된** 시간에 가게 문을 열고 닫는다.(05수능)

0341 ★★ □□□

be based on facts 사실에 근거하다

㊌ be based on ~에 근거하다
base [beis] ㊍ 근거를 두다, 기초를 세우다 ㊔ 기본, 근거
A knowledge economy **is based on** science and technology.
지식 경제는 과학과 기술에 **토대를 두고 있다.**(96수능)

0342 ★ □□□

a flying object 비행 물체

㊔ object [ɑːbdʒekt] 물체, 대상, 목적
㊎ Unidentified Flying Object 미확인 비행 물체(UFO)
We can see an **object** only when a light shines on it.
우리는 빛이 비칠 때에만, **사물**을 볼 수 있다.(96수능)

0343 ★★★ □□□

a logical explanation 논리적인 설명

㊏ logical [ˈlɑːdʒikl] 논리적인 ㊔ logic [ˈlɑːdʒik] 논리, 논리학
㊔ explanation [ˌekspləˈneiʃn] 설명 ㊍ explain [ikˈsplein] 설명하다
There are many **explanations** for the fall of the Roman empire.
로마 제국의 멸망에 대해서는 많은 **설명**이 있다.(12수능)

0340 픽스 어 머**쉬인** 0341 비 베이스트 온 퀙츠 0342 어 **플라**잉 **압**쥑트 0343 어 **라**쥐컬 엑스플러**네이**쉰

0344 ★ □□□

sink to the bottom 바닥으로 가라앉다

㊐ sink [siŋk] 가라앉다 *시제변화 sink-sank-sunk
The bridge was **sinking** into the Thames river.
그 다리는 템스강 속으로 **가라앉고** 있었다.(07수능)

0345 ★ □□□

a distant planet 멀리 떨어진 행성

㊗ distant [ˈdistənt] 거리가 먼, 떨어진 ㊔ distance [ˈdistəns] 거리
㊔ planet [ˈplænit] 행성
The little princess lives on a **planet** far from the earth.
어린 왕자는 지구로부터 먼 **행성**에 산다.

0346 ★★ □□□

turn out to be true 사실인 것으로 판명되다

㊕ turn out 판명되다 [out(바깥으로) + turn(드러나다)]
The file **turned out** to be empty.
그 파일은 비어 있는 것으로 **밝혀졌다.**

0347 ★★ □□□

a recent survey 최근의 조사

㊗ recent [ˈriːsnt] 최근의, 근래의 ㊖ recently [ˈriːsntli] 최근에
survey [səːrvéi] ㊔ 조사 ㊐ 조사하다
Recent studies have proved the belief to be false.
최근의 연구는 그 믿음이 틀렸다는 것을 입증했다.(09수능)

0344 씽크 투 더 **바**럼 0345 어 **디스**턴트 **플래**넛 0346 터ㄹ언 아웃 투 비 트루우 0347 어 **뤼**썬트 써어ㄹ**붸이**

0348 ★★ □□□

reflect light 빛을 반사하다

㊍ reflect [riˈflekt] 반사하다, 반영하다 ㊎ reflection [riˈflekʃn] 반사
Coins **reflect** a country's history.
동전은 한 나라의 역사를 **반영한다.** (08수능)

0349 ★★★ □□□

advanced technology 진보된 기술

㊒ advanced [ədˈvænst] 진보한, 고급의
advance [ədˈvæns] ㊍ 앞으로 나아가다, 진보하다 ㊒ 사전의
㊎ technology [tekˈnɑːlədʒi] (과학) 기술
Modern **technology** changed the world.
현대 **기술**이 세상을 바꾸어 놓았다.

0350 ★ □□□

push a button 버튼을 누르다

㊍ push [pʊʃ] 밀다, 누르다 ↔ pull [pʊl] 당기다
㊎ button [ˈbʌtn] 단추
She tried hard to **pull** the fish towards her.
그녀는 그 물고기를 그녀 쪽으로 **끌어당기려고** 굉장히 노력했다. (99수능)

0351 ★ □□□

according to the research 조사에 따르면

㊏ according to ~에 따라서, 따르면
㊎ research [riˈsəːt] 연구, 조사 [re-(다시) + search(찾아서)]
Mathematical **research** is often filled with mistakes.
수학적 **연구는** 종종 실수로 가득하다. (07수능)

0348 뤼**플렉**트 라이트 0349 어드**벤**스트 테크**날**러쥐 0350 푸쉬 어 **벋**은 0351 어**코오**ㄹ딩 투 더 뤼**써어**ㄹ취

0352[16출] ★★ □□□

a consistent research finding 일관된 연구 결과

형 consistent [kənˈsistənt] 일치하는, 일관된
동 consist [kənˈsist] 일치하다
명 finding [ˈfaindiŋ] 결과, 발견물 동 find [faind] 찾다
His behavior is **consistent** with his words.
그의 행동은 그의 말과 **일치한다.**

0353[16출] ★ □□□

adopt the metric system 미터법을 채택하다

동 adopt [əˈdɑ:pt] 채택하다
형 metric [ˈmetrik] 미터의, 미터법의 명 meter [ˈmi:tər] 미터(길이의 단위)
명 system [ˈsistəm] 체계, 시스템
Some cultural changes may be a**dopted** quite quickly by a whole population.
어떤 문화적 변화는 전체 인구에 의해 매우 빠르게 **채택될** 수도 있다.(15.06평가원)

0354 ★★ □□□

conduct an experiment in a vacuum 진공 상태에서 실험하다

동 conduct [kənˈdʌkt] 실행하다, 행동하다
명 vacuum [ˈvækjuəm] 진공 형 vacant [ˈveikənt] 비어 있는
A survey is **conducted** just after a plane crash.
비행기 추락 직후에 조사가 **실행되었다.**(10수능)

0355 ★★ □□□

scrape the surface 표면을 긁다

동 scrape [skreip] 문지르다, 긁다
명 surface [sə́:rfis] 표면 [face(얼굴) + sur-(위)] (*발음주의)
Dew drops cover the **surface** of the mirror.
이슬방울이 거울 **표면**을 덮는다.(10수능)

0352 어 컨**씨스**턴트 뤼**써어**ㄹ취 **퐈인**딩 0353 어**답**트 더 **메**트뤽 **씨**스텀 0354 컨**덕**트 언 익스**페**뤄먼트 인 어 **봬**큐엄 0355 스크뤠이프 더 **써어**ㄹ퓌스

0356 ★★ □□□

a particular case 특별한 경우

㉑ particular [pərˈtikjələr] 특별한, 특정한 ㉑ particularly [pərˈtikjələrli] 특히
㉑ case [keis] 경우, 사건
On the examinations, they wrote essays about **particular** questions.
그 시험에서 그들은 **특정한** 질문에 대한 에세이를 썼다.(97수능)

0357 ★★ □□□

show an example 예를 보여 주다

㉑ show [ʃou] 보여 주다 *시제변화 show-showed-shown
㉑ example [igˈzæmpl] 예, 실례
Students learn the meanings of words through **examples.**
학생들은 **예문**을 통해서 단어의 뜻을 배운다.

0358 ★ □□□

a circle and a square 원과 사각형

㉑ circle [ˈsə:rkl] 원
㉑ square [skwer] 정사각형, 광장
In India, some coins have **square** sides.
인도에서 어떤 동전들은 **정사각형**의 면을 가지고 있다.(96수능)

0359 ★ □□□

the same number 같은 번호

㉑ same [seim] 같은, 동일한 ↔ different [ˈdifrənt] 다른
㉑ number [ˈnʌmbər] 수, 숫자
They spend their money in **different** ways.
사람들은 그들의 돈을 **다른** 방식으로 사용한다.(96수능)

0356 어 퍼ㄹ**티**결러ㄹ 케이스 0357 쇼우 언 이그**잼**펄 0358 어 **써어**ㄹ클 앤ㄷ 어 스퀘어ㄹ 0359 더 쎄임 **넘**버ㄹ

0360 ★★ □□□

difficult math problems 어려운 수학 문제

㉻ difficult [ˈdifikəlt] 어려운 ㉾ difficulty [ˈdifikəlti] 어려움 ㊈ with difficulty 힘들게, 간신히
㉾ math [mæθ] 수학(=mathematics)
㉾ problem [ˈprɑ:bləm] 문제
with great **difficulty** 매우 **힘들게, 간신히**(94수능)
We live in **difficult** and uncertain times. 우리는 **어렵고** 불확실한 시대에 살고 있다.(12수능)

0361 ★ □□□

count the number of words 단어의 수를 세다

㉢ count [kaunt] 세다, 계산하다 ㉼ countdown [ˈkauntdaun] 초읽기, 카운트다운
㉾ word [wə:rd] 단어, 낱말
Mother **counted** to ten and I listened carefully.
어머니가 열까지 **세고** 나는 주의 깊게 들었다.(94수능)

0362 ★ □□□

divide six by three 6을 3으로 나누다

㉢ divide [diˈvaid] 나누다, 분할하다 ㉾ division [diˈviʒn] 분할, 분배
the **division** of labor
노동의 **분배(=분**업)(00수능)
Divided focus always works against you.
분산된 집중력은 항상 당신에게 불리하게 작용한다.(15.06평가원)

0363 ★ □□□

a simple shape 단순한 모양

㉻ simple [ˈsimpl] 단순한, 간단한 ㉫ simply [ˈsimpli] 단순히
㉾ shape [ʃeip] 모양
Night diving is less **simple** than diving during the day.
야간 운전은 주간 운전보다 덜 **단순하다.**(08수능)

0360 디퓌컬트 매뜨 **프라**블럼즈 0361 카운트 더 **넘**버ㄹ 어브 워어ㄹ즈 0362 디**봐이**드 씩스 바이 뜨뤼이 0363 어 **씸**뻘 쉐이프

0364 ★ □□□

double figures 두 자리 숫자

double [ˈdʌbl] 형 두 배의, 이중의 동 두 배가 되다
명 figure [ˈfigjər] 숫자, 모양
팁 single figures 한 자리 숫자
Prices roughly **double** every thirty-six years.
가격이 대략 36년마다 **두 배가 된다**.(15.06평가원)

0365 ★★ □□□

a mathematical genius 수학의 천재

형 mathematical [ˌmæθəˈmætikəl] 수학의 명 mathematics [ˌmæθəˈmætiks] 수학
명 genius [ˈdʒi:niəs] 천재
Even the **genius** makes a mistake.
천재도 실수를 한다.

0366[15출] ★★ □□□

a numerical advantage 수적 우위

형 numerical [nu:ˈmerikl] 수의, 숫자상의
명 advantage [ədˈvæntidʒ] 우위, 장점
Traditional classrooms hold many **advantages** over online classes.
전통적인 교실은 인터넷 강의에 비해 많은 **장점**이 있다.(02수능)

0367 ★★ □□□

measure the length 길이를 재다

동 measure [ˈmeʒər] 측정하다, 재다
명 length [leŋθ] 길이 형 long [lɔ:ŋ] 긴
Eratosthenes **measured the length** of the shadow of a tall tower.
에라토스테네스는 높은 탑의 그림자의 **길이를 측정했다.**

0364 더벌 퓌겨ㄹ즈 0365 어 매떠메티컬 쥐이니어스 0366 어 뉴우메뤼컬 어드벤티쥐 0367 메줘ㄹ 더 렝뜨

03

0368[16출] ★★ □□□

seminars on hardware and software 하드웨어와 소프트웨어에 관한 세미나

명 seminar [ˈseminɑːr] 세미나, 전문가 회의
명 hardware [ˈhɑːrdwer] 기계설비, 하드웨어
명 software [ˈsɔːftwer] 프로그램 체계, 소프트웨어

University students in several of my **seminar** classes sat in a circle.
내 몇몇 **세미나** 수업의 대학생들은 둥글게 둘러앉았다.(11수능)

0369 ★★★ □□□

prove a theory 이론을 입증하다

동 prove [pruːv] 입증하다, 증명하다
명 theory [θíːəri] 이론, 학설

Fourier's mathematical **theory** of heat conduction earned him lasting fame.
푸리에의 열전도에 관한 수학적 **이론**은 그에게 영원한 명성을 얻게 해주었다.(14수능)

0370 ★ □□□

Ghosts don't exist 귀신은 존재하지 않는다

동 exist [igˈzist] 존재하다, 있다 명 existence [igˈzistəns] 존재

discover the **existence** of cells
세포의 **존재**를 발견하다

Do you think life **exists** outside of the Earth?
당신은 지구 밖에 생명체가 **존재한다고** 생각하는가?

0371 ★ □□□

become efficient through an automatic system 자동화 시스템을 통해 효율적으로 변하다

형 efficient [ifíʃənt] 효율적인, 능률적인
형 automatic [ˌɔːtəˈmætik] 자동의

automatic machinery **자동화** 기계(09.09평가원)

Farming will become **efficient** through new technology. 농업은 신기술을 통해 **효율적**으로 변할 것이다.

0368 쎄머나ㄹ즈 온 하아ㄹ드웨어ㄹ 앤ㄷ 쏘프트웨어ㄹ 0369 프루우브 어 띠이어뤼 0370 고우스츠 도운트 이그지스트 0371 비컴 이퓌션트 뜨루우 언 오러매릭 씨스텀

0372

★★★ □□□

contribute to a country's development 국가 발전에 기여하다

㉯ contribute [kənˈtribjuːt] 기여하다, 공헌하다 ㉮ contribution [ˌkɑːntriˈbjuːʃn] 기여, 공헌
㉮ development [diˈveləpmənt] 발달, 발전 ㉯ develop [diˈveləp] 성장하다, 발달하다

Without your **contributions** over the years, we would not be successful

수년간에 걸친 당신의 **기여**가 없었다면, 우리는 성공하지 못했을 것이다.(05수능)

0373

★★ □□□

electric resistance 전기 저항

㉮ resistance [rizístəns] 저항 ㉯ resist [rizíst] 저항하다

We have to **resist** the urge to do everything for children.

우리는 아이들에게 모든 것을 해주려는 충동에 **저항해야** 한다.(07.09평가원)

0372 컨**트뤼**뷰우트 투 **컨**트뤼즈 디**벨**럽먼트 0373 일**렉**트뤽 뤼**지**스턴스

0374 ★ □□□

a period of four months 4개월의 기간

명 period [ˈpiriəd] 기간
명 month [mʌnθ] 월, 달 형 monthly [ˈmʌnθli] 매달의, 월간의
a **monthly** magazine **월간** 잡지
The standard loan **period** is 21 days. 표준 대출 **기간**은 21일이다.(07수능)

0375 ★★ □□□

learn about history 역사에 관해 배우다

동 learn [ləːrn] 배우다 명 learner [ˈləːrnər] 배우는 사람, 학습자
명 history [ˈhistri] 역사 형 historical [hiˈstɔːrikl] 역사의, 역사적인
historical sites **역사적** 장소(=유적지)(03.06평가원)
The **history** of war is the **history** of pain. 전쟁의 **역사**는 고통의 **역사**이다.

0376 ★ □□□

an old temple of India 인도의 오래된 절

명 temple [ˈtempl] 절, 사원
명 India [índiə] 인도 형 Indian [ˈindiən] 인도의
In 1918, the **old temple** was burned down.
1918년에 그 **오래된 절**은 불타서 소실되었다.

0377 ★ □□□

bury his treasure 보물을 묻다

동 bury [ˈberi] 묻다, 매장하다
명 treasure [ˈtreʒər] 보물
Coal could also be called "**buried** gold." 석탄은 또한 "**매장된** 금"이라고 부를 수도 있다.(94수능)
a hidden **treasure** 숨겨진 **보물**(16.06평가원)

0374 어 **피**어뤼어드 어브 포오ㄹ 먼(뜨)스 0375 러ㄹ언 어**바우**트 **히**스터뤼 0376 언 오울드 **템**펄 어브 **인**디어 0377 **베**뤼 히즈 트**뤠**줘ㄹ

0378 ★ □□□

a beautiful palace 아름다운 궁전

㉻ beautiful [ˈbju:tifl] 아름다운 ㉼ beauty [ˈbju:ti] 아름다움, 미(美)
㉼ palace [ˈpæləs] 궁전, 궁궐 ㉷ place [pleis] 장소
The **beauty** of the **palace** is added by the colourful garden.
화려한 정원으로 **궁궐**의 **아름다움**이 더해졌다.

0379 ★ □□□

rule over a large empire 대제국을 다스리다

rule [ru:l] ㉰ 통치하다 ㉼ 지배, 규칙 ㉼ ruler [ˈru:lər] 통치자, 자
㉻ large [lɑ:rdʒ] 큰, 넓은
㉼ empire [ˈempaiər] 제국
We don't apply these **rules** to our family life.
우리는 이 **규칙들**을 가정생활에 적용하지 않는다.(96수능)

0380 ★ □□□

an ancient tomb 고대의 무덤

㉻ ancient [ˈeinʃənt] 옛날의, 고대의
㉼ tomb [tu:m] 무덤, 묘 (*발음주의)
Protogenes was an **ancient** Greek painter.
프로토게네스는 **고대** 그리스의 화가였다.(16수능)

0381 ★ □□□

unify two countries 두 나라를 통일하다

㉰ unify [ˈju:nifai] 통일하다 [uni-(하나로) + -fiy(만들다)]
㉷ uniform [ˈju:nifɔ:rm] 제복, 유니폼 [uni-(한 가지의) + form(형태의 옷)]
The school **uniform** requires black or dark blue shoes.
그 **교복**은 검은색 혹은 검푸른색 신발을 요구한다.(16.06평가원)

0378 어 **뷰우**러풜 **팰**리스 0379 루울 **오우**붜ㄹ 어 라아ㄹ쥐 **엠**파이어ㄹ 0380 언 **에인**쉬ㄴ트 투움 0381 **유우**너퐈이 투우 **컨**트뤼즈

04

0382 ★ □□□

beat a slave 노예를 때리다

㊍ beat [bi:t] 두드리다, 때리다, 매질하다
㊔ slave [sleiv] 노예 ㊕ slavery [ˈsleivəri] 노예제도
Jazz was created by African **slaves.**
재즈는 아프리카 **노예들**에 의해 만들어졌다.

0383 ★ □□□

a dark cave 어두운 동굴

㊖ dark [dɑ:rk] 어두운
㊔ cave [keiv] 동굴 ㊕ caveman [ˈkeivmæn] 동굴 주거인, 원시인
The opening to the **cave** was very narrow.
그 **동굴**의 입구는 매우 좁았다.

0384 ★★ □□□

the Industrial Revolution 산업혁명

㊔ revolution [ˌrevəˈlu:ʃn] 혁명
The digital **revolution** is not about technology, but about people.
디지털 **혁명**은 기술에 관한 것이 아니라, 사람에 관한 것이다.

0385 ★ □□□

live here forever 여기서 영원히 살다

㊗ forever [fərˈevər] 영원히 [ever(언제나, 항상) + for(~동안)]
A poem lives **forever** on the page.
시는 (책) 페이지 위에서 **영원히** 산다.

0382 비이트 어 슬레이브 0383 어 다아ㄹ크 케이브 0384 디 인**더**스트뤼얼 뤠뷜**루우**쉰 0385 리브 히어ㄹ 퍼**뤠**붜ㄹ

0386 ★ □□□

finish his work 일을 끝내다

㊐ finish [ˈfiniʃ] 마치다
㊔ work [wəːrk] 일, 작업
I'll **finish** it as soon as possible.
가능한 한 빨리 **끝마칠게**. (14.06평가원)

0387 ★ □□□

a busy schedule 바쁜 일정

㊖ busy [ˈbizi] 바쁜 ㊔ business [ˈbiznəs] 사업 [busy(바쁜) + -ness(것)]
㊔ schedule [ˈskedʒuːl] 시간표, 일정
I'm not very successful in **business**.
나는 **사업**에 별로 성공적이지 못하다. (09수능)

0388 ★★★ □□□

I'm sure of his success 그의 성공을 확신한다

㊕ be sure of ~을 확신하다
㊔ success [səkˈses] 성공 ㊖ successful [səkˈsesfl] 성공적인 ㊐ succeed [səkˈsiːd] 성공하다
Not all children of **successful** people become **successful**.
성공한 사람들의 아이들이 모두 **성공**하지는 않는다. (13수능)

0389 ★★ □□□

make every effort to accomplish a goal 목표를 성취하려고 모든 노력을 다하다

㊕ make an effort 노력하다
㊔ effort [ˈefərt] 노력
㊐ accomplish [əˈkɑːmpliʃ] 이루다, 성취하다
accomplish a purpose 목표를 **이루다**
You can do it in no time with little **effort**. 당신은 그것을 즉시 별 **노력** 없이 할 수 있다. (09수능)

0386 **퓌**니쉬 히즈 워어ㄹ크 0387 어 **비**지 **스께쥴** 0388 아임 슈어ㄹ 어브 히즈 썩**쎄**스 0389 메이크 **에**브뤼이 **에**퍼ㄹ트 투 어**캄**플리쉬 어 고울

0390 ★★ □□□

a volunteer's help 자원봉사자의 도움

volunteer [ˌvɑːlənˈtir] 명 자원봉사자 동 자원봉사하다
She was looking for **volunteers** to work in a fair.
그녀는 박람회에서 일할 **자원봉사자**를 찾고 있었다.(11수능)

0391 ★ □□□

work as a clerk 점원으로 일하다

명 clerk [kləːrk] 점원, 사무원
팁 boss [bɔːs] 사장
Nobody wants to say anything to the **boss.**
누구도 **사장**에게 어떤 말을 하길 원하지 않는다.(99수능)

0392 ★ □□□

an excellent job 잘한 일(대단한 일)

형 excellent [ˈeksələnt] 훌륭한, 뛰어난
명 excellence [ˈeksələns] 탁월, 뛰어남
He turned out to be an **excellent** pupil.
그는 **정말 뛰어난** 학생이라고 밝혀졌다.(05.09평가원)

0393 ★ □□□

win a prize 상을 타다

동 win [win] 획득하다, 얻다, 이기다 *시제변화 win-won-won
명 prize [praiz] 상, 상품
No one can **win** all the time.
누구도 항상 **이길** 수는 없다.(94수능)

0390 어 봘런**티이**어ㄹ즈 헬프 0391 워어ㄹ크 애즈 어 클러어ㄹ크 0392 언 **엑**썰런트 좝 0393 윈 어 프롸이즈

0394

★ □□□

practice a lot 연습을 많이 하다

㉿ practice [ˈpræktis] 연습하다, 실천하다
㊃ a lot 많이(=much)
Students **practiced** the skills used in the lesson.
학생들은 수업시간에 사용된 기술들을 **연습했다.**

0395

★★★ □□□

a necessary skill 필요한 기술

㊄ necessary [ˈnesəseri] 필요한, 필수적인 ↔ unnecessary [ʌnˈnesəseri] 불필요한
㊂ necessity [nəˈsesəti] 필요, 필요성
㊂ skill [skil] 기술, 솜씨 skillful [skílfəl] 능숙한
Salt is an article of **necessity.**
소금은 **필수**품이다.

0396

★ □□□

a female secretary 여자 비서

㊄ female [ˈfi:meil] 여성의, 암컷의 ↔ male [meil] 남성의, 수컷의
㊂ secretary [ˈsekrəteri] 비서
Education for **males** was practical but for **females** it was luxurious.
교육이 **남성**에겐 실용적이었지만, **여성**에겐 사치였다.(94수능)

0397

★★★ □□□

comfortable living conditions 편안한 생활 여건

㊂ condition [ənˈdiʃn] 조건, 상태
The **condition** of the subway is a disgrace to this city.
지하철의 **상태**가 이 도시에는 불명예이다.(94수능)

0394 **프뤡**티스 어 랏 0395 어 **네**써쎄뤼 스낄 0396 어 **퓌이**메일 **쎄**크뤄테뤼 0397 **컴**풔ㄹ터벌 **리**빙 컨**디**쉬즈

05

0398 ★ □□□

make the most of your chance 기회를 최대한 이용하다

㊂ make the most of ~을 최대한 활용하다(=make the best of)
㊔ chance [tʃæns] 기회
There's a better **chance** for you to succeed.
당신이 성공할 수 있는 더 좋은 **기회**가 있다.(11수능)

0399[94출] ★ □□□

reach a goal 목표에 도달하다

㊐ reach [ri:tʃ] ~에 도달하다, 도착하다(=arrive at)
They all **reached** the beach two hours later.
그들은 모두 2시간 후 해변에 **도착했다.**(07수능)

0400 ★ □□□

give it a try 한번 (시도) 해보다

㊔ try [trai] 시도, 시험
He succeeded on his second **try.**
그는 두 번째 **시도**에서 성공했다.

0401 ★ □□□

something else 그 밖의 다른 것

㊈ something [ˈsʌmθiŋ] 어떤 것, 어떤 일
㊅ anything [ˈeniθiŋ] 어떤 것도 nothing [ˈnʌθiŋ] 아무것도 아님 everything [ˈevriθiŋ] 모든 것
㊖ else [els] 그 밖의, 다른
something special 특별한 **것**
Find **something** else to do instead of bad habit. 나쁜 습관을 대신할 그 밖의 다른 **어떤 것**을 찾아라.

0398 메이크 더 모우스트 어브 유어ㄹ 췐스 0399 뤼이취 어 고울 0400 기브 잇 어 트롸이 0401 썸띵 엘스

0402 ★★ □□□

a complete failure 완전한 실패

㊔ complete [kəmˈpliːt] 완전한 ㊄ completely [kəmˈpliːtli] 완전히
㊔ failure [ˈfeiljər] 실패 ㊕ fail [feil] 실패하다
Our self-image helps determine our successes and **failure.**
우리의 자아상이 우리의 성공과 **실패**를 결정하는 것을 돕니다.(99수능)

0403 ★ □□□

a brave soldier 용감한 병사

㊔ brave [breiv] 용감한 ㊔ bravery [bréivəri] 용기
The teacher was respected for his **bravery** during the accident.
그 선생님은 사고 중에 보여 준 **용기**에 대해 존경을 받았다.

0404 ★ □□□

show a talent for golf 골프에 대한 재능을 보여 주다

㊔ talent [ˈtælənt] 재능, 재주
㊔ golf [gɑːlf;gɔːlf] 골프
I had a **talent** for painting.
나는 그림에 **재능**이 있었다.(02수능)

0405 ★★ □□□

consider quitting his job 일을 그만둘 생각을 하다

㊕ consider [kənˈsidər] 고려하다, 생각하다
㊕ quit [kwit] 그만두다
He **quitted** smoking and trained his body.
그는 흡연을 **그만두고** 몸을 단련시켰다.

0402 어 컴플**리이**트 **풰일**려ㄹ 0403 어 브뤠이브 **쏘울**줘ㄹ 0404 쇼우 어 **탤**런트 풔ㄹ 갈프 0405 컨**씨**더ㄹ **퀴**링 히즈 좝

0406 ★ □□□

sail on a rough sea 거친 바다 위를 항해하다

sail [seil] ⓢ 항해하다 ⓜ 돛 ⓜ sailor [ˈseilər] 선원

Sailors in the 1800s had a hard life.

1800년대의 **선원들**은 고된 삶을 살았다.(03수능)

0407 ★ □□□

a specific purpose 특정한 목적

ⓗ specific [spəˈsifik] 특정한, 특수한

ⓜ purpose [ˈpəːrpəs] 목적, 의도

Schubert had one noble **purpose** in life.

슈베르트는 인생의 한 가지 고귀한 **목표**를 가지고 있었다.(03수능)

0408 ★★ □□□

major in philosophy 철학을 전공하다

major [ˈmeidʒər] ⓜ 전공 ⓗ 주된 ⓢ major in ~을 전공하다

ⓜ philosophy [fəˈlɑːsəfi] 철학

Garfield interviewed top people in **major** industries.

가필드는 **주요** 산업의 중요 인물들과 인터뷰를 했다.(00수능)

0409 ★★ □□□

concentrate on work 일에 집중하다

ⓢ concentrate [ˈkɑːnsntreit] 집중하다 [center(중앙으로) + con-(함께 모이게) + -ate(만들다)]

ⓜ concentration [ˌkɑːnsnˈtreiʃn] 집중

I **concentrated** on improving my language ability.

나는 내 언어능력을 개선하는 데 **집중했다.**(04수능)

0406 쎄일 온 어 뤄프 씨이 0407 어 스삐**씨**퓍 **퍼어**ㄹ퍼스 0408 **메이**줘ㄹ 인 퓔**라**써퓌 0409 **칸**썬트뤠이트 온 워어ㄹ크

0410 ★★ □□□

take his age into account 나이를 고려하다

㊈ take A into account A를 고려하다
㊎ age [eidʒ] 나이, 연령
㊎ account [əˈkaunt] 평가, 고려, 설명
Little else is known of him. but there are some **accounts** of his paintings.
그 밖에 그에 대해 알려진 것은 거의 없지만, 그의 그림에 대한 몇 가지 **설명**은 있다.(16수능)

0411 ★ □□□

a well-known lawyer 유명한 변호사

㊗ well-known [wélnóun] 유명한(=famous)
㊎ lawyer [ˈlɔːjər] 변호사
She wanted to talk to a **lawyer** first.
그녀는 **변호사**와 먼저 이야기하기를 원했다.

0412 ★★ □□□

achieve his dream 꿈을 성취하다

㊍ achieve [əˈtʃiːv] 성취하다 ㊎ achievement [əˈtʃiːvmənt] 성취, 달성
achieve their goal 그들의 목표를 **이루다**(07수능)
achievements of modern science 현대과학의 **업적**(99수능)
A scientist can **achieve** great results in science. 과학자는 과학에서 커다란 결과를 **성취**할 수 있다.(03수능)

0413 ★★★ □□□

in spite of his effort 그의 노력에도 불구하고

㊈ in spite of ~에도 불구하고(=despite)
despite the slow service 느린 서비스**에도 불구하고**(04수능)
Despite all the crowds, it is still possible to feel lonely in a city.
모든 군중**에도 불구하고**, 여전히 도시에서는 외로움을 느낄 수 있다.(98수능)

0410 테이크 히즈 에이쥐 **인**투 어**카운**트 0411 어 **웰**-**노운** **로**이어ㄹ 0412 어**취이**브 히즈 드뤼임 0413 인 스빠이트 어브 히즈 **에**풔ㄹ트

05

0414 ★ □□□

succeed after all 결국 성공하다

㊂ after all 결국, 어쨌든
After all, no one's instincts are always correct.
결국, 누구의 본능도 항상 옳지는 않다.(06수능)

0415 ★ □□□

all-night grocery stores 밤새 영업하는 식료품점

㊞ all-night [ɔ:lˈnait] 밤새 영업하는
㊔ grocery [ˈgrousəri] 식료품류, 식료품점
㊔ grocery store 식료품점 ㊔ grocer [ˈgrousər] 식료품 상인
Sam has been selling **groceries** for over forty years.
샘은 40년 이상 **식료품**을 판매해 왔다.(98수능)

0416 ★★★ □□□

offer better opportunities and pay 더 좋은 기회와 보수를 제공하다

㊌ offer [ˈɔ:fər] 제공하다, 제안하다
㊞ better [ˈbetər] 더 좋은 *비교급변화 good-better-best
㊔ opportunity [ˌɑ:pərˈtu:nəti] 기회
Don't miss this great **opportunity** to improve your Korean writing.
당신의 한국어 글쓰기를 발전시킬 이번의 좋은 **기회**를 놓치지 마세요.(17수능)

0417[10출] ★★ □□□

the stock market 증권시장

㊔ stock [stɑk] 주식, 증권
Stocks and bonds may become worthless.
주식과 채권은 가치가 없게 될 수도 있다.(03.06평가원)

0414 썩**씨**이드 **애**프터ㄹ 오올 0415 오올-나이트 **그뤄우**써리 스또오ㄹ즈 0416 **오**풔ㄹ 베러ㄹ 아퍼ㄹ**츄**너티즈 앤ㄷ 페이 0417 더 스딱 **마아**ㄹ킷

0418[05출] ★ □□□

sign the contract 계약서에 서명하다

명 contract [kάntrækt] 계약, 계약서
He didn't fulfill the **contract** he signed.
그는 자신이 서명한 **계약**을 이행하지 않았다.

0419 ★★ □□□

a fire safety drill 소방안전 훈련

명 safety [séifti] 안전 형 safe [seif] 안전한
명 drill [dril] 훈련, 송곳
명 safety drill 안전 훈련
We pay more attention to **safety**.
우리는 **안전**에 더 많은 관심을 기울인다.(10.06평가원)

0420 ★★★ □□□

submit an application form 지원서를 제출하다

명 application [æplikéiʃən] 지원, 신청 팁 application form 지원서, 신청서
동 apply [əˈplai] 신청하다, 지원하다
To apply, send your **application form** by December 1.
지원하시려면, 12월 1일까지 **지원서**를 보내 주세요.(04수능)

0421 ★★ □□□

benefits for full-time work 전임에 대한 수당

명 benefit [bénəfit] 이익, (연금) 수당
형 full-time 전임의, 전 시간의 ↔ part-time 파트타임의, 시간제의
For their own **benefit**, companies have various ways of offering lower prices.
회사들은 그들 자신의 **이익**을 위해, 더 낮은 가격을 제공할 다양한 방법들이 있다.

0418 싸인 더 **칸**트뤡트 0419 어 퐈이어 **쎄이**프티 드륄 0420 써브**밋** 언 애플리**케이**션 풔오ㄹ옴 0421 **베**너퓟 풔ㄹ **풀-타임** 워어ㄹ크

0422 ★ □□□

airport authorities 공항 관계자들(공항 당국)

명 authority [əθɔ́:riti] 권위자, 관계당국(-s)
Michael has become an international **authority** on the origins of humankind.
마이클은 인류의 기원에 대한 국제적인 **권위자**가 되었다.

0423 ★ □□□

arrest a thief 도둑을 체포하다

동 arrest [ərést] 체포하다
Tiger Woods was **arrested** for drink driving.
타이거 우즈는 음주운전으로 **체포되었다**.

0424 ★★★ □□□

start immediately 즉시 시작하다

부 immediately [iˈmi:diətli] 즉시, 곧바로
형 immediate [iˈmi:diət] 즉각적인 [medi-(중간을) + -ate(거치지) + im-(않은)]
Rumors on the Internet often become facts **immediately**.
흔히 인터넷의 소문들은 **즉각적**으로 사실로 변한다.

0425 ★★ □□□

wear an army uniform 육군 제복을 입다

명 army [ˈɑ:rmi] 육군, 군대 명 arms [ɑ:rmz] 무기
팁 navy [ˈneɪvi] 해군 air force 공군
The nuclear **arms** race was central to the Cold War.
핵**무기** 경쟁이 냉전시대의 중심이었다.

0422 **에**어포오ㄹ트 어**또오**뤄티즈 0423 어**뤠**스트 어 띠이프 0424 스타아ㄹ트 이**미**디어틀리 0425 웨어ㄹ 언 **아**ㄹ미 **유우**너풔ㄹ옴

문장 속 괄호의 우리말에 알맞은 단어를 연결하세요.

attention	①	ⓐ I (가르친다) the Korean language to workers.
classify	②	ⓑ A couple may spend their (휴가) traveling in Europe.
contest	③	ⓒ She wasn't well prepared for the (시험).
education	④	ⓓ I won second prize at a dance (경연대회).
exam	⑤	ⓔ Schools leave moral (교육) to the parents.
guesses	⑥	ⓕ Parents should (존중하다) the children's wishes.
negative	⑦	ⓖ We humans like to (분류하다) things.
outcome	⑧	ⓗ Predict the (결과) of football games.
respect	⑨	ⓘ Only 30% of the (짐작들) were correct.
teach	⑩	ⓙ We need to express our (부정적인) feelings.
vacation	⑪	ⓚ Other people are paying no (관심) to his nose at all.

〈보기〉의 단어를 활용하여 빈칸에 우리말에 맞는 단어를 쓰세요.

able agree correct know repeat

1. He ([1]) with Tom's idea.
   그는 톰의 생각에 **동의하지 않는다**.

2. Noise decreases our ([2]) to solve problems.
   소음은 우리의 문제 풀이 **능력**을 감소시킨다.

3. We are flooded by ([3]) information.
   우리는 **부정확한** 정보가 넘쳐난다.

4. A ([4]) mistake is not a mistake at all.
   반복되는 실수는 결코 실수가 아니다.

5. Both ([5]) and practice are important.
   지식과 실습은 둘 다 중요하다.

1 ⓚ 2 ⓖ 3 ⓓ 4 ⓔ 5 ⓒ 6 ⓘ 7 ⓙ 8 ⓗ 9 ⓕ 10 ⓐ 11 ⓑ
[1] disagrees [2] ability [3] incorrect [4] repeated [5] knowledge

〈보기〉의 단어를 활용하여 빈칸에 우리말에 맞는 단어를 쓰세요.

interested tragedy

1. Students took field trips to many ([1]) places.
학생들은 **재미있는** 것이 많은 곳으로 소풍을 갔다.

2. The beggar led a sad and ([2]) life.
그 거지는 슬프고 **비극적인** 삶을 살았다.

문장 속 괄호의 우리말에 알맞은 단어를 연결하세요.

chemicals	①	ⓐ She tried to get her (시 작품들) published.
examples	②	ⓑ She wasn't taught how to spell and to write (문장들).
experiment	③	ⓒ Jokes are difficult to (번역하다) into other languages.
genius	④	ⓓ He continued to write popular (소설들).
novels	⑤	ⓔ Scientists obtain data from an (실험).
planet	⑥	ⓕ Will cyber schools (대체하다) traditional schools some day?
poems	⑦	ⓖ Some (화학물질들) remain on the surface of the peel.
replace	⑧	ⓗ The little princess lives on a (행성) far from the earth.
sentences	⑨	ⓘ Modern (기술) changed the world.
technology	⑩	ⓙ Students learn the meanings of words through (예시문들).
translate	⑪	ⓚ Even the (천재) makes a mistake.
achieve	⑫	ⓛ Protogenes was an (고대의) Greek painter.
ancient	⑬	ⓜ The opening to the (동굴) was very narrow.
cave	⑭	ⓝ She was looking for (자원봉사자들) to work in a fair.
talent	⑮	ⓞ He succeeded on his second (시도).
try	⑯	ⓟ I had a (재능) for painting.
volunteers	⑰	ⓠ A scientist can (성취하다) great results in science.

[1] interesting [2] tragic
1 ⓖ 2 ⓙ 3 ⓔ 4 ⓚ 5 ⓓ 6 ⓗ 7 ⓐ 8 ⓕ 9 ⓑ 10 ⓘ 11 ⓒ 12 ⓠ 13 ⓛ 14 ⓜ 15 ⓟ 16 ⓞ 17 ⓝ

〈보기〉의 단어를 활용하여 빈칸에 우리말에 맞는 단어를 쓰세요.

concentration conduct difficulty explain
historical necessary scientist succeed

1. ([1]) is the study of nature.
   과학은 자연을 연구하는 학문이다.

2. There are many ([2]) for the fall of the Roman empire.
   로마 제국의 멸망에 대해서는 많은 **설명들**이 있다.

3. A survey is ([3]) just after a plane crash.
   비행기 추락 직후에 조사가 **실행된다**.

4. We live in uncertain and ([4]) times.
   우리는 불확실하고 **어려운** 시대에 살고 있다.

5. The ([5]) of war is the ([6]) of pain.
   전쟁의 **역사**는 고통의 **역사**이다.

6. Not all children of ([7]) people become ([8]).
   성공한 사람들의 자녀들이 모두 **성공하는** 것은 아니다.

7. Salt is an article of ([9]).
   소금은 **필수** 품목이다

8. I ([10]) on improving my language ability.
   나는 내 언어능력을 개선하는 데 **집중했다**.

[1] Science [2] explanations [3] conducted [4] difficult [5] history [6] history [7] successful [8] successful [9] necessity
[10] concentrated

R
F
H

Chapter 4

Society
사회

① Economy **경제**

② Politics & Law **정치 & 법**

③ Living & Ethics **생활 & 윤리**

④ Traffic **교통**

⑤ Communication & Media **통신 & 언론**

⑥ Information Technology **정보통신 기술**

0426[16출] ★ □□□

worry about the paycheck 월급에 대해 걱정하다

worry [ˈwəːri] 동 걱정하다 명 걱정
명 paycheck [péitʃèk] 월급, 봉급
My family lived on a small **paycheck**.
우리 가족은 적은 **월급**으로 살았다.

0427 ★ □□□

pick up a coin 동전을 집다

숙 pick up 집어 들다, 줍다
명 coin [kɔin] 동전, 돈
We don't usually to **pick** a cent **up** on the street.
우리는 보통 길거리에 떨어진 동전을 **줍지** 않는다.(99수능)

0428 ★★ □□□

make a lot of money 많은 돈을 벌다

숙 make money 돈을 벌다(=earn money)
숙 a lot of 많은(=lots of, much/many)
명 money [ˈmʌni] 돈
Shoppers will spend **a lot of money** this Christmas.
쇼핑객들은 올 크리스마스에 **많은 돈**을 쓸 것이다.(96수능)

0429 ★ □□□

drop a coin 동전을 떨어뜨리다

동 drop [drɑːp] 떨어뜨리다 *시제변화 drop-dropped-dropped
This week the price of coffee has **dropped**.
이번 주 커피 가격이 **떨어졌다**.

0426 **워어**뤼 어**바우**트 더 **페이**췍 0427 픽 업 어 코인 0428 메이크 어 랏 어브 **머**니 0429 드랍 어 코인

0430 ★ □□□

a flower market 꽃 시장

명 market [ˈmɑːrkit] 시장

the real-estate market 부동산 시장(04.09평가원)

The global **market** is growing rapidly.

글로벌 **시장**이 빠르게 성장하고 있다.

0431 ★★ □□□

hide money 돈을 감추다

동 hide [haid] 감추다, 숨기다 *시제변화 hide-hid-hidden

hide the **truth**

진실을 숨기다.(06수능)

Kate covered her mouth to **hide** her smile.

케이트는 웃음을 **숨기기** 위해 입을 가렸다.

0432 [04출] ★★★ □□□

spend less time shopping 쇼핑에 시간을 덜 쓰다

숙 spend 시간/돈 ~ing ~하는 데 시간/돈을 쓰다

동 spend [spend] (시간을) 보내다, (돈을) 쓰다 *시제변화 spend-spent-spent

spend a lot of money 많은 돈을 **쓰다**

He **spent** some quality time with his wife and kids. 그는 소중한 시간을 아내와 아이들과 **보냈다**.(07수능)

0433 ★★ □□□

look for a job 일자리를 찾다

숙 look for ~을 찾다

명 job [dʒɑːb] 일, 직업

팁 out of job 실직한

She found a **job** as a nurse's assistant in a hospital.

그녀는 병원에서 간호사 보조로서의 **일자리**를 구했다.(04수능)

0430 어 **플라우**어ㄹ **마아**ㄹ킷 0431 하이드 **머**니 0432 스뻰드 레쓰 타임 **샵**핑 0433 룩 풔ㄹ 어 잡

01

0434 ★ □□□

I'm broke 돈이 다 떨어졌어

㊔ broke [brouk] 파산한, 무일푼의 *시제변화 break-broke-broken
He became **broke** and in debt.
그는 **파산하고** 빚을 지게 되었다.

0435 ★★ □□□

take a break after work 일한 뒤에 휴식을 취하다

㊕ take a break 잠시 휴식을 취하다
㊖ break [breik] 휴식
Let's take a coffee **break** from work.
일을 놓고 잠시 **휴식시간**을 가지자.

0436 ★ □□□

pay in cash 현금으로 지불하다

㊖ cash [kæʃ] 현금
㊗ check [tʃek] 수표 ㊕ pay in check 수표로 지불하다
He bought the computer in **cash.**
그는 컴퓨터를 **현금**을 주고 구입했다.

0437 ★ □□□

enough time and money 충분한 시간과 돈

㊔ enough [iˈnʌf] 충분한
㊖ time [taim] 시간
She didn't have **enough time** to practice.
그녀는 연습할 **충분한 시간**이 없었다.(03수능)

0434 아임 브뤄우크 0435 테이크 어 브뤠이크 **애**프터ㄹ 워어ㄹ크 0436 페이 인 캐쉬 0437 이**너**프 타임 앤ㄷ 머니

0438 ★★★ □□□

cost at least 20 dollars 최소한 20달러가 들다

cost [kɔ:st] 동 비용이 ~들다 명 비용, 가격
숙 at least 적어도, 최소한 *비교급변화 little-less-least
The **cost** of a dozen roses rose twofold.
장미 (12송이) 한 다발 **가격**이 두 배로 올랐다.(05수능)

0439 ★ □□□

fair competition between businesses 기업 간의 공정한 경쟁

명 competition [ˈkɑ:mpəˈtiʃn] 경쟁 동 compete [kəmˈpi:t] 경쟁하다
Everyone is **competing** against everybody else.
모든 사람은 다른 모든 사람들과 **경쟁하고** 있다.(11수능)

0440 ★★ □□□

employ one million workers 백만 명의 노동자들을 고용하다

동 employ [imˈplɔi] 고용하다, 사용하다
명 million [ˈmiljən] 백만
팁 hundred 백(100), thousand 천(1,000)
employ the new technology 새로운 기술을 **사용하다**(09수능)
Everyone has **at least** one talent. 모든 사람은 **최소한** 한 가지 재능은 가지고 있다.

0441 ★ □□□

a huge amount of money 엄청난 양의 돈

숙 an amount of 많은 양의 ↔ a number of 많은 수의
명 amount [əmáunt] 양, 총계
The **amount** of work often determines the level of stress.
종종 일의 **양**은 스트레스의 수준을 결정한다.

0438 코오스트 앳 리이스트 **트웬**티 **달**러ㄹ즈 0439 풰어ㄹ 캄퍼**티**쉰 비트**위인** **비**즈니시즈 0440 엠플**로이** 원 **밀**리언 **워어**ㄹ커ㄹ즈 0441 어 휴우쥐 어**마운**트 어브 **머**니

01

0442 ★★ □□□

a product made in Korea 한국에서 만든 상품

명 product [ˈprɑːdʌkt] 상품 동 produce [prəˈduːs] 생산하다
명 Korea [kəríːə] 대한민국
Products will be on sale.
제품들이 세일 중일 것이다.(02수능)

0443 ★ □□□

foreign aid 외국의 원조

aid [eid] 명 원조 동 원조하다
팁 first aid 응급처치
Foreign aid is important for Africa's development.
외국의 원조는 아프리카의 발전에 중요하다.

0444 ★★ □□□

advertise cigarette on television 텔레비전에서 담배를 광고하다

동 advertise [ˈædvərtaiz]] 광고하다 명 advertisement [ˌædvərˈtaizmənt] 광고
명 cigarette [ˈsigəret] 담배
The **advertising** of alcohol is not allowed.
술 **광고**는 금지되어 있다.

0445 ★★ □□□

deliver a package 소포를 배달하다

동 deliver [diˈlivər] 배달하다 명 delivery [diˈlivəri] 배달
명 package [ˈpækidʒ] 짐 꾸러미, 소포
She **delivered** the newspapers to her customers every morning.
그녀는 매일 아침 고객들에게 신문을 **배달했다.**

0442 어 **프라**덕트 메이드 인 커**뤼이**어 0443 **퐈**륀 에이드 0444 **애**드붜ㄹ타이즈 씨거**뤠**트 온 **텔**러뷔줜 0445 딜**리**붜ㄹ 어 **패**키쥐

0446 ★ □□□

lend some money 돈을 좀 꿔주다

㊍ lend [lend] 빌려 주다 ↔ borrow [ˈbɑːroʊ] 빌리다
*시제변화 lend-lent-lent
He **borrowed** some books from the library.
그는 도서관에서 책을 몇 권 **빌렸다**.

0447 ★ □□□

a trading company 무역 회사

㊌ trading [ˈtreidiŋ] 상거래, 무역 ㊍ trade [treid] 무역하다
㊌ company [ˈkʌmpəni] 회사, 업체
You don't need the services of a moving **company**.
당신은 이사 **업체**의 서비스가 필요 없다.(09수능)

0448 ★ □□□

find his lost wallet 잃어버린 지갑을 찾다

㊍ find [faind] 찾다 *시제변화 find-found-found
㊌ wallet [ˈwɑːlit] 지갑
Happiness is **found** in doing, not merely possessing.
행복은 단지 소유하는 것이 아닌, 행하는 것에서 **발견된**다.

0449 ★★ □□□

export cars 자동차를 수출하다

㊍ export [ikˈspɔːrt] 수출하다 [ex-(밖으로) + port-(나르다)]
↔ ㊍ import [ˈimpɔːrt] 수입하다 [im-(안으로) + port-(나르다)]
Colombia's major **export** crop is coffee.
콜롬비아의 주요 **수출** 작물은 커피이다.

0446 렌드 썸 **머**니 0447 어 **트뤠이**딩 **컴**퍼니 0448 퐈인드 히즈 로오스트 **월**릿 0449 엑스**포오**ㄹ트 카아ㄹ즈

01

0450 ★ □□□

wrap a present 선물을 포장하다

㊍ wrap [ræp] 포장하다, 싸다
㊔ present [ˈpreznt] 선물
Santa Claus hands children beautifully **wrapped** gifts.
산타클로스는 아이들에게 아름답게 **포장된** 선물을 건넨다.

0451 ★★ □□□

complain about the service 서비스에 대해 불평하다

㊍ complain [kəmˈplein] 불평하다
Sailors **complained** about their hard lives.
선원들은 자신들의 고된 생활에 대해 **불평했다**.(03수능)

0452 ★★★ □□□

rapid growth 빠른 성장

㊒ rapid [ˈræpid] 빠른, 신속한 ㊏ rapidly [rǽpidli] 빠르게, 급속히
㊔ growth [grouθ] 성장 ㊍ grow [grou] 커지다, 자라다
Praise doesn't support **growth** or health.
칭찬은 **성장**이나 건강에 도움이 되지 않는다.(13수능)

0453 ★★ □□□

be made of plastic 플라스틱으로 만들어지다

㊔ plastic [ˈplæstik] 플라스틱, 합성수지
plastic bags **비닐**봉투(10.09평가원)
Most **plastic** is made from natural gas, not oil.
대부분의 **플라스틱**은 석유가 아니라, 천연가스로 만들어진다.

0450 뤱 어 **프뤠**전트 0451 컴**플레인** 어**바우**트 더 **써어**ㄹ뷔스 0452 **뤠**피드 그뤄우뜨 0453 비 메이드 어브 **플래**스틱

0454 ★★ □□□

wine's scents and flavors 포도주의 향과 맛

㉮ wine [wain] 포도주, 과실주 ㉮ scent [sent] 향기, 냄새 ***발음주의**
㉮ flavor [fléivər] 맛, 풍미

You cannot make good quality **wine** from bad quality grapes.
나쁜 품질의 포도로 좋은 품질의 **포도주**를 만들 수는 없다.(06수능)

various **flavors** of **wine** **와인**의 다양한 **맛**(08.06평가원)

0455 ★ □□□

earn billions of dollars 수십억 달러를 벌다

㉮ billion [ˈbiljən] 10억
㉮ billions of 수십억의
㉮ billionaire [ˈbiljəˈner] 억만장자 millionaire [ˈmiljəˈner] 백만장자

Each day a **billion** gallons of oil are used in the United States.
매일 **10억** 갤런의 석유가 미국에서 사용된다.

0456 ★★ □□□

raise his salary 봉급을 올려 주다

㉮ raise [reiz] 올리다, 키우다 ㉮ salary [ˈsæləri] 봉급, 급여

raise children 아이들을 **양육하다**

raise his hand and stop the car 손을 **들어** 차를 세우다(04수능)

Employees worry about **salary** cuts. 직원들은 **월급** 삭감에 대해 걱정한다.

0457 ★ □□□

plenty of time 많은 시간

㉮ plenty of 많은, 충분한
㉮ plentiful [ˈplentifl] 풍부한, 많은
㉮ plenty [ˈplenti] 풍부한 양

In life, **plenty of** things go wrong with mistakes.
인생에서는 실수로 인해 **많은** 것들이 잘못된다.

0454 와인즈 쎈츠 앤ㄷ **플레이**붜ㄹ즈 0455 어ㄹ언 **빌**리언즈 어브 **달**러ㄹ즈 0456 뤠이즈 히즈 **쌜**러뤼 0457 플렌티 어브 타임

0458 ★ □□□

a telephone bill 전화요금 청구서

㊐ telephone [ˈtelifoun] 전화, 전화기(=phone)
㊐ bill [bil] 청구서, 지폐
a 100 dollar **bill** 100달러 **지폐**
Now, pick up the **bill**, Arthur. 자, **계산서** 들어(=계산해), 아서.(96수능)

0459 ★★ □□□

a pack of cigarette 담배 한 갑

pack [pæk] ㊐ 꾸러미, 묶음 ㊍ 짐을 싸다, 꽉 채우다
He **packed** his bags and left.
그는 가방을 **싸서** 떠나 버렸다.
Their shop is constantly **packed** with customers.
그들의 가게는 언제나 손님들로 **가득 차** 있다.(04수능)

0460 ★★ □□□

a high standard of living 높은 생활수준

㊐ standard [ˈstændərd] 기준, 수준
㊐ living [ˈliviŋ] 생활, 생계 ㊍ live [liv] 살다
Different **standards** were used in each country.
각 나라마다 다른 **기준들**이 사용되었다.

0461 ★ □□□

a toy factory 장난감 공장

㊐ factory [ˈfæktri] (기계) 공장 ㊇ plant [plænt] (화학) 공장 mill [mil] (제조) 공장
a chemical **plant** 화학**공장**
He was too busy working at a **factory**.
그는 **공장**에서 일하느라 너무 바빴다.

0458 어 **텔**러풔운 빌 0459 어 팩 어브 씨거**뤠**트 0460 어 하이 **스땐**다ㄹ드 어브 **리**빙 0461 어 토이 **퐥**터뤼

0462

★ □□□

share the money 돈을 나누다

share [ʃer] ⓢ 공유하다, 나누다 ⓜ 몫

bear a larger **share** 더 큰 **몫**을 부담한다(12수능)

That night we **shared** a small cabin with other climbers.

그날 밤 우리는 작은 오두막을 다른 등산객들과 **함께 썼다**.(01수능)

0463

★ □□□

fire a lazy worker 게으른 일꾼을 해고하다

fire [ˈfaiər] ⓢ 해고하다, (총 따위를) 발사하다 ⓜ 불

ⓗ lazy [ˈleizi] 게으른

ⓜ worker [ˈwəːrkər] 근로자, 일꾼 ⓢ work [wəːrk] 일하다

One **lazy worker** can spoil the team.

한 명의 **게으른 직원**이 팀 전체를 망칠 수 있다.

0464

★ □□□

carry a baggage 짐을 나르다

ⓜ baggage [ˈbægidʒ] 수화물, 짐(가방) (*영국에선 luggage라고 함)

Passengers may pay for the **baggage** online.

승객들은 **수화물** 요금을 온라인으로 지불할 수 있다.

0465

★ □□□

own a mansion 큰 저택을 소유하다

ⓢ own [oun] 소유하다 ⓜ owner [ˈounər] 소유자

ⓜ mansion [ˈmænʃn] 대저택

Natalie **owns** a company with her husband.

나탈리는 남편과 함께 회사를 **소유하고 있다**.

0462 쉐어ㄹ 더 **머**니 0463 퐈이어ㄹ 어 레이지 **워어**ㄹ커ㄹ 0464 **캐**뤼 어 **배**기쥐 0465 오운 어 **맨**쉰

0466 ★★ □□□

high income earners 고소득자들

㊔ income [ˈinkʌm] 소득, 수입 [in(안으로) + come(들어오는 것)]
㊔ earner [ˈəːrnər] 소득자 [earn(돈을 버는) + -er(사람)]
㊍ earn [əːrn] (돈을) 벌다
The aged live on fixed **income.**
노인들은 고정된 **수입**으로 살아간다.

0467 ★★ □□□

include tax 세금을 포함하다

㊍ include [inˈkluːd] 포함하다 ↔ exclude [ikˈskluːd] 제외하다
㊔ tax [tæks] 세금
Mathematics **includes** many different concepts.
수학은 많은 다른 개념들을 **포함한다.**

0468 ★ □□□

The house belongs to him 그 집은 그의 소유다

㊎ belong to ~에 속하다, ~의 것이다
A uniform gives a feeling of **belonging to** a group.
유니폼은 한 집단**에 속한다**는 느낌을 준다.(96수능)

0469 ★ □□□

an eight percent salary increase 8% 봉급 인상

㊔ percent [pərsént] 퍼센트, 백분율
increase [ˈiŋkríːs] ㊔ 증가 ㊍ 증가하다 ↔ decrease [diˈkríːs] ㊔ 감소 ㊍ 감소하다
Mike **increased** his walking distance by 5 km.
마이크는 그의 산책 거리를 5킬로미터 정도 **늘렸다.**(96수능)

0466 하이 **인**컴 **어**ㄹ너ㄹ즈 0467 인**클루우**드 택스 0468 더 하우스 비**롱**즈 투 힘 0469 언 에이트 퍼ㄹ**쎈**트 **쌜**러뤼 **인**크뤼이스

0470 ★★ □□□

a customer's complaint 고객의 불만

㉹ customer [ˈkʌstəmər] 손님, 고객
㉹ complaint [kəmˈpleint] 불평, 불만 ㉾ complain [kəmˈplein] 불평하다
Companies are busy listening to the voice of the **customer**.
회사들은 **고객**의 목소리를 듣느라 분주하다.(14수능)

0471 ★★★ □□□

develop economy 경제를 발전시키다

㉹ economy [iˈkɑːnəmi] 경제 ㉻ economic [ˌiːkəˈnɑːmik] 경제의
a general downturn in the **economy**
경제의 전반적인 침체(16수능)
The **economy** entered a downturn.
경제가 침체기에 들어섰다.

0472 ★★ □□□

'Ad' stands for advertisement 'Ad'는 광고를 의미한다

㊍ stand for ~을 의미하다, 대표하다
㉹ advertisement [ˌædvərˈtaizmənt] 광고 ㉾ advertise [ˈædvərtaiz] 광고하다
I saw the **advertisement** in the newspaper.
나는 신문에서 그 **광고**를 보았다.

0473 ★★ □□□

free of charge 요금을 받지 않는(무료의)

㊍ free of ~이 없는
㉹ charge [tʃɑːrdʒ] 요금, 책임
All programs on our website are **free of charge**.
우리 웹사이트의 모든 프로그램은 **무료**입니다.

0470 어 **커**스떠머ㄹ즈 컴**플레인**트 0471 디**벨**럽 이**카**너미 0472 애드 스땐즈 풔ㄹ 애드붜ㄹ**타이**즈먼트 0473 프뤼이 어브 촤아쥐

0474 ★★ □□□

establish a company 회사를 설립하다

㊍ establish [iˈstæbliʃ] 설립하다, 수립하다
The man **established** his own business and made a fortune.
그 남자는 자신이 직접 회사를 **설립하여** 재산을 모았다.

0475[12출] ★★ □□□

the welfare of its citizens 시민들의 복지

㊔ welfare [ˈwelfer] 복지
㊔ citizen [ˈsitizn] 시민 ㊐ city [síti] 도시
fly into New York **city** 비행기를 타고 뉴욕 **시(市)**로 가다(14수능)
She became interested in social **welfare.** 그녀는 사회 **복지**에 관심을 갖게 되었다.

0476 ★★ □□□

a second-hand store 중고품 가게

㊕ second-hand 중고의, 간접적인 ↔ first-hand 직접적인(=direct)
In Beijing, you can buy **second-hand** cars in markets.
베이징에서는, 시장에서 **중고**차를 살 수 있다.

0477 ★ □□□

make pocket money 용돈을 벌다

㊔ pocket money 용돈, 푼돈
㊔ pocket [ˈpɑːkit] 주머니
The little boy pulled his hand out of his **pocket**.
어린 소년은 **주머니**에서 손을 뺐다.(08수능)

0474 이스**태**블리쉬 어 **컴**퍼니 0475 더 **웰**풰어ㄹ 어브 잇츠 **씨**러전즈 0476 어 **쎄**컨드-**핸**드 스또오ㄹ 0477 메이크 **파**킷 **머**니

0478 ★★ □□□

buy at a reasonable price 적당한 가격에 구입하다

㉻ reasonable [ˈriːznəbl] 이성적인, 적당한 ㉼ reason [ˈriːzn] 이유, 까닭, 이성

The store sold me a new tire **at a reasonable price**.

그 가게는 새 타이어를 **합리적인 가격에** 팔았다.

0479 ★★ □□□

organic products 유기농 제품

㉻ organic [ɔːrˈgænik] 유기농의

People prefer **organic** food.

사람들은 **유기농** 식품을 선호한다.

0480 ★ □□□

get a discount 할인을 받다

㉼ discount [ˈdiskaunt] 할인

We offer a 10% **discount** for all university students.

우리는 모든 대학생들에게 10퍼센트 **할인**을 제공합니다.

0481 ★★ □□□

open a savings account online 온라인으로 저축예금을 개설하다

㉼ savings account 저축예금
㉼ savings [ˈseiviŋ] 저금, 저축
㉾ online [ˈɑːnˈlain] 온라인으로, 인터넷으로

We are doing more of our newspaper reading **online**.

우리는 **온라인으로** 신문 구독을 더 하고 있다.(13수능)

04478 바이 앳 어 **뤼이**저너벌 프롸이스 0479 오ㄹ**개**닉 **프롸**덕츠 0480 겟 어 **디**스카운트 0481 **오우**뻔 어 **쎄이**븽즈 어**카운**트 **온**라인

01

0482 ★ □□□

buy a ready-made costume 기성복을 구입하다

㉧ ready-made 기성품의
㉥ costume [ˈkɑ:stu:m] 옷, 의상
Costume then became short for men and long for women.
그때 **의복**이 남성은 짧아지고, 여성은 길어졌다.(05.06평가원)

0483 ★ □□□

ask for a refund 환불을 요구하다

refund [ˈri:fʌnd] ㉥ 환불 ㉤ 환불하다
He insisted on receiving a full **refund**.
그는 전액 **환불**받을 것을 주장했다.

0484 ★★ □□□

a symbol of wealth 부의 상징

㉥ symbol [ˈsimbl] 상징, 표상
㉥ wealth [welθ] 부(富), 재산 ㉧ wealthy [ˈwelθi] 부유한
Land and labor were the source of all material **wealth.**
땅과 노동은 모든 물질적 **부(富)**의 원천이었다.

0485 ★★ □□□

population growth 인구 증가

㉥ population [ˌpɑ:pjuˈleiʃn] 인구, 주민 수 ㉧ popular [ˈpɑ:pjələr] 대중적인, 인기 있는
In warmer areas the sandal is the most **popular** form of footwear.
더운 지역에서는 샌들이 가장 **대중적인** 형태의 신발이다.(07수능)

0482 바이 어 **뤠**디-**메이**드 **카**스튜움 0483 애스크 풔 ㄹ 어 **뤼이**펀드 0484 어 **씸**벌 어브 웰뜨 0485 파퓰**레이**쉰 그뤄우뜨

0486 ★ □□□

on a tight budget 돈이 없는, 빈곤한

㉮ budget [bʌ́dʒit] 예산, 경비
The team can't work within the city's **budget.**
그 팀은 시 **예산** 내에서 일을 할 수가 없다.

0487 ★★ □□□

lower the quality of life 삶의 질을 떨어뜨리다

㊋ lower [ˈlouər] 낮추다, 내리다 [low(낮게) + -er(만들다)]
㉮ quality 품질, 속성 ↔ quantity [ˈkwɑːntəti] 양, 수량
As they grow older, the **quantity** of argument decreases but the **quality** increases.
나이가 들면서, 논쟁의 **양**은 줄지만 그 **질**은 증가한다.(94수능)

0488[99출] ★★★ □□□

the high economic growth rates 높은 경제 성장률

㉮ growth rate 성장률
㉮ rate [reit] 비율, 속도
The technique has a high **rate** of success.
그 기술은 높은 성공**률**을 가지고 있다.

0489[99출] ★ □□□

at a bargain price 특가로, 싼 가격으로

㉮ bargain [ˈbɑːrgən] 매매, 특가(상품)
The bookstore sells books **at a bargain price**.
그 서점은 책을 **특가에** 판매한다.

0486 온 어 타이트 **버**쥣 0487 **로우**어ㄹ 더 **퀄**러티 어브 라이프 0488 더 하이 에커**나**믹 그롸우뜨 뤠이츠 0489 앳 어 **바아**ㄹ건 프롸이스

01

0490[07출] ★ □□□

during the special promotion 특별 판매촉진 기간 중에

㉑ promotion [prəmóuʃən] **판매 촉진, 승진**
promote [prəmóut] **촉진하다, 승진시키다**
Success generally means **promotion** or an increase in salary.
성공은 일반적으로 **승진**이나 월급 인상을 의미한다.(05수능)

0491 ★ □□□

buy and sell used stuff 중고품을 사고 팔다

㉑ stuff [stʌf] **물건, 재료**
used stuff **중고품** ㉕ used [ju:zd] **중고의, 다 쓴** ㉗ use [ju:z] **쓰다, 사용하다**
You dump the **stuff** out on a table and begin separating.
당신은 테이블 위에 **물건들**을 쏟아놓고 분류하기 시작한다.(15.06평가원)

0492 ★ □□□

old but still usable items 낡았지만 여전히 쓸만한 물건

㉑ item [áitəm] **물건, 품목**
㉕ usable [ˈju:zəbl] **사용 가능한, 쓸모 있는** ㉗ use [ju:z] **쓰다, 사용하다**
Borrowers are responsible for returning **items** on time and in good condition.
빌린 사람은 정시에 좋은 상태로 (해당) **품목을** 반납할 책임이 있다.(07수능)

0493 ★★★ □□□

determine the purchase price 구매 가격을 결정하다

㉗ determine [diˈtə:rmin] **결정하다, 결심하다**
purchase [pə́:rtʃəs] ㉑ **구입, 구입품** ㉗ **구입하다**
Tickets can be **purchased** from the student union office.
티켓은 학생회 사무실에서 **구입할** 수 있습니다.(15수능)

0490 **듀어**링 더 **스뻬**셜 프러**모우**션 0491 바이 앤ㄷ 쎌 유우즈드 스떠프 0492 오올드 벗 스띨 **유우**저벌 **아이**럼즈 0493 디**터어**ㄹ민 더 **퍼어**ㄹ춰스 프롸이스

0494[03출] ★★★ □□□

the government's support 정부 지원

㉑ government [ˈgʌvərnmənt] 정부, 내각, 행정
support [səˈpɔːrt] ㉑ 지원, 지지 ㉔ 부양하다, 지지하다
support his family 가족을 **부양하다**
The region is the center of **government.** 그 지역은 **행정**의 중심지이다.

0495 ★★ □□□

the crowd in the square 광장에 있는 군중

㉑ crowd [kraʊd] 군중, 대중 ㉘ crowded [ˈkraʊdid] 복잡한, 붐비는
㉑ square [skweər] 광장
The airport is **crowded** and unpleasant.
그 공항은 **혼잡하고** 쾌적하지가 않다.(94수능)

0496 ★★ □□□

a fair trial 공정한 재판

㉘ fair [feər] 공정한, 공평한
㉑ trial [ˈtraiəl] 재판, 시도 ㉔ try [trai] 재판하다, 시도하다
Explorers step into the unknown darkness by **trial** and error.
탐험가들은 **시행**착오를 통해 미지의 어둠 속으로 들어간다.

0497 ★★ □□□

judge him by his appearance 외모로 그를 판단하다

judge [dʒʌdʒ] ㉔ 판단하다, 재판하다 ㉑ 판사
㉑ appearance [əˈpiərəns] 외모, 출현 ㉔ appear [əˈpiər] 보이다, 나타나다
Your physical **appearance** makes up 55% of a first impression.
당신의 신체적 **외모**는 첫인상의 55%를 차지한다.(98수능)

0494 더 **거**붜ㄹ언먼츠 써**포오**ㄹ트 0495 더 크롸우드 인 더 스퀘어ㄹ 0496 어 풰어ㄹ **트롸이**얼 0497 줘쥐 힘 바이 히즈 어**피**어뤈스

02

0498 ★★ □□□

an international organization 국제기구

㉻ international [intərˈnæʃnəl] 국제적인, 국제의 [nation(국가) + inter-(사이) + -al(의)]
㉹ organization [ˈɔːrgənəˈzeiʃn] 조직, 기구 ㉾ organize [ˈɔːrgənaiz] 조직하다
Once upon a time, the animals **organized** a school.
옛날에 동물들이 학교를 **조직했다.** (97수능)

0499 ★ □□□

a car thief 자동차 도둑

㉹ thief [θiːf] 도둑, 도적 ㉯ thieves
Car **thieves** all agree that alarms do nothing to stop theft.
자동차 **도둑들**은 모두 경보장치가 절도를 막는 데 아무 역할도 못한다는 데 동의한다. (07수능)

0500 ★ □□□

a bank robber 은행 강도

㉹ bank [bæŋk] 은행
㉹ robber [ˈrɑːbər] 강도, 도둑 ㉹ robbery [ˈrɑːbəri] 약탈 ㉾ rob [rɒb] 강탈하다
Pirates **robbed** him of all his goods.
해적들이 그에게서 모든 물건을 **강탈해 갔다.** (13수능)

0501 ★★ □□□

a perfect crime 완전 범죄

㉹ crime [kraim] 범죄 ㉹ criminal [ˈkriminl] 범죄자
Violent images on television can cause an increase in **crime.**
텔레비전의 폭력적인 이미지들이 **범죄**의 증가를 야기할 수 있다.

0498 언 인터ㄹ**내**쉬널 오ㄹ거너**제이**쉰 0499 어 카아ㄹ 띠이프 0500 어 뱅크 **롸**버ㄹ 0501 어 **퍼어**ㄹ퓍트 크롸임

0502 ★ □□□

a national flag 국기

㉼ national [ˈnæʃnəl] 국가의, 국민의 ㉽ nation [ˈneiʃn] 국가, 국민
㉽ flag [flæg] 기, 깃발
The presidency of the United States is the highest office in the **nation**.
미국의 대통령직은 그 **나라**에서 가장 높은 직위이다.(97수능)

0503 ★ □□□

an anti-war campaign 전쟁 반대 캠페인

㉼ anti-war [æ̀ntiwɔ́ːr] 반전의 [war(전쟁)을 + anti(반대하는)]
㉽ campaign [kæmˈpein] 운동, 캠페인
"Operation Tiger" was a **campaign** in 1972 for the survival of the tiger.
"호랑이 작전"은 1972년에 있었던 호랑이의 생존을 위한 **캠페인**이었다.(96수능)

0504 ★★ □□□

vote in the election 선거에서 투표하다

vote [vout] ㉿ 투표하다 ㉽ 투표
㉽ election [iˈlekʃn] 선거 ㉿ elect [iˈlekt] 선출하다, 뽑다
Citizens **elect** many leaders every 4 years.
시민들은 4년마다 많은 지도자를 **선출한다**.

0505 ★ □□□

A fight broke out 싸움이 일어났다

㊀ break out (전쟁 따위가) 터지다, 벌어지다
The Korean War **broke out** in 1950.
한국전쟁은 1950년에 **발발했다**.

0502 어 **내**쉬널 플래그 0503 언 앤티-**워**어ㄹ 캠**페인** 0504 봐우트 인 디 일**렉**쉰 0505 어 파이트 브뤄우크 아웃

0506 ★ □□□

a deadly weapon 치명적인 무기

㉻ deadly [ˈdedli] 치명적인 ㉻ dead [ded] 죽은
㉾ weapon [ˈwepən] 무기
An unknown **deadly** disease was discovered in Western Africa.
서아프리카에서 알려지지 않은 **치명적인** 질병이 발견되었다.

0507[12.06평가원] ★★ □□□

address a labor union 노동조합에서 연설하다

address [ədrés] ㉯ 연설하다, 주소를 적다 ㉾ 연설, 주소
㉾ labor [léibər] 노동
㉾ union [júːnjən] 결합, 조합 labor union 노동조합
The **labor** force is the actual number of people available for work.
노동력은 일을 할 수 있는 실제 사람들의 수이다.

0508[01, 04, 08 출] ★★★ □□□

modern society 현대 사회

㉻ modern [ˈmɑːdərn] 현대의
㉾ society [səˈsaiəti] 사회 ㉾ social [ˈsouʃl] 사회의, 사회적인
In the **modern** world, people expect immediate results.
현대 세계에서 사람들은 즉각적인 결과를 기대한다.

0509 ★ □□□

put him into prison 그를 감옥에 넣다

㉾ prison [ˈprizn] 감옥, 교도소 ㉾ prisoner [ˈpriznər] 죄수
A pianist in China had been in **prison** for seven years.
중국의 한 피아니스트는 7년 동안 **감옥**에 있었다.(00수능)

0506 어 **데**들리 **웨**뻔 0507 어드**뤠**스 어 **레이**버ㄹ **유우**니언 0508 **마**더ㄹ언 써**싸이**어티 0509 풋 힘 인투 **프뤼**즌

0510 ★ □□□

defeat the enemy 적을 물리치다

defeat [di|fi:t] ⓢ 물리치다, 패배시키다 ⓜ 패배
ⓜ enemy [|enəmi] 적, 적수
Their own children were freed from the **enemy**.
그들의 아이들이 **적**으로부터 풀려났다.(95수능)

0511 ★★ □□□

a miserable defeat 비참한 패배

ⓗ miserable [|mizrəbl] 비참한, 불쌍한 ⓜ misery [|mizəri] 고통, 빈곤
Hobbes felt some pain himself when he saw the man's **misery**.
그 남자의 **비참함**을 보았을 때, 홉스는 자신이 아픔을 느꼈다.(12.09평가원)

0512 ★★★ □□□

indifferent to politics 정치에 무관심한

ⓗ indifferent [in|difrənt] 관심이 안 가는 [different(다르지) + in-(않은)]
ⓜ politics [|pɑ:lətiks] 정치학, 정치
Global **politics** became more complex.
전 세계 **정치**가 더 복잡해졌다.

0513 ★★ □□□

a nuclear bomb 핵폭탄

ⓗ nuclear [|nu:kliər] 핵의, 원자력의 ⓣ nuclear family 핵가족
bomb [bɑ:m] ⓜ 폭탄 ⓢ 폭격하다
America first produced and used an atomic **bomb** to win World War II.
미국은 제2차 세계대전을 승리하기 위해 처음으로 원자 **폭탄**을 만들어 사용했다.(99수능)

0510 디**퓌이**트 디 **에**너미 0511 어 **미**저뤄벌 디**퓌이**트 0512 인**디**풔뤈트 투 **팔**리틱스 0513 어 **뉴우**클리어 ㄹ 밤

0514 ★ □□□

a war hero 전쟁 영웅

명 war [wɔːr] 전쟁
명 hero [ˈhirou] 영웅, 남자 주인공 ↔ heroine [ˈherouin] 여자 영웅, 여자 주인공
Every society needs **heroes**.
모든 사회는 **영웅**을 필요로 한다.(07수능)

0515 ★★★ □□□

freedom of expression 표현의 자유

명 freedom [ˈfriːdəm] 자유 형 free [friː] 자유로운
명 expression [ikˈspreʃn] 표현 동 express [ikˈspres] 표현하다
Every man has the **freedom** to choose a job.
모든 사람은 직업 선택의 **자유**가 있다.

0516 ★ □□□

obey the law 법에 복종하다

동 obey [əˈbei] 복종하다, 따르다 ↔ disobey [ˈdisəˈbei] 불복종하다, 어기다
명 law [lɔː] 법, 법률
A community could make new **laws** or change old ones.
공동체는 새로운 **법**을 만들거나 오래된 법은 바꿀 수 있다.(96수능)

0517 ★ □□□

elect a president 회장을 선출하다

명 president [ˈprezidənt] 회장, 대통령
Former U.S. **President** Jimmy Carter has toured various countries since 1994.
전직 미국 **대통령** 지미 카터는 1994년부터 여러 나라를 순방해 왔다.(02수능)

0514 어 워어ㄹ **히**어뤄우 0515 **프뤼이**덤 어브 익스**프뤠**쉰 0516 오우**베이** 더 로오 0517 일**렉**트 어 **프뤠**지던트

0518 ★★★ □□□

evidence of a crime 범죄의 증거

㊔ evidence [ˈevidəns] 증거
㊒ evident [ˈevidənt] (증거가 있어) 명백한
Scientists found **evidence** of ancient life.
과학자들이 고대 생명체의 **증거**를 찾았다.

0519 ★ □□□

form a group 그룹을 만들다

form [fɔ:rm] ㊐ 형태를 만들다 ㊔ 형태
㊔ group [gru:p] 그룹, 단체
Learn how to **form** a sentence in English.
영어로 문장을 **만드는** 법을 배워라.

0520 ★ □□□

break into an abandoned house 버려진 집에 침입하다

㊀ break into 침입하다 [break(부수고) + into(안으로) 들어가다], 갑자기 ~하다
㊐ abandon [əbǽndən] 버리다, 단념하다
The inspector **broke into** loud laughter.
감독관은 갑자기 큰 웃음**을 터뜨렸다**.(13.09평가원)

0521 ★★★ □□□

conceal our thoughts on purpose 고의로 우리의 생각을 숨기다

㊔ conceal [kənsí:l] 숨기다, 비밀로 하다
㊀ on purpose 고의로 [purpose(어떠한 목적) + on(~으로)]
I didn't do it **on purpose**.
나는 **고의로** 그런 게 아니었다.

0518 **에**뷔던스 어브 어 크롸임 0519 풔ㄹ옴 어 그루웁 0520 브뤠이크 인투 언 어**밴**던드 하우스 0521 컨**씨일** 아우어ㄹ 또오츠 온 **퍼어**ㄹ퍼스

02

0522[16출] ★ □□□

a government activity for the common good 공익을 위한 정부의 활동

㉺ activity [ækˈtivəti] 활동 ㉻ active [ˈæktiv] 활동적인
㉻ good [gʊd] 이익, 선(善) ㉺ common good 공익
We want our children to know **good** from bad.
우리는 아이들이 **선(善)**과 악(惡)을 구별할 수 있기를 원한다.(07수능)

0523[14출] ★★ □□□

an advance warning system 조기 경보 체계

㉻ advance [ədˈvæns] 사전의, 미리의
㉺ warning [ˈwɔːrniŋ] 경고, 주의 ㉼ warn [wɔːrn] 경고하다, 경보를 울리다
The sensor will **warn** cheese makers of defects.
그 센서가 치즈 제조업자들에게 결함을 **경고해** 줄 것이다.(09.06평가원)

0524 ★ □□□

reverse a decision 결정을 철회하다(바꾸다)

㉼ reverse [riˈvɜːrs] 뒤집다, 반대로 하다
You find the **reversed** face in the mirror every day.
당신은 매일 거울에서 **반대로 뒤집힌** 얼굴을 보게 된다.(10수능)

0525 ★★★ □□□

various political opinions 다양한 정치적 의견들

㉻ political [pəˈlitikl] 정치의, 정치적인 ㉺ politics [ˈpɑːlətiks] 정치
Culture caused **political** differences among countries.
문화가 나라 간의 **정치적** 차이를 야기했다.

0522 어 **거**붜ㄹ언먼트 액**티**붜티 풔ㄹ 더 **카**먼 굿 0523 언 어드**붼**스 **워어**ㄹ닝 **씨**스텀 0524 뤼**붜어**ㄹ스 어 디**씨**줜 0525 **붸**뤼어스 펄**리**티컬 어**피**니언즈

0526 ★★ □□□

escape from prison 감옥에서 탈출하다

동 escape [iskéip] 탈출하다, 벗어나다
A walnut never **escapes** from the shell during its lifetime.
호두열매는 평생 동안 결코 껍데기를 **벗어나지** 못한다.(10.06평가원)

0527 ★★ □□□

handle the procedures 절차를 처리하다

명 procedure [prəsíːdʒər] 절차, 수순 동 proceed [prousíːd] 나아가다 명 process [prɑ́ses] 과정, 공정
A scientist reexamines the experimental **procedures** of other scientists.
과학자는 다른 과학자들의 실험 **절차들**을 재심사한다.(11수능)

0528 ★ □□□

follow the steps 절차를 따르다

동 follow [ˈfɑːlou] 따르다, 뒤쫓다, 이어지다
명 step [step] 발걸음, 단계, 과정 · 절차
A thirty-minute question-and-answer period will **follow.**
30분간의 질의응답 시간이 **이어질** 것입니다.(00수능)

0529 ★ □□□

everyone except him 그를 제외한 모든 사람

명 everyone [ˈevriwʌn] 모든 사람(=everybody)
전 except [ikˈsept] ~을 제외하고
Stephen Hawking is unable to move anything **except** his eyes and three fingers.
스티븐 호킹은 두 눈과 세 손가락**을 제외하고** 어떤 것도 움직일 수가 없다.(03.09평가원)

0526 이스**께이**프 프룀 프**뤼**즌 0527 핸들 더 드뤄**씨이**줘ㄹ 0528 **퐐**로우 더 스텝스 0529 **에**브리원 익**셉**트 힘

03

0530 ★ □□□

I usually get up early 난 보통 일찍 일어난다

㊏ usually [ˈjuːʒuəli] 보통, 대개 ㊔ usual [júːʒuəl] 일상의, 보통의
㊍ get up 일어나다, 기상하다
㊏ early [ˈɜːrli] 일찍 *비교급변화 early-earlier-earliest

At that time, slavery was a **usual** thing in the southern states of America.
그 당시에 미국 남부의 주들에서는 노예제도가 **일상적인** 것이었다. (03.06평가원)

0531 ★ □□□

from morning to evening 아침부터 저녁까지

㊍ from A to B A에서 B까지
㊔ morning [ˈmɔːrniŋ] 아침, 오전
㊔ evening [ˈiːvniŋ] 저녁 ㊖ afternoon [ˈæftərˈnuːn] 오후

The parking lot is open **from** 8 a.m. **to** 9 p.m. every day.
그 주차장은 매일 오전 8시**부터** 오후 9시**까지** 열려 있다. (17수능)

0532 ★ □□□

often meet him 그를 종종 만나다

㊏ often [ˈɔːfn] 자주, 종종 (*'t'는 묵음: listen, castle, fasten)
㊍ meet [miːt] 만나다 *시제변화 meet-met-met ㊔ meeting [ˈmiːtiŋ] 모임, 회의

The first **meeting** will be held here at 11 a.m. next Thursday.
첫 **회의**는 다음 주 목요일 오전 11시에 이곳에서 개최될 것이다. (05수능)

0533 ★★ □□□

close neighbors 가까운 이웃

㊔ close [klous] 가까운 *발음주의
㊔ neighbor [néibər] 이웃, 이웃사람 ㊖ neighborhood [néibərhùd] 이웃관계

Many customers have become her **close** friends.
많은 고객들이 그녀의 **가까운** 친구가 되었다.

0530 아이 **유우**주얼리 겟 업 **어**ㄹ얼리 0531 프뤔 **모오**ㄹ닝 투 **이브**닝 0532 **오**퓐 미이트 힘 0533 클로우스 **네이**버ㄹ즈

0534 ★ □□□

give him a gift 그에게 선물을 주다

㊍ give [giv] 주다 *시제변화 give-gave-given
㊒ gift [gift] 선물, 재능(하늘이 준 선물)
Everyone is unique and has different **gifts** to offer.
모든 사람은 독특하며 제공할 수 있는 각기 다른 **재능들**을 가지고 있다.(11수능)

0535 ★ □□□

come back soon 곧 돌아오다

back [bæk] ㊏ 뒤로, 되돌아, 다시 ㊒ 등
㊏ soon [su:n] 곧, 빨리
Soon Joan **came back** with the cups and saucers.
곧 조앤은 컵과 받침을 들고 **돌아 왔다**.(11수능)

0536 ★ □□□

have a good time during the holiday 휴가 중에 즐거운 시간을 보내다

㊕ have a good time 즐거운 시간을 보내다(=enjoy)
㊒ holiday [ˈhɑ:lədei] 휴가, 휴일
Margo was on **holiday** with friends in a fishing boat.
마고는 친구들과 **휴가** 중에 낚싯배를 타고 있었다.(07수능)

0537 ★★ □□□

a false idea 잘못된 생각

㊗ false [fɔ:ls] 잘못된, 거짓의 ↔ true [tru:] 진실된, 진실의
㊒ idea [aiˈdi:ə] 생각, 아이디어
Recent studies have proved this belief to be **false.**
최근의 연구는 이 믿음이 **틀렸다**는 것을 입증했다.(09수능)

0534 기브 힘 어 기프트 0535 컴 백 수운 0536 해브 어 굿 타임 **듀**어륑 더 **할**러데이 0537 어 풔올스 아이**디이**어

03

0538 ★ □□□

a bad habit 나쁜 습관

㉺ bad [bæd] 나쁜 *비교급변화 bad-worse-worst
㉻ habit [ˈhæbit] 습관, 버릇
Reading changes TV viewing **habits**.
독서는 TV 시청 **습관**을 바꾼다.(97수능)

0539[95출] ★ □□□

It doesn't matter 그건 문제가 되지 않는다

matter [ˈmætər] ㉾ 중요하다, 문제가 되다 ㉻ 문제, 일
It **matters** who our friends are.
우리의 친구가 누구인가는 **중요한 일이다**.(97수능)

0540 ★★ □□□

a strange man 이상한 남자

㉺ strange [streindʒ] 이상한, 낯선 ㉻ stranger [ˈstreindʒər] 낯선 사람
㉻ man [mæn] 남자, 사람 ↔ woman [ˈwumən] 여자, 여인
I'm a **stranger** here.
난 여기서 **낯선 사람**이다.(= 여기는 처음이에요.)(94수능)

0541 ★ □□□

wait all day long 하루 종일 기다리다

㊀ wait for 기다리다 ㊀ wait on 시중들다
㻻 waiter [ˈweitər] 웨이터 [wait(시중드는) + -er(사람)]
㉻ day [dei] 낮, 하루, 날 ㊀ all day long 하루 종일
Time **waits for** no man.
시간은 사람**을 기다리지** 않는다.(10수능)

0538 어 배드 **해**빗 0539 잇 더즌트 **매**러ㄹ 0540 어 스트뤠인쥐 맨 0541 웨이트 오올 데이 롱

0542 ★★ □□□

help each other 서로 돕다

㊐ help [help] 돕다
㊍ each other (둘 사이에) 서로서로 ㊍ one another (셋 이상이) 서로서로
compete with **each othe** **서로서로**와 경쟁하다(12수능)
Villages were economically independent of **one another** in the past.
과거에는 마을들이 **서로서로** 경제적으로 독립되어 있었다.(10수능)

0543[95출] ★★★ □□□

seek psychological help 심리적 도움을 구하다

㊐ seek [si:k] 찾다, 구하다 *시제변화 seek-sought-sought
㊔ psychological [ˈsaikəˈlɑ:dʒikl] 심리학적인, 정신적인 ㊕ psychology [saikɑ́lədʒi] 심리학, 심리 (*발음주의)
The day's work done, I **sought** a hotel.
하루 일이 끝난 후에, 나는 호텔을 **찾았다**.(97수능)

0544 ★★★ □□□

an uncertain future 불확실한 미래

㊔ uncertain [ʌnˈs3:rtn] 불확실한 ㊔ certain [ˈs3:rtn] 확실한, 어떤 ㊕ certain reasons 어떤 이유
㊕ future [ˈfju:tʃər] 미래 ㊖ past [pæst] 과거 present [ˈpreznt] 현재
be **certain** of success 성공을 **확신**하다(11수능)
Music has a **certain** meaning for everyone.
음악은 모든 사람에게 **어떤** 의미를 가진다.

0545 ★ □□□

do one's best 최선을 다하다

best [best] ㊕ 최선, 최상 ㊔ 최선의, 최상의
*비교급변화 good-better-best ↔ bad-worse-worst
㊖ try one's best 최선을 다해보다
Note the **best** price and the **worst** price and budget in between the two.
최상의 가격과 **최악의** 가격을 주목하여 그 둘 사이에서 예산을 짜라.(09수능)

0542 헬프 이취 어더ㄹ 0543 씨이크 싸이컬라쥐컬 헬프 0544 언 언써어ㄹ튼 퓨우춰ㄹ 0545 두 원즈 베스트

03

0546 ★★ □□□

on my way home 집에 오는 길에

㊍ on one's way 가는 길에, 도중에(=on the way)
Tom came across Mary **on his way** home from school.
톰은 하교 후 집에 **오는 길에** 메리와 마주쳤다.(94수능)

0547 ★ □□□

chat with a friend 친구와 잡담하다

chat [tʃæt] ㊐ 잡담하다 ㊑ 잡담
㊑ friend [frend] 친구 ㊒ friendly [ˈfrendli] 친근한
Kate and Joan were **chatting** happily in Joan's apartment.
케이트와 조앤은 조앤의 아파트에서 행복하게 **잡담을 하고** 있었다.(11수능)

0548 ★ □□□

shake hands with him 그와 악수하다

㊍ shake hands with ~와 악수하다
㊐ shake [ʃeik] 흔들다 *시제변화 shake-shook-shaken
The dancer started to **shake** his legs to the song.
그 댄서는 그 노래에 맞춰 다리를 **흔들기** 시작했다.

0549 ★★ □□□

walk side by side 나란히 걷다

㊑ side [said] 측면, 옆구리
㊍ side by side 나란히
㊓ face to face 얼굴을 마주 보고 hand in hand 손에 손을 잡고
Two penguins swim **side by side.**
펭귄 두 마리가 **나란히** 헤엄친다.

0546 온 마이 웨이 호움 0547 췟 위드 어 프뤤드 0548 쉐이크 핸즈 위드 힘 0549 워오크 싸이드 바이 싸이드

0550 ★ □□□

tell a lie 거짓말하다

㉮ tell [tel] 이야기하다 *시제변화 tell-told-told
lie [lai] ㉮ 거짓말 ㉮ 거짓말하다 ㉮ liar [ˈlaiər] 거짓말쟁이
Pinocchio was a **liar**.
피노키오는 **거짓말쟁이**였다.

0551 ★★ □□□

break an appointment 약속을 깨다

㉮ appointment [əˈpɔintmənt] (만날) 약속 ㉮ promise [ˈprɑ:mis] (실천) 약속
㉮ appoint [əˈpɔint] 약속하다, 지정하다
㉮ keep an appointment 약속을 지키다
Your car breaks down and you are late for an **appointment**.
차가 고장 나고 당신은 **약속**에 늦게 된다. (09.09평가원)

0552 ★ □□□

It's not your fault 너의 잘못이 아니야

㉮ fault [fɔ:lt] 잘못 ㉮ false [fɔ:ls] 틀린
No one is at **fault** but myself.
저 말고는 누구도 **잘못**이 없어요. (12.09평가원)

0553 ★★ □□□

give a word of advice 충고 한마디를 하다

㉮ word [w3:rd] 단어, 말
㉮ advice [ədˈvais] 충고 ㉮ advise [ədˈvaiz] 충고하다
Thanks for your **advice** and help.
당신의 **충고**와 도움에 감사드립니다.

0550 텔 어 라이 0551 브뤠이크 언 어**포인**트먼트 0552 잇츠 낫 유어ㄹ 풔올트 0553 기브 어 워어ㄹ드 어브 어드**봐이**스

03

0554 ★ □□□

a greedy person 탐욕스러운 사람

㉺ greedy [ˈgriːdi] 탐욕스러운, 욕심 많은 ㉹ greed [griːd] 탐욕
㉹ person [ˈpɜːrsn] 사람 ㉭ people
Natural disasters are a result of human **greed**.
자연재해는 인간 **탐욕**의 결과이다.

0555 ★ □□□

I beg your pardon? 뭐라고 하셨죠?

㉨ beg [beg] 빌다, 구걸하다 ㉹ beggar [ˈbegər] 거지, 구걸하는 사람
㉹ pardon [ˈpɑːrdn] 용서, 양해
People went from house to house **begging** for food.
사람들이 이집 저집 음식을 **구걸하러** 다녔다.(03.06평가원)

0556 ★★ □□□

live a lonely life 외로운 삶을 살다

㉨ live [liv] 살다, 거주하다 ㉹ life [laɪf] 삶, 인생
㉺ lonely [ˈlounli] 외로운, 고독한 ㉮ alone [əˈloun] 홀로
live **alone** **혼자** 살다
He would have to make his decision **alone**.
그는 **혼자서** 결정을 내려야 할 것이다.(08수능)

0557 ★ □□□

act like a grown-up 어른처럼 행동하다

㉹ grown-up [gróunʌp] 어른(=adult)
Children behave more like **adults** than in the past.
아이들이 과거보다 더 **어른들**처럼 행동한다.(99수능)

0554 어 **그뤼이**디 **퍼어**ㄹ슨 0555 아이 베그 유어ㄹ **파아**ㄹ든 0556 리브 어 **로운**리 라이프 0557 액트 라이크 어 **그뤄운**-업

0558

★ □□□

wake him up in the morning 아침에 그를 깨우다

동 wake [weik] 깨우다 *시제변화 wake-woke-woken
팁 wake-up call (호텔의) 모닝콜
When I **woke** up, I dressed softly not to **wake** the others.
일어났을 때, 나는 다른 사람들을 **깨우지** 않기 위해서 조심그럽게 옷을 입었다.(00수능)

0559

★ □□□

realize his fault 그의 잘못을 깨닫다

동 realize [ˈri:əlaiz] 깨닫다, 실현하다 [real(현실로) + -ize(만들다)]
명 realization [ˌri:ələˈzeiʃn] 실현, 현실화
Success is the process of **realizing** your personal goals.
성공은 당신의 개인적 목표를 **실현하는** 과정이다.(01수능)

0560

★ □□□

need some time 시간을 필요로 하다

need [ni:d] 동 필요로 하다 명 필요 형 needy [ní:di] 가난한, 궁핍한
A friend in **need** is a friend indeed.
어려울 때(=도움이 **필요**할 때) 친구가 진짜 친구이다.(99수능)

0561

★★ □□□

predict his future 그의 미래를 예언하다

동 predict [priˈdikt] 예언하다, 예측하다 [pre(미리) + dict(말하다)] 명 prediction [priˈdikʃn] 예언
Why is **predicting** the future so difficult?
미래를 **예측하는** 것은 왜 그렇게 어려운가?(05수능)

0558 웨이크 힘 업 인 더 **모오**ㄹ닝 0559 **뤼이**얼라이즈 히즈 풔올트 0560 니이드 썸 타임 0561 프뤼**딕**트 히즈 **퓨우**춰ㄹ

0562 ★★★ □□□

an impossible goal 불가능한 목표

㉻ impossible [im|pɑ:səbl] 불가능한 ↔ possible [|pɑ:səbl] 가능한
㉹ possibility [|pɑ:sə|biləti] 가능성 ㉾ possibly [|pɑ:səbli] 아마도
Is it **possible** to break a glass by singing?
노래로 유리잔을 깨는 것이 **가능할까?**(99수능)

0563 ★ □□□

a young teenager 어린 십대 청소년

㉻ young [jʌŋ] 젊은, 어린 ↔ old [ould] 나이 든, 늙은
㉹ youth [ju:θ] 젊음, 청년 (시절)
㉹ teenager [|ti:neidʒər] (보통 13~19세의) 십대 소년소녀(=teens)
As **youth**, we need not feel ashamed of making mistakes.
젊었을 때, 우리는 실수하는 것을 부끄러워할 필요가 없다.(01수능)

0564 ★★ □□□

do it by himself 혼자서 그것을 하다

㉳ by oneself 홀로, 혼자서 ㉳ for oneself 스스로, 자력으로
The child is eager to achieve something **for himself**.
그 아이는 **혼자 힘으로** 어떤 일을 성취하고 싶어 한다.(04.09평가원)

0565 ★★ □□□

look forward to seeing him 그를 만나길 고대하다

㉳ look forward to ~을 고대하다, 기대하다 [to(~쪽으로) + forward(향해) + look(바라보다)]
㉯ see [si:] 보다, 만나다
I was **looking forward to** a wonderful day.
나는 멋진 날**을 고대하고** 있었다.(04수능)

0562 언 임**파**서벌 고울 0563 어 영 **티인**에이줘ㄹ 0564 두 잇 바이 힘**쎌**프 0565 룩 **풔오**ㄹ워어ㄹ드 투 **씨**잉 힘

0566 ★★★ □□□

lie unintentionally from time to time 가끔씩 무심코 거짓말을 하다

㊙ unintentionally [ʌninténʃənəli] 무심코, 의도치 않게
㊞ unintentional [ˈʌninˈtenʃənl] 고의가 아닌, 무심결의 ↔ ㊞ intentional [inˈtenʃənl] 계획적인, 의도적인
㊍ from time to time 때때로, 가끔
People are often considered to be rude **unintentionally**.
사람들은 종종 **의도치 않게** 무례하게 여겨질 때가 있다.(03수능)

0567 ★ □□□

run into delicate problems 미묘한 문제들과 마주치다

㊍ run into 우연히 마주치다 [into(~쪽으로) + run(달려가다)]
㊞ delicate [délikit] 미묘한, 섬세한
An egg requires a more **delicate** touch than a rock.
계란은 바위보다 더 **섬세한** 접촉을 필요로 한다.(16.06평가원)

0568 ★★ □□□

ask for approval 승인을 요청하다

㊍ ask for ~을 요청하다
㊔ approval [əˈpru:vl] 승인, 재가 ㊕ approve [əˈpru:v] 승인하다, 허가하다
Thank you for **approving** my request.
저의 요구를 **승인해** 주신 것에 감사드립니다.(15.06평가원)

0569 ★ □□□

Dreams come true 꿈은 이루어진다

㊍ come true 실현되다 ㊞ true [tru:] 진실된, 사실의, 현실의 ㊔ truth [tru:θ] 진실
I am telling you the **truth**.
나는 너에게 **진실**을 말하고 있다

0566 라이 언인**텐**쉬널리 프뤔 타임 투 타임 0567 뤈 인투 **델**리키트 **프롸**블럼즈 0568 애스크 풔ㄹ 어**프루우**붤 0569 드뤼임즈 컴 트루우

0570 ★★ □□□

make fun of his weakness 그의 약점을 놀려대다

㊕ make fun of ~을 놀리다, 비웃다
㊔ weakness [wíːknis] 약점, 약함 ㊖ weak [wiːk] 약한, 힘이 없는
Robert's friends **made fun of** him because he could not ride a bike.
로버트의 친구들은 자전거를 못 탄다고 그**를 놀려댔다**.(01수능)

0571 ★ □□□

Life must go on 삶은 계속되어야 한다

㊕ go on 계속되다, 계속하다(=continue)
The scientist **went on** to search for a solution.
그 과학자는 **계속해서** 해결책을 찾았다.

0572 ★ □□□

keep his promise 약속을 지키다

promise [ˈprɑːmis] ㊔ 약속 ㊗ 약속하다
㊕ break one's promise 약속을 깨다
My friend failed to keep the **promise.**
내 친구는 그 **약속**을 지키지 못했다.

0573 ★ □□□

step on his foot 그의 발을 밟다

㊕ step on ~을 밟다
㊔ foot [fʊt] 발 ㊘ footstep [ˈfʊtstep] 발걸음
He followed in his father's **footsteps**.
그는 아버지의 **발자취**를 따랐다.(=뒤를 이었다.)

0570 메이크 퓐 어브 히즈 **위이**크니스 0571 라이프 머스트 고우 온 0572 키이프 히즈 **프롸**미스 0573 스뗍 온 히즈 풋

0574 ★★ □□□

be likely to forget 잊어버릴 것 같다

㊕ be likely to ~할 가능성이 높다
㊖ likely [láikli] ~할 것 같은
Smoking **is likely to** damage our health.
흡연은 우리의 건강에 해를 끼칠 **가능성이 높다**.

0575 ★★★ □□□

both you and me 너와 나 둘 다

㊕ both A and B A와 B (둘 다) ㊗ both [bouθ] 둘 다
㊕ either A and B A 또는 B (둘 중 하나) ㊗ either [ˈaiðər] 둘 중에 하나
either you **or** me 너 또는 나 (둘 중 하나)
Either you are crazy **or** I am. 당신이 미쳤거나, 내가 미쳤거나 **둘 중 하나**다.(97수능)

0576 ★ □□□

make the trouble worse 문제를 악화시키다

㊐ make [meik] 만들다
㊔ trouble [ˈtrʌbl] 근심, 걱정거리, 문제
㊖ worse [wɜ:rs] 더 나쁜, 악화된 *비교급변화 bad-worse-worst
She had no **trouble** communicating.
그녀는 의사소통에 **문제가** 없다.(94수능)

0577 ★★ □□□

a personal reason 개인적인 이유

㊖ personal [ˈpɜ:rsənl] 개인의, 개인적인 ㊔ person [ˈpɜ:rsn] 사람, 개인
㊔ reason [ˈri:zn] 이유, 까닭
I want to know the **reason** for his absence.
그가 결석한 **이유**를 알고 싶다.

0574 비 **라이**클리 투 풔ㄹ**겟** 0575 보우뜨 유 앤ㄷ 미 0576 메이크 더 **트뤄**벌 워어ㄹ스 0577 어 **퍼어**ㄹ서널 **뤼이**전

03

0578 ★★ □□□

deceive his friend 친구를 속이다

㊖ deceive [di|si:v] 속이다, 사기치다 ㊔ deceit [di|si:t] 속이기, 사기
Brutus **deceived** his friend Julius.
브루투스는 그의 친구 율리우스를 **속였다.**

0579 ★ □□□

take a nap after lunch 점심 먹고 낮잠 자다

㊕ take a nap 낮잠을 자다 ㊔ nap [næp] 낮잠
They like the unhurried way of life with its long afternoon **nap**.
그들은 긴 오후 **낮잠**이 있는, 서둘지 않는 삶의 방식을 좋아한다.(94수능)

0580 ★ □□□

my dearest friends 나의 가장 소중한 친구들

㊙ dear [diər] 친애하는, 사랑하는
dear Amy (편지 앞머리) **사랑하는** 에이미에게
Dear Dr. Brown, thanks for teaching Mr. Wills. **친애하는** 브라운 박사님, 윌스 씨를 가르쳐 주셔서 감사합니다.(15수능)

0581 ★ □□□

cherish old memories 옛 추억을 간직하다

㊖ cherish [|tʃeriʃ] 소중하게 생각하다, 간직하다
My family members **cherish** me.
나의 가족은 나를 **소중하게 생각한다.**(15수능)

0578 디**씨이**브 히즈 프뤤드 0579 테이크 어 냅 **애**프터ㄹ 런취 0580 마이 **디**어뤼스트 프뤤즈 0581 **췌**뤼쉬 오울드 **메**머뤼즈

0582 ★★ □□□

He seldom goes out 그는 좀처럼 밖에 나가지 않는다

㊕ seldom [ˈseldəm] 아주 드물게 ~하다, 좀처럼 ~않다(=rarely)
㊏ go out 외출하다, 나가다
Discussion **seldom** changed his mind.
토론은 그의 마음을 **좀처럼** 변화시키지 **못했다**.(94수능)

0583 ★★ □□□

hold a meeting 모임을 개최하다

hold [hould] ㊍ 개최하다, 붙잡다 *시제변화 hold-held-held
His mom was **holding** his hand.
그의 어머니는 그의 손을 **붙잡고** 있었다.(17수능)

0584 ★ □□□

part with his girl friend 여자 친구와 헤어지다

part [pɑ:rt] ㊍ 나누다, 헤어지다 ㊔ 부분 ㊏ part with ~와 헤어지다
㊔ girl [g3:rl] 소녀 ↔ boy [bɔi] 소년
Hand gestures are so much an important **part** of our speech.
손동작은 우리가 하는 말의 아주 중요한 **부분**이다.(03수능)

0585[08출] ★★ □□□

live an ordinary life 평범한 삶을 살다

㊗ ordinary [ˈɔ:rdneri] 보통의, 평범한 ↔ extraordinary [ikstrɔ́:rdənèri] 비범한
Heroes perform **extraordinary** acts.
영웅들은 **비범한** 행동을 한다.

0582 히 **셀**덤 고우즈 아웃 0583 호울드 어 **미이**링 0584 파아ㄹ트 위드 히즈 거ㄹ얼 프뤤드 0585 리브 언 **오**ㄹ더네뤼 라이프

0586 ★ □□□

waste time 시간을 낭비하다

waste [weist] 동 낭비하다 명 낭비
형 wasteful [ˈweistfl] 낭비적인
Mike and Amy decided not to **waste** money.
마이크와 에이미는 돈을 **낭비하지** 않기로 결심했다.(95수능)

0587 ★★ □□□

cause a big trouble 큰 문제를 일으키다

cause [kɔːz] 동 ~을 유발하다, 일으키다 명 원인, 이유
Food waste is a **cause** of pollution.
음식물 쓰레기는 오염의 한 가지 **원인**이다.(07수능)

0588 ★★ □□□

live without a safety net 사회적 안전망 없이 살다

전 without [wiˈðaut] ~없이, ~하지 않고
명 net [net] 그물, 망 safety net 사회적 안전망
The tree survived a storm **without** losing a branch.
그 나무는 나뭇가지 하나 잃지 **않고** 폭풍 속에서 살아남았다.(09수능)

0589[98출] ★★ □□□

feel a generation gap 세대 차이를 느끼다

명 generation [ˌdʒenəˈreiʃn] 세대
명 gap [gæp] 차이, 틈새
명 generation gap 세대 차이
On the island my family had lived for **generations.**
그 섬에서 나의 가족은 몇 **세대** 동안 살았었다.(94수능)

0586 웨이스트 타임 0587 코오즈 어 빅 **트뤄**벌 0588 리브 위**다웃** 어 **쎄이**프티 넷 0589 퓌일 어 줴너**뤠이**쉰 갭

0590[02출] ★★ □□□

accept an apology 사과를 받아들이다

㊔ apology [əˈpɑːlədʒi] 사과, 사죄 ㊦ apologize [əˈpɑːlədʒaiz] 사과하다, 사죄하다
To **apologize** sincerely we must first listen attentively.
진심으로 **사과하기** 위해서는, 먼저 세심하게 경청해야 한다.(13수능)

0591 ★ □□□

a miracle from heaven 하늘에서 내려준 기적

㊔ miracle [mírəkəl] 기적
㊔ heaven [ˈhevn] 하늘
These small changes worked **miracles**.
이 작은 변화들이 **기적**을 일으켰다.(07.06평가원)

0592 ★ □□□

meet by accident 우연히 만나다

㊔ accident [ˈæksidənt] 사고, 우연
㊍ by accident 우연히(=by chance)
Thousands of people are killed each day in car **accidents**.
매일 수천 명의 사람들이 자동차 **사고**로 사망한다.(02수능)

0593 ★★ □□□

the right to privacy 사생활에 대한 권리

㊔ privacy [ˈpraivəsi] 사생활, 프라이버시 ㊢ private [ˈpraɪvət] 사유의, 개인 소유의
Personal information has been distributed, causing harm to **the right to privacy**.
개인정보가 배포되어 **사생활 권리**에 해를 끼쳤다.(98수능)

0590 액**셉**트 언 어**팔**러쥐 0591 어 **미**뤄껄 프룀 **헤**븬 0592 미이트 바이 **액**씨던트 0593 더 롸이트 투 **프롸이**붜씨

03

0594 ★ □□□

give my best regards 안부를 전하다

regard [riˈgɑ:rd] 명 안부, 관심 동 생각하다, 간주하다
숙 regard A as B A를 B라고 간주하다
Networking should not be **regarded** as a search for customers
네트웨킹이 고객을 찾는 것으로 **간주 되어서는** 안 된다.(08. 09평가원)

0595 ★★★ □□□

distinguish between right and wrong 선과 악을 구별하다

동 distinguish [distíŋgwiʃ] 구별하다
숙 distinguish A from B A와 B를 구별하다(=separate A from B = tell A from B = know A from B)
Language **separates** men **from** other animals.
언어는 인간과 다른 동물들**과 구별시킨다**.(94수능)

0596 ★ □□□

wait for a while 잠시 기다리다

숙 for a while 잠시 동안
while [waɪl] 명 짧은 시간, 잠시 접 ~하는 동안
Her father's business failed **while** she was in high school.
그녀가 고등학교를 다니는 **동안**, 아버지는 사업에 실패했다.(04수능)

0597 ★★★ □□□

peace-loving people 평화를 사랑하는 사람들

명 peace [pi:s] 평화 형 peaceful [ˈpi:sfl] 평화로운
명 people [ˈpi:pl] 사람들 (*복수 취급) [단 person [ˈpɜ:rsn] 사람], 민족 (*단수 취급), 복 peoples 민족들
the **peoples** of the past 과거의 **민족들**(16수능)
He lived a **peaceful** life. 그는 **평화로운** 삶을 살았다. (06.06평가원)

0594 기브 마이 베스트 뤼**가아**ㄹ즈 0595 디스**팅**귀쉬 비트**위인** 롸이트 앤ㄷ 뤄옹 0596 웨이트 풔ㄹ 어 와일 0597 **피이**스-러빙 **피이**쁠

0598 ★ □□□

believe in gods 신의 존재를 믿다

㊍ believe [biˈliːv] 믿다 ㊎ belief [biˈliːf] 신념, 믿음
㊎ god [gɑːd] 신(神) ↔ goddess [ˈgɑːdəs] 여신
Our self-image is formed by our **beliefs**.
우리의 자아상은 우리의 **신념**에 의해서 형성된다.(99수능)

0599 ★★★ □□□

religious belief 종교적 신념

㊌ religious [riˈlidʒəs] 종교적인 ㊎ religion [riˈlidʒən] 종교
People from different **religious** backgrounds live together.
다른 **종교적** 배경을 가진 사람들이 함께 살아간다.

0600 ★★ □□□

forgive his mistake 그의 실수를 용서하다

㊍ forgive [fərgív] 용서하다 *시제변화 forgive-forgave-forgiven
㊐ excuse ㊍ [ikskjúːz] 용서하다 ㊎ [ikskjúːs] 변명, 핑계
Forgive my unintended rudeness. 저의 의도하지 않은 무례함을 **용서하세요**.
Nothing sounds like a reasonable **excuse**. 어떤 말도 정당한 **변명**으로 들리지 않는다.

0601 ★ □□□

protect children from evil spirits 아이들을 악령으로부터 보호하다

㊌ evil [ˈiːvl] 사악한, 나쁜
㊎ evil spirit 악령, 귀신
A hero wins a decisive victory over **evil** force.
영웅은 **사악한** 세력에 대해 확고한 승리를 하게 된다.(08.09평가원)

0598 빌**리**이브 인 갓즈 0599 륄**리**줘스 빌**리**이프 0600 풔ㄹ**기**브 히즈 미스**테이**크 0601 프러**텍**트 **췰**드런 프뤔 **이**뷜 **스삐**리츠

0602 ★ □□□

pray at the church 교회에서 기도하다

㊐ pray [prei] 기도하다 ㊔ prayer [prer] 기도, 기도 말
㊔ church [tʃə:rtʃ] 교회
I say my **prayers** when the dark nightmares start.
어두운 악몽이 시작되면 나는 **기도**를 한다.

0603 ★★ □□□

an uncomfortable truth 불편한 진실

㊊ uncomfortable [ʌnˈkʌmftəbl] 불편한 ↔ comfortable [ˈkʌmftəbl] 편한, 쾌적한
㊔ truth [tru:θ] 진실
㊊ true [tru:] 진실의, 진실된
You demand that children tell you the **truth**.
당신은 아이들에게 **진실**을 말할 것을 요구한다.(09수능)

0604 ★ □□□

for the first time in 5 years 5년 만에 처음으로

㊍ for the first time 처음으로 ↔ for the last time 마지막으로
The postcard appeared **for the first time** in the nineteenth century
엽서는 19세기에 **처음으로** 출현했다.(02수능)

0605 ★★ □□□

appear suddenly 갑자기 나타나다

㊓ suddenly [ˈsʌdənli] 갑자기, 불시에 ㊊ sudden [ˈsʌdn] 갑작스러운, 불시의
A **sudden** change of plan is not always a bad thing
계획의 **갑작스러운** 변화가 항상 나쁜 것은 아니다

0602 프뤠이 앳 더 춰어ㄹ취 0603 언 언**컴**풔ㄹ러벌 트루우뜨 0604 풔ㄹ 더 퍼어ㄹ스트 타임 인 퐈이브 이어ㄹ즈 0605 어**피**어ㄹ **써**든리

0606 ★ □□□

a taxi stand 택시 승차장

명 taxi [tǽksi] 택시
명 stand [stænd] 장소, 정류장, 관람석, 매점
The streets of New York are home to numerous trucks and **stands** selling food.
뉴욕의 거리는 음식을 파는 수많은 트럭들과 **노점**들의 근거지이다.(12.06평가원)

0607 ★★ □□□

go off the track 선로를 벗어나다(탈선하다)

숙 off the track 탈선한
명 track [træk] 진로, 선로
There he found work laying **track** for the railroad.
그곳에서 그는 철도에 **선로** 놓는 일을 찾았다.(05.06평가원)

0608 ★★ □□□

motion sickness (차량의) 멀미

명 motion [móuʃən] 이동, 동작
동 move [mu:v] 이동하다 명 movement [ˈmu:vmənt] 움직임, 이동
body **movement** 몸**동작**(07.09평가원)
Our ancestors calculated the **motion** of heavenly bodies.
우리의 조상들은 천체의 **움직임**을 계산하였다.

0609 ★★ □□□

the underground parking lot 지하 주차장

형 underground [ʌ́ndərgràund] 지하의 [ground(땅) + under(아래의)]
명 parking lot 주차장 명 lot [lɑt] 땅, 부지
Huge amounts of space are given over to **parking lots** rather than to trees and birds.
엄청난 양의 공간이 나무와 새에게보다는 **주차장**으로 넘겨지고 있다.(02수능)

0606 어 **택**씨 스땐드 0607 고우 오프 더 트뤡 0608 **모우**션 **씨**크니스 0609 디 **언**더ㄹ그롸운드 **파아**ㄹ킹 랏

04

0610 ★ □□□

a quick service 빠른 서비스

㉺ quick [kwik] 빠른 ㈃ quickly [ˈkwikli] 빠르게
㉹ service [ˈsəːrvis] 봉사, 서비스, 용역 ㉿ serve [s3:rv] 봉사하다, 시중들다, 접대하다
A journalist's duty is to **serve** his readers.
언론인의 의무는 독자들에게 **봉사하는** 것이다.(97수능)

0611 ★★ □□□

go to work by subway 전철로 출근하다

㉾ by subway 전철로 ㉹ subway [ˈsʌbwei] 지하철
㉻ on foot 걸어서 by bus 버스로
Alice traveled around Europe, largely **on foot**.
앨리스는 주로 **걸어서** 유럽을 여행했다.(15수능)

0612 ★ □□□

drive a truck 트럭을 운전하다

㉿ drive [draiv] 운전하다 *시제변화 drive-drove-driven ㉹ driver [ˈdraivər] 운전자
㉹ truck [trʌk] 화물자동차, 트럭
I recently renewed my **driver**'s license.
나는 최근에 **운전자** 면허증을 갱신했다.(05수능)

0613 ★ □□□

A bike has two wheels 자전거는 바퀴가 둘이다

㉹ bike [baik] 자전거 (*bicycle의 줄임말)
㉹ wheel [wi:l] 수레바퀴, 바퀴
We see car **wheels** as round.
우리는 자동차 **바퀴**를 둥굴다고 생각한다.(14수능)

0610 어 퀵 **써어**ㄹ뷔스 0611 고우 투 워어ㄹ크 바이 **써**브웨이 0612 드롸이브 어 트뤅 0613 어 바이크 해즈 투우 위일즈

0614 ★ □□□

miss a train 기차를 놓치다

㊍ miss [mis] 놓치다, 그리워하다
㊔ train [trein] 기차
We **miss** the human voice.
우리는 인간의 목소리를 **그리워한다**. (14수능)

0615 ★ □□□

put a car in the garage 차를 차고에 두다

㊔ car [kɑ:r] 자동차
㊔ garage [gəˈrɑ:ʒ] 차고, 주차장
He washed his **car** in the **garage** during the winter.
그는 겨울 동안 **차고**에서 **차**를 닦았다.

0616 ★★ □□□

an expensive car 비싼 차

㊞ expensive [ikˈspensiv] 값비싼 ↔ cheap [tʃi:p] 값싼
㊔ expense [ikˈspens] 비용
medical **expenses** 의료**비용** (07수능)
She would die soon without **expensive** treatment. 그녀는 **값비싼** 치료가 없으면 곧 죽게 될 것이다. (00수능)

0617 ★ □□□

arrive at the station 역에 도착하다

㊍ arrive [əˈraiv] 도착하다 ㊔ arrival [əˈraivl] 도착
㊔ station [ˈsteiʃn] 역, 정거장
After my **arrival**, I checked the newspaper for a weather report.
도착 후에 나는 일기예보를 보려고 신문을 확인했다. (11.06평가원)

0614 미쓰 어 트뤠인 0615 풋 어 카아ㄹ 인 더 거**롸아**쥐 0616 언 익스**뻰**씨브 카아ㄹ 0617 어**롸이**브 앳 더 **스떼이**숸

0618 ★ □□□

get on the bus 버스에 올라타다

㊀ get on (탈 것에) 타다 ↔ get off (탈 것에서) 내리다
A man on the Mtro tried to **get off** the train and failed.
지하철에서 한 남자가 열차에서 **내리려다** 실패했다.(06수능)

0619 ★ □□□

a parking space 주차 공간

park [pɑ:rk] ㊇ 주차하다 ㊂ 공원 ㊁ parking lot 주차장
Tourism provides more **parks** and recreation areas.
관광산업은 보다 많은 **공원**과 휴양지를 제공해준다.(17수능)

0620 ★★ □□□

public places 공공 장소

㊉ public [ˈpʌblik] 공공의, 공개적인 ↔ private [ˈpraivət] 사적인
㊂ place [pleis] 장소
private foreign language lessons **개인** 외국어 수업(과외)(00수능)
After dinner, I went to the **public** library. 저녁을 먹고 나는 **공공** 도서관에 갔다.(94수능)

0621 ★ □□□

rush to the station 역으로 달려가다

rush [rʌʃ] ㊇ 달려들다, 쇄도하다 ㊂ 돌진, 붐빔, 몹시 바쁨
㊁ rush hour (출퇴근) 혼잡시간, 러시아워
What's the **rush**?
무엇 때문에 그렇게 **바쁘니**?(12.06평가원)

0618 겟 온 더 버스 0619 어 **파아**ㄹ킹 스뻬이스 0620 **퍼**블릭 **플레이**씨즈 0621 뤄쉬 투 더 **스떼이**쉰

0622 ★ □□□

check out the engine 엔진을 검사하다

㊕ check out 점검하다, 조사하다
명 engine [ˈendʒin] 엔진, 기관 명 engineer [ˈendʒiˈnir] 기술자
Suddenly the **engine** died, and the boat began to sink.
갑자기 **엔진**이 꺼지고, 보트가 가라앉기 시작했다.(07수능)

0623 ★ □□□

die in a traffic accident 교통사고로 사망하다

동 die [dai] 죽다, 사망하다
명 traffic [ˈtræfik] 교통, 교통량 팁 traffic lights 교통 신호등 명 traffic accident 교통사고
Tourists may cause **traffic** problems.
관광객들이 **교통**문제를 일으킬 지도 모른다.

0624 ★ □□□

get stuck in a traffic jam 교통 체증에 갇히다

동 stick [stik] 찌르다, 꼼짝 못하게 하다 *시제변화 stick-stuck-stuck
명 jam [dʒæm] 혼잡, 잼
traffic jams 교통체증(07수능)
Remove something **stuck** between your teeth. 이 사이에 **끼인** 것을 제거해라.(03수능)

0625 ★ □□□

a terrible accident 끔찍한 사고

형 terrible [ˈterəbl] 끔찍한, 형편없는 명 terror [ˈterər] 공포, 두려움 팁 terrific [təˈrifik] 아주 좋은, 멋진
A **terrible** accident changed my life.
끔찍한 사고가 나의 인생을 바꾸었다.(01수능)

0622 쉐크 아웃 디 **엔**줜 0623 다이 인 어 **트뤠**퓍 **액**씨던트 0624 겟 스떡 인 어 **트뤠**퓍 쥄 0625 어 **테**뤄벌 **액**씨던트

0626 ★ □□□

the speed limit 속도 제한

speed [spi:d] 명 속도, 속력 동 속도를 내다 명 speeding [ˈspi:diŋ] 과속
명 limit [ˈlimit] 제한, 한계
Many drivers exceed **the speed limit** on highways.
많은 운전자가 고속도로에서 **제한 속도**를 초과한다.

0627 ★ □□□

change a flat tire 펑크 난 타이어를 교체하다

형 flat [flæt] 평평한
명 flat tire 펑크 난 타이어(*타이어가 펑크 나면 평평해지므로)
The river banks were low and **flat**.
강의 제방은 낮고 **평평했다**.(94수능)

0628 ★★ □□□

a convenient bus service 편리한 버스 서비스

형 convenient [kənˈvi:niənt] 편리한 ↔ inconvenient [ˈinkənˈvi:niənt] 불편한
명 convenience [kənˈvi:niəns] 편의, 편리
Computers make our daily lives **convenient**.
컴퓨터는 우리의 일상적 삶을 **편리하게** 만들어 준다.

0629 ★★ □□□

a confusing sign 혼동되는 표지판

형 confusing [kənˈfju:ziŋ] 혼동되는, 혼란하게 만드는 동 confuse [kənˈfju:z] 헷갈리게 만들다, 혼동하다
명 sign [sain] 표지(판), 기호
So often we **confuse** means with ends.
너무나 자주 우리는 수단과 목적을 **혼동한다**.(16수능)

0626 더 스삐이드 **리**밋 0627 췌인쥐 어 플랫 타이어ㄹ 0628 어 컨**뷔이**니언트 버스 **써어**ㄹ뷔스 0629 어 컨**퓨우**징 싸인

0630 ★ □□□

a stolen vehicle 도난 차량

㉯ steal [sti:l] 훔치다 *시제변화 steal-stole-stolen
㉵ vehicle [ˈvi:əkl] 탈 것, 운송수단 (*발음주의)
The driver could not repair his **vehicle**.
그 운전자는 자기 **차량**을 수리할 수 없었다.

0631 ★ □□□

a captain of a ship 배의 선장

㉵ captain [ˈkæptin] (팀의) 주장, 선장, (군대) 대위
ship [ʃip] ㉵ 배 ㉯ 배로 수송하다
The books were **shipped** to wrong address.
책들이 잘못된 주소지로 **수송되었다**.

0632 ★★ □□□

survive an accident 사고에서 살아남다

㉯ survive [sərˈvaiv] 생존하다, 살아남다 ㉵ survival [sərˈvaivl] 생존
㉰ a survival game 생존 게임
Food intake is essential for the **survival.**
음식 섭취는 **생존**을 위해 필수적이다.(16수능)

0633 ★★ □□□

a car exhibition 자동차 전시회

㉵ exhibition [ˌeksiˈbiʃn] 전시, 전시회
㉯ exhibit [igˈzibit] 전시하다, 나타내다 (*발음주의)
The American economy **exhibits** a wide gap between rich and poor.
미국 경제는 빈부 간에 큰 차이를 **나타낸다**.(97수능)

0630 어 **스또울**런 **뷔이**컬 0631 어 **캡**틴 어브 어 쉽 0632 써ㄹ**봐이**브 언 **액**씨던트 0633 어 카아ㄹ 엑써**비**숸

0634 ★ □□□

plane passengers 비행기 승객

㉮ plane [plein] 비행기
㉮ passenger [ˈpæsindʒər] 승객
The ship cannot carry **passengers**.
그 배는 **승객들**을 운송할 수 없다.

0635 ★ □□□

an automobile crash 자동차 충돌

㉮ automobile [ˈɔːtəməbiːl] 자동차 (=car)
crash [kræʃ] ㉮ 충돌, 사고 ㉯ 충돌하다, 추락하다
We are frightened by the horrors of air **crash** or air war.
우리는 비행기 **추락**이나 공중전의 공포에 겁을 먹는다.(99수능)

0636 ★ □□□

run over a deer (차로) 사슴을 치다

㉯ run over~을 (차로) 치다 [over(~을 너머로) + run(달리다)]
㉮ deer [dir] 사슴 ㉯ deer [dir] (*단수, 복수가 동일한 명사: sheep, fish, deer)
A truck **ran over** people in a busy street.
어떤 트럭이 번화한 거리의 사람들을 **치었다**.

0637 ★★★ □□□

use public transportation 대중교통을 이용하다

㉮ public transportation 대중교통
㉮ transportation [ˈtrænspɔːrˈteiʃn] 운송수단, 교통기관 ㉯ transport [ˈtrænspɔːrˈteiʃn] 운송하다
Public transportation is sometimes crowded and dirty.
대중교통은 가끔 혼잡하고 더럽다.(98수능)

0634 플레인 **패**썬줘ㄹ즈 0635 언 **오**러머비일 크뤠쉬 0636 뤈 **오우**붜ㄹ 어 디어ㄹ 0637 유우즈 **퍼**블릭 트뤤스퍼ㄹ**테이**쉰

0638 ★★ □□□

crawl at a snail's pace 달팽이 걸음으로 기어가다

㊍ crawl [krɔːl] 기다, 천천히 가다
㊔ snail [sneil] 달팽이
㊔ pace [peis] 걸음, 속도 ㊌ a snail's pace 느릿느릿한 속도
The babies **crawl** onto the mother.
아기들이 엄마에게 **기어간다**.(05.06평가원)

0639[94출] ★ □□□

the police station 경찰서

㊔ police [pəlíːs] 경찰 ㊔ policeman [pəˈliːsmən] 경찰관 ㊏ police officer 경찰관, 순경
The **policeman** raised his hand and stopped the car.
그 **경찰관**은 손을 들어 차를 세웠다.(04수능)

0640 ★ □□□

press the accelerator 가속페달을 밟다

㊍ press [pres] 누르다, 강요하다 ㊔ pressure [préʃər] 압력, 압박
㊔ accelerator [əkˈseləreitər] 가속페달 ㊍ accelerate [əkˈseləreit] 가속하다
blood **pressure** 혈압(08수능)
Negative feelings build up **pressure**. 부정적인 감정은 **압박감**을 만들어 낸다.(09수능)

0638 크뤄얼 앳 어 스네일즈 페이스 0639 더 펄리이스 스떼이션 0640 프뤠스 디 액쎌러뤠이터

0641 ★ □□□

a post office 우체국

명 post [poust] 우편
명 office [ˈɔːfis]/[ˈɑːf-] 사무실, 관공서, 근무처
I sent a letter through a **post office**.
나는 **우체국**을 통해서 편지를 보냈다.

0642 ★ □□□

Are you ready? 준비됐니?

형 ready [ˈredi] 준비된 명 readiness [ˈredinəs] 준비
the lack of **readiness** **준비** 부족(08.06평가원)
The film is **ready** for presentation. 영화가 상영할 **준비가 되어** 있다.(06수능)

0643 ★ □□□

The diving coach shouted at him 다이빙 코치가 그에게 소리쳤다

명 diving [ˈdaiviŋ] 잠수, 다이빙 동 dive [daiv] 잠수하다, 다이빙하다
동 shout [ʃaut] 외치다, 소리치다
Margo **shouted** out orders.
마고가 **큰소리로** 명령을 했다.(07수능)

0644 ★★ □□□

hear his voice 그의 목소리를 듣다

동 hear [hir] 듣다 *시제변화 hear-heard-heard
명 voice [vɔis] 목소리
Listening to your inner **voice** is always a good idea.
내면의 **목소리**를 듣는 것은 언제나 좋은 생각이다.(06수능)

0641 어 포우스트 **아**퓌스 0642 아ㄹ 유 **뤠**디 0643 더 **다이**빙 코우취 **샤우**티드 앳 힘 0644 히어ㄹ 히즈 붜이스

0645 ★ □□□

a loud noise 큰 소음

㊔ loud [laʊd] 목소리 큰, 시끄러운
㊔ noise [nɔiz] 소음, 소리 ㊔ noisy [ˈnɔizi] 시끄러운, 소란스러운
loud music **시끄러운** 음악(00수능)
A rough, **noisy** quarrel took place at the ticket counter.
매표소에서 거칠고 **시끄러운** 싸움이 일어났다.(14수능)

0646 ★ □□□

cover a box 상자를 덮다

㊔ cover [ˈkʌvər] 덮다, 싸다
㊔ box [bɑːks] 상자
Dozens of wildflowers of countless varieties **cover** the ground.
셀 수 없이 다양한 수십 그루의 야생화들이 땅을 **덮고 있다.**(08수능)

0647 ★★ □□□

discuss a matter 문제를 토의하다

㊔ discuss [diˈskʌs] 토론하다, 토의하다 ㊔ discussion [diˈskʌʃn] 토의
㊔ matter [ˈmætər] 문제, 일
Their ideas often originate in **discussion.**
그들의 아이디어는 종종 **토론**에서 비롯된다.(11수능)

0648 ★★★ □□□

popular opinion 대중의 의견(여론)

㊔ popular [ˈpɑːpjələr] 대중의, 인기 있는 ㊔ popularity [ˈpɑːpjuˈlærəti] 인기, 대중성
㊔ opinion [əˈpinjən] 의견
Led Zeppelin was a band **popular** in the 70s.
레드 제플린은 70년대에 **인기 있는** 밴드였다.

0645 어 라우드 노이즈 0646 **커**뷔ㄹ 어 박스 0647 디스**커**스 어 **매**러ㄹ 0648 **파**퍌러ㄹ 어**피**니언

0649 ★ □□□

speak in a quiet voice 조용한 목소리로 말하다

㊐ speak [spi:k] 말하다, 이야기하다
㊖ quiet [ˈkwaiət] 조용한 ㊕ quite [kwait] 꽤, 매우
I remember my childhood **quite** well.
난 어린 시절이 **꽤** 잘 기억난다.(00수능)

0650 ★★ □□□

publish a book 책을 출판하다

㊐ publish [ˈpʌbliʃ] 출판하다 [public(공개적으로) + ~ish(만들다)]
㊗ publisher [ˈpʌbliʃər] 출판업자, 출판사
Thank you for sending your poems to this **publishing** house.
당신의 시를 우리 **출판**사에 보내주셔서 감사합니다.(07수능)

0651 ★ □□□

an antenna on the roof 지붕 위의 안테나

㊗ antenna [ænˈtenə] 안테나(㊋ antennas [ænˈtenəz]), 더듬이(㊋ antennae [ænˈteni:])
Every insect has two **antennae**.
모든 곤충은 두 개의 **더듬이**가 있다.

0652 ★★ □□□

interview one by one 한 사람씩 면접을 보다

㊐ interview [ˈintərvju:] 면접하다 [inter(두 사람 사이에) + view(마주 보다)]
㊌ one by one 하나하나씩
He is being **interviewed** for a job this morning.
그는 오늘 아침에 구직 **면접을 볼** 예정이다.

0649 스뻬이크 인 어 **콰이**엇 뷔이스 0650 퍼블리쉬 어 북 0651 언 앤**테**너 온 더 루우프 0652 **인**터뷰우 원 바이 원

0653 ★ □□□

express his thought 그의 생각을 표현하다

㊔ thought [θɔːt] 생각 ㊖ think [θiŋk] 생각하다 ㊗ thoughtful [ˈθɔːtfl] 사려 깊은, 상상력이 풍부한
thoughtful behaviors **사려 깊은** 행동(99수능)
Too many **thoughts** were running through my head.
너무 많은 **생각**이 머릿속을 스쳐 지나가고 있었다.(03수능)

0654 ★ □□□

What took place last night? 지난 밤 무슨 일이 일어났지?

㊞ what [wɑːt] 무엇 ㊪ who [huː] 누구 which [witʃ] 어느 것 when [wen] 언제 where [wer] 어디서 why [wai] 왜 how [hau] 어떻게
㊏ take place (사건 따위가) 일어나다, 발생하다 [place(장소를) + take(차지하다)]
The accident **took place** on the crosswalk.
그 사고는 횡단보도에서 **일어났다**.(97수능)

0655 ★ □□□

the whole world 전 세계

㊗ whole [houl] 전체의, 온전한 ㊝ wholly [ˈhoulli] 전체적으로, 완전히
Music covers the **whole** range of emotions.
음악은 **전체** 범위의 감정들을 망라한다.(08수능)

0656 ★★ □□□

accept his proposal 그의 제안을 받아들이다

㊖ accept [əkˈsept] 받아들이다, 인정하다
㊔ proposal [prəˈpouzl] 제안, 신청 ㊖ propose [prəˈpouz] 제안하다, 청혼하다
propose a toast 건배를 **제안하다**
He must **accept** his errors frankly. 그는 자신의 잘못을 솔직하게 **인정해야** 한다.(98수능)

0653 익스**프뤠**스 히즈 또오트 0654 왓 툭 플레이스 래스트 나잇 0655 더 호울 워ㄹ얼드 0656 액**쎕**트 히즈 프뤄**포우**절

05

0657 ★★★ □□□

a satisfactory reply 만족할 만한 답변

형 satisfactory [ˈsætisˈfæktəri] 만족스러운 동 satisfy [ˈsætisfai] 만족시키다
reply [riˈplai] 명 대답 동 대답하다
Her customers were all **satisfied**.
그녀의 고객들은 모두 **만족스러워** 했다.(01수능)

0658 ★★★ □□□

receive a letter 편지를 받다

동 receive [riˈsi:v] 받다, 수령하다 명 receipt [riˈsi:t] 수령, 영수증(돈을 건네고 받는)
명 letter [ˈletər] 편지
Always keep a copy of the original **receipt**.
항상 원본 **영수증**의 사본을 보관하라.

0659 ★ □□□

exchange greetings 인사를 교환하다

동 exchange [iksˈtʃeindʒ] 교환하다
명 greeting [ˈgri:tiŋ] 인사, 안부의 말 동 greet [gri:t] 인사하다
Each time he **greeted** me joyfully.
매번 그는 나를 반갑게 **맞이했다**.(13수능)

0660[17출] ★★ □□□

read an article 기사를 읽다

동 read [ri:d] 읽다 *시제변화 read[ri:d]-read[red]-read[red]
명 article [ˈɑ:rtikl] (신문) 기사
Soon Anita was writing newspaper **articles**.
곧 애니타는 신문**기사**를 쓰고 있었다.(04수능)

0657 어 쌔티스**퐥**터뤼 뤼**플라이** 0658 뤼**씨이**브 어 **레**러ㄹ 0659 익스**췌인**쥐 **그뤼이**딩즈 0660 뤼이드 언 **아**ㄹ티끌

0661 ★ □□□

hand in a daily report 일일 보고서를 제출하다

㉠ hand in 제출하다(=give in)
㉡ daily [ˈdeili] 매일의 ㉢ day [deɪ] 하루, 낮
report [riˈpɔːrt] ㉢ 보고서 ㉣ 보고하다
I **handed in** my quiz paper, leaving the question blank.
나는 그 문제를 (풀지 못하고) 텅 빈 채로 시험지를 **제출했다**.(03수능)

0662 ★ □□□

imitate his voice 그의 목소리를 흉내 내다

㉣ imitate [ˈimiteit] 흉내 내다, 모방하다, 본받다 ㉢ imitation [ˌimiˈteiʃn] 흉내, 모방, 모조품
an **imitation** of Picasso's work 피카소 작품의 **모방작**
There are hundreds of great people to **imitate** and copy.
본받고 모방해야 할 수백 명의 위인들이 있다. (13 수능)

0663 ★ □□□

clap at the end of a speech 연설이 끝난 후 박수를 치다

㉣ clap [klæp] 박수를 치다, 찰싹 때리다
㉢ speech [spiːtʃ] 연설, 발언 ㉣ speak [spiːk] 이야기하다
Ask yourself the purpose of your **speech**.
당신의 **연설**의 목적을 스스로 물어보라.(94수능)

0664 ★ □□□

spread a rumor 소문을 퍼뜨리다

㉣ spread [spred] 펴다, 퍼뜨리다 *시제변화 spread-spread-spread
㉢ rumor [rúːmər] 소문
There has been a **rumor** that the novel is dying.
소설이 사라지고 있다는 **소문**이 있었다.(05수능)

0661 핸드 인 어 **데일**리 뤼**포오**ㄹ트 0662 **이**미테이트 히즈 붜이스 0663 클랩 앳 디 엔드 어브 어 스삐이취 0664 스프뤠드 어 **루우**머ㄹ

0665 ★ □□□

Call him at once! 그에게 당장 전화해라!

㊏ at once 당장, 즉시
Get out of their company **at once**!
그들 무리와 함께 있지 말고 **즉시** 나가라!(12.09평가원)

0666 ★ □□□

Hold on a minute! 잠깐만 기다려 봐!

㊏ hold on(전화를 들고) 기다리다 ↔ hang up 전화를 끊다
Don't **hang up** the phone first.
먼저 전화를 **끊지** 마세요.

0667 ★★ □□□

delete useless data 쓸모없는 자료를 삭제하다

㊐ delete [diˈliːt] 삭제하다
㊑ data [ˈdeitə] 자료 ㊓ datum [déitəm] (하나하나의) 자료
delete the files right away 파일들을 즉시 **삭제하라**(14.06평가원)
Robots often collect **data** that are unhelpful.
로봇은 가끔 도움이 되지 않는 **자료들**을 수집하다.(10수능)

0668 ★ □□□

stimulate the reader's imagination 독자의 상상력을 자극하다

㊐ stimulate [ˈstimjuleit] 자극하다
㊑ reader [ˈriːdər] 독자 ㊐ read [riːd] 읽다
stimulate the brain 두뇌를 **자극하다**(12.06평가원)
To impress their **readers**, some writers use a lot of long words.
독자들에게 인상을 주기 위해서 몇몇 작가들은 장황한 말들을 많이 사용한다.(94수능)

0665 코올 힘 앳 원스 0666 호울드 온 어 **미**닛 0667 딜**리이**트 **유우**슬리스 **데이**터 0668 **스띠**멸레이트 더 **뤼이**더ㄹ즈 이매줘**네이**숸

0669 ★ □□□

put in the refrigerator 냉장고에 넣다

㊍ put [put] 놓다, 두다 *시제변화 put-put-put
㊔ refrigerator [rifrídʒərèitər] 냉장고 (*fridge로 줄여 씀)
I took an orange-labeled can out of the **refrigerator**.
나는 **냉장고**에서 오렌지 상표가 붙은 캔을 하나 꺼냈다.(06.06평가원)

0670 ★★ □□□

cyber space 가상공간

㊖ cyber [sáibər] 컴퓨터의, 가상의
㊔ space [speis] 공간, 우주
㊕ space shuttle 우주왕복선
The latest devices are used to browse **cyber space**.
최신 장치들이 **가상공간**을 훑어보기 위해 사용된다.

0671 ★ □□□

the 21st century 21세기

㊗ 21st 21번째 (*twenty first로 읽음)
㊔ century [ˈsentʃəri] 세기, 백년 ㊕ millennium [miˈleniəm] 천년
In the 21st **century**, there have been many advances in technology.
21세기에는 기술에서 많은 발전이 있었다.(96수능)

0672 ★ □□□

leave a message 메시지를 남기다

㊍ leave [liːv] 남기다, 떠나다 *시제변화 leave-left-left
㊔ message [ˈmesidʒ] 전언, 메시지
At some point we **leave** our parents' homes.
어떤 시점이 되면 우리는 부모님의 집을 **떠난다**.

0669 풋 인 더 뤼**프뤼**줘뤠이러ㄹ 0670 **싸이**버ㄹ 스뻬이스 0671 더 **트웬**티-**풔어**ㄹ스트 **쎈**츄뤼 0672 리이브 어 **메**씨쥐

0673 ★ □□□

expect a good news 좋은 소식을 기대하다

동 expect [ikˈspekt] 기대하다, 예상하다 명 expectation [ˌekspekˈteiʃn] 기대, 예상
명 news [nu:z] 소식, 보도
I was full of **expectations** about being in a new place.
나는 새로운 곳에 가는 것에 대한 **기대들**로 가득했다.(08.09평가원)

0674 ★ □□□

send a message via e-mail 이메일로 메시지를 보내다

동 send [send] 보내다 *시제변화 send-sent-sent
전 via [ˈvaiə] ~을 경유해서, ~을 의하여
명 e-mail [íːmèil] 전자메일
Americans stay in touch with the workplace **via** their cellular phones.
미국인들은 휴대폰**을 통해서** 직장과 연락을 유지한다.(09.09평가원)

0675 ★★ □□□

let him know the news 그에게 소식을 알리다

동 let [let] ~시키다, ~하게 하다
숙 let somebody know 누군가에게 알려 주다(알리다)
I can't **let** her fly into New York City all by herself.
그녀가 혼자서 비행기를 타고 뉴욕으로 가**게 할** 순 없다.(14수능)

0676 ★★ □□□

an e-mail address 이메일 주소

명 address [ˈædres] 주소, 연설
an opening **address** 개회식 **연설**(개회사)
A postcard contains room for a message, an **address**, and a stamp.
우편엽서에는 메시지, **주소**, 우표 등을 위한 자리가 있다.

0673 익스**빽**트 어 굿 뉴우즈 0674 쎈드 어 **메**씨쥐 **봐이**어 **이**-메일 0675 렛 미 노우 더 뉴우즈 0676 언 **이**-메일 어**드뤠**스

0677 [16출]

★★★ □□□

a real situation 실제 상황

㉻ real [ˈriːəl] 실제의, 진실의 ㉹ reality [riˈæləti] 현실
㉹ situation [ˌsitʃuˈeiʃn] 상황, 입장
My dream would become a **reality**.
내 꿈은 **현실**이 될 것이다.(13수능)

0678

★★ □□□

connect a printer to a computer 컴퓨터에 프린터를 연결하다

㉾ connect [kəˈnekt] 연결하다, 접속하다 ㉹ connection [kəˈnekʃn] 연결, 관계
㉹ printer [ˈprintər] 프린터, 인쇄기 ㉾ print [print] 인쇄하다
limit social **connections** 사회적 **관계**를 제한하다(11수능)
Your computer isn't **connected** to the Internet. 당신 컴퓨터는 인터넷에 **연결돼** 있지 않다.

0679

★ □□□

enter a password 암호를 입력하다

㉾ enter [ˈentər] 기재하다, 입력하다, 들어가다
㉹ password [ˈpæswəːrd] 암호(말)
We have recently **entered** the information age.
우리는 최근에 정보화 시대에 **들어갔다**.(05수능)

0680

★ □□□

a search engine 검색 엔진

search [səːrtʃ] ㉹ 검색 ㉾ 찾다, 검색하다
People **search** for books in bookstores.
사람들은 서점에서 책을 **찾는다**.(08수능)

0677 어 **뤼이**얼 씨츄**에이**쉰 0678 커넥트 어 **프륀**터 투 어 컴**퓨우**러ㄹ 0679 **엔**터ㄹ 어 **패스**워어ㄹ드 0680 어 써어ㄹ취 **엔**쥔

0681 ★ □□□

an electric cord 전기선

ⓗ electric [iˈlektrik] 전기의 ⓜ electricity [iˌlekˈtrisəti] 전기
ⓜ cord [kɔːrd] 끈, 줄, 코드
The United States consumed the greatest amount of **electricity** in 1999.
미국은 1999년에 가장 많은 양의 **전기**를 소비했다.(06 수능)

0682 ★★ □□□

turn down the volume 볼륨을 줄이다

ⓢ turn down (소리를) 줄이다, 거절하다
ⓜ volume [ˈvɑːljuːm] 음량, 부피(양)
Steve **turned down** the promotion. 스티브는 승진을 **거절했다**.(98수능)
the **volume** of water 물의 **부피**(06.09평가원)

0683 ★ □□□

mail a letter 편지를 부치다

mail [meil] ⓓ 우송하다 ⓜ 우편, 우편물 ⓜ mailman [ˈmeilmæn] 우체부
He **mail**ed a parcel to his friend.
그는 친구에게 소포를 부쳤다.

0684[16출] ★ □□□

browse shelves 선반을 둘러보다

ⓓ browse [braʊz] 훑어보다, 구경하다
I enjoy **browsing** a good bookstore.
나는 좋은 서점을 **둘러보는** 것을 즐긴다.(08.06평가원)

0681 언 일렉트뤽 코오ㄹ드 0682 터ㄹ언 다운 더 발류움 0683 메일 어 레러ㄹ 0684 브롸우즈 쉘브즈

0685 ★ □□□

send a text message 문자 메시지를 보내다

명 text message (휴대전화의) 문자 메시지 명 text [tekst] 본문, 구절
팁 textbook [tékstbùk] 교과서
Many **textbooks** have been produced for learners of Korean.
한국어 학습자들을 위한 **교과서들**이 많이 제작되었다.(01수능)

0686 ★ □□□

describe computers as complex machines 컴퓨터를 복잡한 기계라고 묘사하다

동 describe [diˈskraib] 묘사하다, 설명하다 숙 describe A as B A를 B라고 묘사하다
형 complex [kəmˈpleks] 복잡한 ↔ simple [ˈsɪmpl] 간단한, 단순한
A professor **described** in her book some important differences.
한 교수는 그녀의 책에서 몇 가지 중요한 차이점을 **설명했다**.(02수능)

0687 ★ □□□

an urgent job 긴급한 일

형 urgent [ˈəːrdʒənt] 긴급한, 절박한
We are in **urgent** need of a new fire station. 우리는 새로운 소방서가 **긴급하게** 필요합니다.(13수능)
call on **urgent** meeting. **긴급**회의를 소집하다(14.06평가원)

0685 쎈드 어 텍스트 **메**씨쥐 0686 디스**크라이**브 컴**퓨우**러ㄹ즈 애즈 콤**플렉**스 머**쉬인**즈 0687 언 **어ㄹ**줜트 좝

문장 속 괄호의 우리말에 알맞은 단어를 연결하세요.

cash	①	ⓐ In a commercial society, having (돈) is important.
export	②	ⓑ The global (시장) is growing rapidly.
factory	③	ⓒ He bought the computer in (현금).
government	④	ⓓ Colombia's major (수출) crop is coffee.
income	⑤	ⓔ Employees worry about (월급) cuts.
lazy	⑥	ⓕ He was too busy working at a (공장).
market	⑦	ⓖ One (게으른) worker can spoil the team.
modern	⑧	ⓗ The aged live on fixed (수입).
money	⑨	ⓘ She became interested in social (복지).
organic	⑩	ⓙ People prefer (유기농의) food.
political	⑪	ⓚ In the (현대의) world, people expect immediate results.
politics	⑫	ⓛ Global (정치) became more complex.
salary	⑬	ⓜ The region is the center of (행정).
welfare	⑭	ⓝ Culture caused (정치적인) differences among countries.

1 ⓒ 2 ⓓ 3 ⓕ 4 ⓜ 5 ⓗ 6 ⓖ 7 ⓑ 8 ⓚ 9 ⓐ 10 ⓙ 11 ⓝ 12 ⓛ 13 ⓔ 14 ⓘ

〈보기〉의 단어를 활용하여 빈칸에 우리말에 맞는 단어를 쓰세요.

competition criminal delivery economic election
evident grow wealthy

1. Everyone is ([1]) against everybody else.
   모든 사람은 다른 사람들과 **경쟁하고** 있다.

2. She ([2]) the newspapers to her customers every morning.
   그녀는 매일 아침 고객들에게 신문을 **배달했다**.

3. Praise doesn't support ([3]) or health.
   칭찬은 **성장**이나 건강에 도움이 되지 않는다.

4. The ([4]) entered a downturn.
   경제가 침체기에 들어섰다.

5. Land and labor were the source of all material ([5]).
   땅과 노동은 모든 물질적 **부(富)**의 원천이었다.

6. Violent images on television can cause an increase in ([6]).
   텔레비전의 폭력적인 이미지들이 **범죄**의 증가를 야기할 수 있다.

7. Citizens ([7]) many leaders every 4 years.
   시민들은 4년마다 많은 지도자를 **선출한다**.

8. Scientists found ([8]) of ancient life.
   과학자들이 고대 생명체의 **증거**를 찾았다.

[1] competing [2] delivered [3] growth [4] economy [5] wealth [6] crime [7] elect [8] evidence

문장 속 괄호의 우리말에 알맞은 단어를 연결하세요.

adults	①	ⓐ Many customers have become her (가까운) friends.
certain	②	ⓑ Recent studies have proved this belief to be (틀린).
close	③	ⓒ Time (기다린다) for no man.
false	④	ⓓ Music has a (어떤) meaning for everyone.
promise	⑤	ⓔ Children behave more like (어른들) than in the past.
reason	⑥	ⓕ My friend failed to keep the (약속).
waits	⑦	ⓖ I want to know the (이유) for his absence.
waste	⑧	ⓗ Mike and Amy decided not to (낭비하다) money.

〈보기〉의 단어를 활용하여 빈칸에 우리말에 맞는 단어를 쓰세요.

advise deceit ordinary possibility prediction true

1. Thanks for your ([1]) and help.
당신의 **충고**와 도움에 감사드립니다.

2. Why is ([2]) the future so difficult?
미래를 **예측하는 것**은 왜 그렇게 어려운가?

3. Is it ([3]) to break a glass by singing?
노래로 유리잔을 깨는 것이 **가능한** 일인가?

4. I am telling you the ([4]).
나는 너에게 **진실**을 말하고 있다.

5. Brutus ([5]) his friend Julius.
브루투스는 그의 친구 율리우스를 **속였다**.

6. Heroes perform ([6]) acts.
영웅들은 **비범한** 행동을 한다.

1 ⓔ 2 ⓓ 3 ⓐ 4 ⓑ 5 ⓕ 6 ⓖ 7 ⓒ 8 ⓗ
[1] advice [2] predicting [3] possible [4] truth [5] deceived [6] extraordinary

문장 속 괄호의 우리말에 알맞은 단어를 연결하세요.

convenient	①	ⓐ After dinner, I went to the (공공의) library.
passengers	②	ⓑ Tourists may cause (교통) problems.
popular	③	ⓒ Computers make our daily lives (편리한).
public	④	ⓓ The driver could not repair his (차량).
thoughts	⑤	ⓔ The ship cannot carry (승객들).
traffic	⑥	ⓕ Listening to your inner (목소리) is always a good idea.
vehicle	⑦	ⓖ Led Zeppelin was a band (인기 있는) in the 70s.
voice	⑧	ⓗ Too many (생각들) were running through my head.

〈보기〉의 단어를 활용하여 빈칸에 우리말에 맞는 단어를 쓰세요.

drive expense suddenly transport

1. I recently renewed my ([1]) license.
   나는 최근에 **운전자의** 면허증을 갱신했다.

2. She would die soon without ([2]) treatment.
   그녀는 **값비싼** 치료가 없으면 곧 죽게 될 것이다.

3. Public ([3]) is sometimes crowded and dirty.
   대중 **교통수단**은 가끔 혼잡하고 지저분하다.

4. A ([4]) change of plan is not always a bad thing.
   계획의 **갑작스러운** 변화가 항상 나쁜 것은 아니다.

---

1 ⓒ 2 ⓔ 3 ⓖ 4 ⓐ 5 ⓗ 6 ⓑ 7 ⓓ 8 ⓕ
[1] driver's [2] expensive [3] transportation [4] sudden

문장 속 괄호의 우리말에 알맞은 단어를 연결하세요.

address ① ⓐ The latest devices are used to browse (가상의) space.

cyber ② ⓑ A postcard contains room for a message, an (주소), and a stamp.

religious ③ ⓒ People from different (종교적인) backgrounds live together.

〈보기〉의 단어를 활용하여 빈칸에 우리말에 맞는 단어를 쓰세요.

believe connection expect imitation publish satisfactory

1. Thank you for sending your poems to this ([1]) house.
   당신의 시를 우리 **출판**사에 보내 주셔서 감사합니다.

2. Her customers were all ([2]).
   그녀의 고객들은 모두 **만족스러워**했다.

3. There are hundreds of great people to ([3]) and copy.(2013수능)
   본받고 따라 해야 할 수백 명의 위인이 있다.

4. Your computer isn't ([4]) to the Internet.
   당신 컴퓨터는 인터넷에 **연결돼** 있지 않다.

5. I was full of ([5]) about being in a new place.
   나는 새로운 곳에 가는 것에 대한 **기대들**로 가득했다.

6. Our self-image is formed by our ([6]).
   우리의 자아상은 우리의 **신념들**에 의해서 형성된다.

---

1 ⓑ 2 ⓐ 2 ⓒ
[1] publishing [2] satisfied [3] imitate [4] connected [5] expectations [6] beliefs

Chapter 5

culture
문화

① Hobby **취미**

② Music & Art **음악 & 미술**

③ Movie **영화**

④ Travel **여행**

⑤ Fashion **패션**

⑥ Sports **스포츠**

⑦ Architecture **건축**

0688 ★ □□□

enjoy the party 파티를 즐기다

㊍ enjoy [in|dʒɔi] 즐기다 [joy(기쁘게) + en-(만들다)]
㊔ party [|pɑ:rti] 모임, 파티
Every summer people like to **enjoy** the sun.
매년 여름 사람들은 햇빛을 **즐기는** 걸 좋아한다.(96수능)

0689 ★ □□□

inside a building 건물 안에서

㊕ inside [|in|said] 안에서 ↔ outside [|aʊt|said] 밖에서
㊔ building [|bildiŋ] 건물, 건축 ㊍ bulid [bild] 건설하다
a whole **building** 건물 전체(00수능)
All new houses must now be built with proper **building** materials.
이제 모든 주택들은 적합한 **건축** 자재로 지어야 한다.(01수능)

0690 ★★ □□□

a favorite hobby 제일 즐기는 취미

㊖ favorite [féivərit] (특히) 좋아하는
㊔ hobby [|hɑ:bi] 취미
favorite TV programs 좋아하는 TV 프로그램 (09수능)
Pitching stones was children's **favorite** game.
돌 던지기는 아이들의 **가장 좋아하는** 놀이였다.(08수능)

0691 ★ □□□

play with toys 장난감을 가지고 놀다

㊍ play [plei] 놀다, 장난치다
㊔ toy [tɔi] 장난감
Playing with a toy can calm a child.
장난감을 가지고 노는 것이 아이를 차분하게 해줄 수 있다.

0688 엔**줘이** 더 **파아**ㄹ티 0689 인**싸이**드 어 **빌**딩 0690 어 **풰이**붜뤼트 **하**비 0691 플레이 위드 토이즈

0692 ★ □□□

a pair of shoes 신발 한 켤레

㉮ pair [per] 한 쌍, 한 벌 ㉻ a pair of jeans / scissors 청바지 한 벌 / 가위 한 자루
㉮ shoe [ʃu:] 신발, 신
That **pair** of roller blades for $25 looks good.
저 25달러짜리 롤러 블레이드 **한 벌**이 좋아 보인다.(03. 09평가원)

0693 ★ □□□

throw a stone 돌을 던지다

㉯ throw [θrou] 던지다 *시제변화 throw-threw-thrown
㉮ stone [stoun] 돌, 돌멩이
A badly **thrown** rock could hurt a child.
서툴게 **던진** 돌은 아이를 다치게 할 수 있었다.(08수능)

0694 ★ □□□

break a vase 꽃병을 깨뜨리다

㉯ break [breik] 깨다 *시제변화 break-broke-broken
㉮ vase [veis;veiz] 꽃병
Most people have a **vase** or two in a cupboard.
대부분의 사람들은 찬장에 한두 개의 **꽃병**을 가지고 있다.(09수능)

0695 ★★ □□□

fly a kite 연을 날리다

㉯ fly [flai] 날다, 날리다 *시제변화 fly-flew-flown
㉮ flight [flait] 비행, 비행기 편
㉮ kite [kait] 연
A solar power station would give a space shuttle extra power for longer **flights.**
태양열 발전소가 우주선에 더 긴 **비행**을 위한 추가 전력을 공급해 줄 것이다.(95수능)

0692 어 페어ㄹ 어브 슈우즈 0693 뜨뤄우 어 스또운 0694 브뤠이크 어 붸이스 0695 플라이 어 카이트

01

0696 ★ □□□

look like a doll 인형처럼 생기다

㉮ look [luk] 보이다, 생기다
like [laik] ㉯ ~처럼, ~같이 ㉮ 좋아하다
㉰ doll [dɑ:l] 인형
She **likes** to dress and undress her **dolls**.
그녀는 **인형들**의 옷을 입혔다 벗겼다 하는 것을 **좋아한다**.

0697 ★ □□□

collect stamps 우표를 수집하다

㉮ collect [kəˈlekt] 수집하다, 모으다 ㉰ collection [kəˈlekʃn] 수집
㉰ stamp [stæmp] 우표, 인지
He opened a library with a **collection** of 50,000 books.
그는 5만권의 책을 **모아 놓은** 도서관을 열었다.

0698 ★★ □□□

decorate a Christmas tree 크리스마스트리를 장식하다

㉮ decorate [ˈdekəreit] 장식하다, 꾸미다 ㉰ decoration [ˈdekəˈreiʃn] 장식
㉰ Christmas [ˈkrisməs] 성탄절, 크리스마스
The hat is **decorated** with flower and bird patterns.
그 모자는 꽃과 새 모양으로 **장식되어** 있다.(07수능)

0699[12출] ★★ □□□

head to the beach 해변으로 향하다

㉮ head [hed] 향하다, 나아가다
㉰ beach [bi:tʃ] 해변, 바닷가
Andrew **headed** straight to the nursing home.
앤드루는 곧장 요양원으로 **향했다**.(17.06평가원)

0696 룩 라이크 어 달 0697 컬**렉**트 스땜(프)스 0698 **데**커뤠이트 어 **크리**스머스 트뤼이 0699 헤드 투 더 **비이**취

0700[95출] ★★ □□□

cut down on their leisure expenses 레저 비용을 줄이다

㊈ cut down on ~을 줄이다
명 leisure [ˈliːʒər] 여가, 레저
Most people have more **leisure** time than in the past.
대부분의 사람들은 과거보다 더 많은 **여가**시간을 가지고 있다.(05.06평가원)

0701[08출] ★★ □□□

enter a coffee shop 커피숍에 들어가다

명 coffee [ˈkɔːfi]/[ˈkɑː-] 커피
shop [ʃɑːp] 명 상점 동 쇼핑하다
명 shopping [ˈʃɑːpiŋ] 장보기, 쇼핑
I want to continue **shopping** at your store.
나는 당신의 가게에서 계속 **쇼핑하고** 싶어요.(06.09평가원)

0702 ★ □□□

sit on the cozy sofa 아늑한 소파에 앉다

형 cozy [ˈkouzi] 아늑한, 포근한
명 sofa [ˈsoufə] 긴 의자, 소파
Throwing himself on the long, comfortable **sofa**, he closed his eyes.
그는 길고 편안한 **소파**에 몸을 뉘고 눈을 감았다.(15.09평가원)

0703 ★★ □□□

take off his cap 모자를 벗다

숙 take off 벗다 ↔ put on 입다
(비행기가) 이륙하다 ↔ land [lænd] 착륙하다
명 cap [kæp] 모자
The plane's **landing** lights started flashing on and off.
비행기의 **착륙** 불빛이 깜빡거리기 시작했다.(09수능)

0700 컷 다운 온 데어ㄹ **레**줘 익스**뺀**시즈 0701 **엔**터ㄹ 어 **커**퓌 솹 0702 씻 온 더 **코우**지 **쏘우**풔 0703 테이크 오프 히즈 캡

0704 ★ □□□

play the guitar 기타를 연주하다

play [plei] 동 놀다, 연주하다 명 연극
명 guitar [giˈtɑːr] 기타
Plays were regularly turned into films.
연극은 정기적으로 영화로 만들어졌다.(13수능)

0705 ★ □□□

paint the wall 벽에 (페인트) 칠하다

동 paint [peint] 페인트칠하다, 그리다 명 painting [ˈpeintiŋ] 그림, 회화
명 painter [ˈpeintər] 화가
명 wall [wɔːl] 벽, 담
He was once expected to be a good **painter**.
그는 한때 훌륭한 **화가**가 될 거라는 기대를 받았다.(02수능)

0706 ★ □□□

draw a picture 그림을 그리다

동 draw [drɔː] 그리다, 당기다 *시제변화 draw-drew-drawn
명 drawer [drɔ́ːr] 서랍 [draw(당기는) + -er(것)]
Your blood **draws** water from the tissues of your body.
당신의 피는 당신 몸의 조직으로부터 물을 **끌어온다**.(03.06평가원)

0707 ★ □□□

a cello concert 첼로 연주회

명 cello [ˈtʃelou] 첼로
명 concert [ˈkɑːnsərt] 연주회, 음악회
A schoolgirl went to a famous musician's **concert**.
한 여학생이 유명한 음악가의 **연주회**에 갔다.(98수능)

0704 플레이 더 기**타**아ㄹ 0705 페인트 더 워얼 0706 드뤄오 어 **픽**춰ㄹ 0707 어 **첼**로우 **칸**써ㄹ트

0708 ★★ □□□

music and art 음악과 미술

㊔ music [ˈmjuːzik] 음악 ㊔ musician [mjuˈziʃn] 음악가
㊔ art [ɑːrt] 예술, 미술 ㊔ artist [ˈɑːrtist] 예술가
Paris is the home of many well-known **artists**.
파리는 많은 유명한 **예술가들**의 본고장이다.(02수능)

0709 ★★★ □□□

I'm interested in classical music 고전 음악에 관심이 있다

㊍ be interested in ~에 관심이 있다
㊗ interested [ˈintrəstid] 관심 있는 ㊔ interest [ˈintrəst] 흥미, 관심
㊗ classical [ˈklæsikl] 고전적인, 고전주의의
classical music **고전** 음악(클래식)
Scientists **are interested** in stars. 과학자들은 별**에 관심이 있다**.(95수능)

0710 ★ □□□

take a picture of him 그의 사진을 찍다

㊔ picture [ˈpiktʃər] 사진, 그림
㊍ take a picture 사진을 찍다
㊓ draw a picture 그림 그리다
A **picture** is worth a thousand words.
그림 한 장이 천 마디 말의 가치가 있다.(=백문불여일견 百聞不如一見)(94수능)

0711 ★ □□□

ring a golden bell 황금 종을 울리다

㊌ ring [riŋ] 울리다 *시제변화 ring-rang-rung
㊗ golden [ˈgouldən] 금빛의, 금의 ㊔ gold [gould] 금, 황금
㊓ silver [ˈsilvər] 은 copper [ˈkɑːpər] 구리
In the center of the room was a table with two old **silver** candlesticks.
방 한가운데에는 두개의 오래된 **은**촛대가 놓인 탁자가 있었다.(05수능)

0708 뮤우직 앤ㄷ 아ㄹ트 0709 아임 **인**터뤼스티드 인 **클래**시껄 **뮤우**직 0710 테이크 어 **픽**춰ㄹ 어브 힘 0711 륑 어 **고울**던 벨

0712 ★★ □□□

be good at playing the violin 바이올린 연주에 능숙하다

숙 be good at ~에 능숙하다 ↔ be poor at ~에 서툴다
명 violin [ˌvaiəˈlin] 바이올린
play the violin 바이올린을 연주하다
Goethe **was poor at** mathematics. 괴테는 수학**에 서툴렀다**.(00수능)

0713 ★ □□□

hang the picture 그림을 걸다

동 hang [hæŋ] 걸다, 매달다, 걸리다 *시제변화 hang-hung-hung
명 hanger [ˈhæŋər] 옷걸이 [hang(걸어두는) + -er(장치)]
The clouds **hung** low in the sky.
구름들이 하늘에 낮게 **걸려 있었다**.(04수능)

0714 ★★ □□□

abstract paintings 추상화

형 abstract [ǽbstrækt] 추상적인 ↔ concrete [ˈkɑ:ŋkri:t] 구체적인
Writers have to put **abstract** ideas into words. 작가들은 **추상적인** 생각들을 말로 바꿔야 한다.
the lack of **concrete** information **구체적인** 정보의 부족

0715 ★★★ □□□

a perfect harmony 완벽한 조화

형 perfect [ˈpɜ:rfikt] 완벽한 ↔ imperfect [imˈpə:rfikt] 불완전한
명 harmony [ˈhɑ:rməni] 조화
Don't believe that your work should be **perfect**.
당신이 한 일이 **완벽**해야 한다고 생각하지 마라.

0712 비 굿 앳 **플레**잉 더 봐이얼**린** 0713 행 더 **픽**춰ㄹ 0714 **앱**스트뤡트 **페인**팅즈 0715 어 **퍼어**ㄹ퓍트 **하아**ㄹ머니

0716 ★★ □□□

a musical instrument 악기

형 musical [ˈmjuːzikl] 음악의, 음악적인
명 music [ˈmjuːzik] 음악, 곡
명 instrument [ˈinstrəmənt] 기구
The janggu is a traditional Korean **musical instrument.**
장구는 한국의 전통 **악기**이다.

0717 ★ □□□

Beethoven's ninth symphony 베토벤의 9번 교향곡

명 Beethoven [béitouvən] 베토벤(독일의 작곡가)
명 symphony [ˈsimfəni] 교향곡, 심포니
A **symphony** orchestra can make a whole building ring with music.
교향곡 관현악단은 건물 전체를 음악으로 울리게 만들 수 있다.(00수능)

0718 ★ □□□

draw a dotted line 점선을 긋다

형 dotted [ˈdɑːtid] 점이 있는 명 dot [dɑːt] (작은) 점
명 line [lain] 선, 줄
팁 dotted line 점선 straight line 직선
Connect the **dots** in a straight line with a ruler.
자를 이용하여 **점들**을 직선으로 연결하시오.

0719 ★ □□□

sharp color contrast 강렬한 색의 대비

명 contrast [kɑːntræst] 대비, 대조, 차이
숙 in contrast 대조적으로
The **contrast** between Western Europe and America is particularly sharp.
서유럽과 미국의 **차이**는 특히 뚜렷하다.(09수능)

0716 어 **뮤우**지껄 **인**스트뤄먼트 0717 **베이**토우뷘즈 나인뜨 **씸**풔니 0718 드뤄오 어 **다**티드 라인 0719 쏴아ㄹ프 **컬**러ㄹ **칸**트뤠스트

0720 ★★★ □□□

compose music 음악을 작곡하다

㉯ compose [kəmˈpouz] 작곡하다, 작문하다
㉢ composition [ˈkɑ:mpəˈziʃn] 작곡, 작문
㉢ composer [kəmˈpouzər] 작곡가
Schubert was one of the most productive **composers.**
슈베르트는 가장 많은 곡을 쓴 **작곡가**들 중 한 사람이었다.

0721 ★ □□□

glue the pieces together 조각들을 (풀로) 모아서 붙이다

glue [glu:] ㉯ 풀(로) 붙이다 ㉢ 풀, 접착제
㉫ together [təˈgeðər] 함께, 모아서
Attach the pieces with **glue** and nails.
접착제와 못으로 그 조각들을 붙여라.

0722 ★★★ □□□

devote his life to art 그의 삶을 예술에 바치다

㉯ devote [divóut] 바치다 ㉢ devotion [diˈvouʃn] 헌신 ㉭ be devoted to ~에 헌신하다
Your **devotion** to making the world a better place will continue.
세상을 더 좋은 곳으로 만들려는 당신의 **헌신**은 계속될 것이다.(96수능)

0723 ★ □□□

appreciate works of art 예술 작품을 감상하다

㉯ appreciate [əˈpri:ʃieit] 감상하다, 감사하다
works of **art** **미술**품, **예술**품
I **appreciate** it. **감사**합니다.
We all **appreciate** your gifts. and are writing you.
우리는 모두 당신의 선물에 **감사하며** 당신에게 편지를 쓰고 있습니다.(99수능)

0720 컴**포우**즈 **뮤우**직 0721 글루우 더 **피이**씨즈 터**게**더ㄹ 0722 디**붜우**트 히즈 라이프 투 아ㄹ트 0723 어**프뤼이**쉬에이트 워어ㄹ (크)스 어브 아ㄹ트

0724 ★★ □□□

design our wedding invitations 결혼 청첩장을 디자인하다

design [di|zain] 동 디자인하다, 설계하다 명 디자인, 설계 명 designer [di|zainər] 디자이너, 설계자
명 wedding invitation 청첩장
The owner changed store **designs** to make shopping easier.
그 주인은 쇼핑을 더 쉽게 만들기 위해 상점 **디자인**을 바꿨다.

0725 ★ □□□

record his voice 목소리를 녹음하다

record 동 [rikɔ́ːrd] 기록하다, 녹음하다 명 [rékərd] 기록 *발음주의
명 recorder [ri|kɔːrdər] 녹음기 [record(녹음하는) + -er(장치)](=tape recorder)
I broke race **records** in college.
나는 대학 때 달리기 **기록**을 깼다.(01수능)

0726 ★★ □□□

find original bronze sculptures 진본 청동 조각품을 발견하다

형 original [ərídʒənəl] 최초의, 원본의
bronze [brɑnz] 형 청동으로 만든 명 청동 sculpture [skʌ́lptʃər] 명 조작, 조각품 동 조각하다
Books can be renewed once for the **original** loan period.(07수능)
책은 **최초의** 대출기간 중에 한번 갱신할 수 있다.

0724 디**자인** 아우어ㄹ **웨**딩 인뷔**테이**쉬즈 0725 뤼**코오**ㄹ드 히즈 붜이스 0726 퐈인드 어**뤼**줘널 브롼즈 스**껄**(프)춰ㄹ즈

03

0727 ★ □□□

a sad movie 슬픈 영화

㊙ sad [sæd] 슬픈 ⓜ movie [ˈmu:vi] 영화
㊍ go to a movie(=go to the movies) 영화 보러 가다
All members of my family share good and **sad** times.
나의 가족 식구들 모두는 기쁠 때나 **슬플** 때나 함께한다.(94수능)

0728 ★ □□□

Have a seat 앉으세요

seat [si:t] ⓜ 좌석, 자리 ⓓ ~을 앉히다
㊍ seat oneself 앉다(=be seated)
ⓣ seat belt 좌석벨트, 안전벨트
I walked into a restaurant and **seated myself**.
나는 식당에 걸어 들어가 **자리에 앉았다**.(97수능)

0729 ★★ □□□

characters in the play 극중의 인물들

ⓜ character [ˈkærəktər] 인물, 성격
ⓣ a main character 주인공
ⓜ play [plei] 연극, 희곡
Moles reveal a person's **character**.
점은 사람의 **성격**을 보여 준다.(05수능)

0730 ★ □□□

a movie theater 영화관

ⓜ theater [θí:ətər,θíə-] 극장
ⓜ theatergoer [θí:ətərgòuər] (영화나 연극의) 관객 [theater(극장에) + go(가는) + -er(사람)]
I went with my father to **the movie theater.**
나는 아버지와 함께 **영화관**에 갔다.(94수능)

0727 어 쌔드 **무우**뷔 0728 해브 어 씨이트 0729 **캐**뤽터ㄹ즈 인 더 플레이 0730 어 **무우**뷔 **띠어**러ㄹ

0731 ★ □□□

a handsome actor 잘생긴 배우

형 handsome [ˈhænsəm] 잘생긴, 훌륭한(*발음주의)
명 actor [ˈæktər] (남자) 배우 ↔ actress [ˈæktrəs] 여배우
동 act [ækt] 연기를 하다, 행동하다
The **actress** signed autographs for her fans.
그 **여배우**는 팬들을 위해 사인을 해주었다.(04.06평가원)

0732 ★ □□□

a movie director 영화감독

명 director [dəˈrektər] 지도자, 감독
동 direct [dəˈrekt] 가리키다, 통솔하다
One winter night, I met a man and asked him to **direct** me.
어느 겨울 밤, 나는 한 사람을 만났고 그에게 나를 **안내해 달라고** 요청했다.(99수능)

0733 ★★ □□□

a comic play 희극

형 comic [ˈkɑːmik] 희극의, 우스운 ↔ tragic [ˈtrædʒik] 비극의
명 comedy [ˈkɑːmədi] 희극 ↔ tragedy [ˈtrædʒədi] 비극
A great **tragedy** took place in our city last week.
아주 커다란 **비극**이 지난주 우리 시에서 발생했다.(13수능)

0734 ★★ □□□

a performance schedule 공연 스케줄

명 performance [pərˈfɔːrməns] 공연, 실행
동 perform [pərˈfɔːrm] 공연하다, 실행하다
quickly **perform** many tasks 많은 업무를 빠르게 **수행하다**(15수능)
Anxiety has a negative effect on physical **performance.** 걱정은 신체적 **실행**에 부정적인 영향을 미친다.

0731 어 **핸**썸 **액**터ㄹ 0732 어 **무우**뷔 더**렉**터ㄹ 0733 어 **카**믹 플레이 0734 어 퍼ㄹ**풔오**ㄹ먼스 **스께**쥴

03

0735 ★★ □□□

a special effect 특수 효과

㉮ effect [iˈfekt] 효과, 결과
㉻ effective [iˈfektiv] 효과적인
Actions are more **effective** than words.
행동이 말보다 더 **효과적**이다.

0736 ★★ □□□

play a minor role 비중 없는 역할을 하다

㉲ play a role 역할을 맡다 ㉮ role [roul]역할
㉻ minor [ˈmaɪnə(r)] 보다 작은, 사소한 ↔ major [ˈmeidʒər] 주요한, 중대한
give up some **minor** convenience 약간의 **사소한** 편리함을 포기하다(96수능)
Glass plays an essential **role** in various scientific fields.
유리는 다양한 과학 분야에서 필수적인 **역할**을 한다.(08수능)

0737 ★ □□□

a frightening film 무서운 영화

㉻ frightening [ˈfraitniŋ] 무서운, 놀라운
㉮ fright [frait] 두려움
㉯ frighten [ˈfraitn] 무섭게 하다, 놀라게 하다
Many actors suffer from stage **fright** from time to time.
많은 배우들이 이따금씩 무대 **공포증**을 겪는다.

0738 ★★ □□□

disappear from the stage 무대에서 사라지다

㉯ disappear [ˌdisəˈpir] 사라지다 ↔ appear [əˈpɪr] 나타나다
㉮ stage [steidʒ] 무대, 연단
When they finally walk onto the **stage**, the crowd will go wild.
그들이 마침내 **무대** 위로 걸어 들어가면, 관객들은 열광할 것이다.(02수능)

0735 어 스뻬셜 이**퀙**트 0736 플레이 어 **마이**너ㄹ 뤄울 0737 어 **프라이**트닝 필음 0738 디스어**피**어ㄹ 프뤔 더 스떼이쥐

0739 ★ □□□

The film is about to start 영화가 막 시작하려고 한다

㈜ be about to (이제) 막 ~하려고 하다
㉠ start [stɑːrt] 출발하다, 시작하다
The weekend **was about to** begin.
주말이 **곧** 시작**되는 시기였다**.(10수능)

0740 ★★ □□□

a violent movie 폭력적인 영화

㉻ violent [ˈvaiələnt] 폭력적인, 격렬한
㉹ violence [ˈvaiələns] 폭력(성)
A ship was sailing on a rough sea during a **violent** storm.
배 한 척이 **격렬한** 폭풍 속 거친 바다 위를 항해하고 있었다.
violence on a screen 영화 속의 **폭력성**(05.06평가원)

0741 ★ □□□

get a ticket for nothing 공짜로 표를 얻다

㈜ for nothing 거저, 공짜로(=free of charge)
You will never get something **for nothing**.
어떤 것도 **공짜로** 얻을 수는 없을 것이다.(05.09평가원)

0742[16출] ★ □□□

entrance fees 입장료

㉹ fee [fiː] 요금, 수수료 ㉷ delay fee 연체료
㉷ parking fee 주차 요금
The parking **fee** is $10 a day.
주차 **요금**은 하루에 10달러입니다.(17수능)

0739 더 퓔음 이즈 어**바웃** 투 스따아ㄹ트 0740 어 **봐이**얼런트 **무우**뷔 0741 겟 어 **티**킷 풔ㄹ **낫**띵 0742 **엔**트뤈스 퓌이즈

0743 ★★ □□□

release the movie 영화를 개봉하다

release [riˈliːs] 동 개봉하다, 풀다, 석방하다 명 개봉, 석방

a **release** from prison 감옥에서 **석방**

Many people believe that their tears will **release** their pain.

대부분의 사람들은 그들의 눈물이 고통을 **풀어줄** 거라고 믿는다.(09수능)

0744 ★ □□□

the front row seat 앞줄 좌석

row [rou] 명 줄, 열 동 배를 젓다

row a boat across a lake 배를 **저어** 호수를 건너다

Three **rows** of benches on each side and six **rows** in front of him were occupied.

양쪽 좌석 3**줄**과 그의 앞쪽 6**줄**은 자리가 차 있었다.(95수능)

0745 ★★ □□□

pay an admission fee 입장료를 지불하다

명 admission [ədmíʃən] 입장, 입학

동 admit [ədmít] 입장을 허락하다, 인정하다

admission fee 입장료, 입학금(15. 06 평가원)

Children under 7 will not be **admitted**. 7세 이하의 어린이는 **입장이 허락되지** 않습니다.(14.06평가원)

0746 ★ □□□

a special event 특별 행사

형 special [ˈspeʃl] 특별한 부 specially [ˈspeʃəli] 특별히

명 event [iˈvent] 행사, 사건

Understanding why historic **events** took place is also important.

역사적 **사건들**의 발생한 이유를 이해하는 것도 중요하다.(09수능)

0743 륄**리**이스 더 **무**뷔 0744 더 프뤈트 뤄우 씨이트 0745 페이 언 어드**미**션 퓌이 0746 어 스**뻬**쉴 이**벤**트

0747 ★ □□□

walk down the street 길을 걸어 내려가다

㉥ walk [wɔːk] 걷다, 산책시키다 (*'l'은 묵음: talk, half, almond)
㉢ street [striːt] 거리
I **walked** the dog four times a day.
나는 하루에 4번 그 개를 **산책시켰다**.(94수능)

0748 ★ □□□

drive along the road 길을 따라 운전하다

㉣ along [əˈlɔːŋ] ~을 따라
㉢ road [roʊd] 길, 도로
Our **roads** are crowded no matter how many we build.
우리의 **도로**는 아무리 많이 건설해도 혼잡하다.(02수능)

0749 ★★ □□□

visit a museum 박물관을 방문하다

㉥ visit [ˈvizit] 방문하다
㉢ visitor [ˈvizitər] 방문객
㉢ museum [mjuˈziːəm] 박물관, 미술관
Last Friday afternoon I were **visiting** a **museum**.
지난주 금요일 오후 나는 **박물관을 방문하고** 있었다.(02수능)

0750 ★ □□□

a camping site 야영 장소

㉢ camping [ˈkæmpiŋ] 야영, 캠프 ㉥ camp [kæmp] 야영하다
㉦ go camping 캠핑 가다
㉢ site [sait] 장소, 부지
Kathmandu was the **site** of the ancient kingdom of Nepal.
카트만두는 고대 네팔 왕국의 **장소**였다.(05수능)

0747 워오크 다운 더 스트뤼이트 0748 드롸이브 어**로옹** 더 뤄우드 0749 **뷔**짓 어 뮤우**지**엄 0750 어 **캠**핑 싸이트

0751 ★ □□□

guide a foreigner 외국인을 안내하다

guide [gaid] ⓢ 안내하다 ⓜ 안내자
ⓜ foreigner [ˈfɔːrənər] 외국인
ⓗ foreign [ˈfɔːrən] 외국의
Foreign workers are taught Korean by volunteers.
외국인 노동자들이 자원봉사자들에게 한국어를 배운다.

0752 ★ □□□

lose a passport 여권을 잃어버리다

ⓢ lose [luːz] 잃다, 잃어버리다 *시제변화 lose-lost-lost
ⓜ passport [ˈpæspɔːrt] 여권
You may **lose** your job for countless reasons.
당신은 무수한 이유로 직장을 **잃을** 수 있다.(17수능)

0753 ★ □□□

stay at home 집에 머무르다

ⓢ stay [stei] 머무르다, 남다
ⓢ at home 집에 home [houm] ⓜ (내) 집, ⓑ 가정 집에, 집으로
ⓣ go home (○) go to home (×) 집으로 가다
They had to **stay** in their tents near the mountains.
그들은 산 근처 텐트에서 **머물러야** 했다.(07수능)

0754 ★ □□□

a flying ticket 비행기 승차권

ⓜ flying [ˈflaiiŋ] 비행, 비행기 여행 ⓢ fly [flai] 날다, 비행하다
ⓜ ticket [ˈtikit] 표, 승차권, 교통 위반 딱지
ⓣ one-way ticket 편도 승차권 round-trip ticket 왕복 승차권
The **round-trip ticket** is too expensive.
왕복 승차권은 너무 비싸다.(05.09평가원)

0751 가이드 어 **풔**뤼너ㄹ 0752 루우즈 어 **패**스포오ㄹ트 0753 스떼이 앳 호움 0754 어 **플라잉 티**킷

0755 ★★★ □□□

a different culture 다른 문화

㊊ different [ˈdifrənt] 다른 ↔ the same 똑같은 ㊎ difference [ˈdifrəns] 차이(점)
㊎ culture [ˈkʌltʃər] 문화, 교양
popular culture(=mass culture) 대중문화(09수능)
Jazz and classical music have a number of **differences**. 재즈와 클래식 음악은 많은 **차이점들**이 있다.(07수능)

0756 ★★★ □□□

useful information 유용한 정보

㊊ useful [ˈju:sfl] 유용한, 쓸모 있는(=of use) ↔ useless [ˈju:sləs] 쓸모없는(=of no use)
㊎ use [ju:s] 사용, 용도, 쓸모 ㊎ information [ˌinfərˈmeiʃn] 정보 ㊍ inform [inˈfɔ:rm] 알리다, 보고하다
For further **information**, please visit our web site.
추가 정보를 원하시면, 저희 웹사이트를 방문하십시오.(16수능)

0757 ★ □□□

be tired from a long journey 긴 여행으로 지치다

㊊ tired [ˈtaiərd] 지친, 피로한 ㊍ tire [ˈtaiər] 피곤하게 하다
㊎ journey [ˈdʒə:rni] (긴) 여행, 여정 ㊋ trip [trip] (짧은) 여행 travel [ˈtrævl] (탈 것을 타고 가는) 여행
We must make the **journey** alone.
우리는 그 **여행**을 홀로 해야 한다.(06수능)

0758 ★ □□□

see him off at the airport 공항에서 그를 배웅하다

㊗ see off 배웅하다 [떠나가는(off) 것을 + 보다(see)]
㊎ airport [ˈεərpɔ:rt] 공항 ㊋ port [pɔ:rt] 항구
Mr. Smith was driving his wife to the **airport**.
스미스 씨는 아내를 차로 **공항**까지 데려다주고 있었다.(94수능)

0755 어 **디**풔뤈트 **컬**춰ㄹ 0756 **유우스**풜 인풔ㄹ**메이**쉰 0757 비 **타이**어ㄹ드 프륌 어 로옹 **줘어**ㄹ니 0758 씨이 힘 오프 앳 디 **에**어ㄹ포오ㄹ트

04

0759 ★ □□□

make a reservation 예약을 하다

㉢ reservation [ˌrezərˈveiʃn] 예약
㉣ reserve [riˈzəːrv] 예약하다
phone **reservations** 전화 **예약**(14.06평가원)
The girl at the counter had no record of my **reservation**.
카운터 여직원에게 내 **예약** 기록이 없었다.(04.09평가원)

0760 ★ □□□

take a trip to Jejudo 제주도로 여행가다

㉭ take a trip 여행하다(=go on a trip)
㉢ trip [trip] (짧은 일정으로 다녀오는) 여행
field **trips** 현장 학습(견학/소풍)(05. 06평가원)
A space shuttle will one day take people for sightseeing **trips** around the moon.
언젠가는 우주선이 사람들을 달 주변 관광 **여행**에 보낼 것이다.(95수능)

0761 ★ □□□

take a rest under a tree 나무 밑에서 휴식을 취하다

㉭ take a rest 휴식을 취하다
㉢ rest [rest] 휴식, 나머지
That accident made my friend spend the **rest** of his life in a wheelchair.
그 사고는 내 친구가 인생의 **나머지**를 휠체어에서 보내도록 만들었다.(01수능)

0762 ★ □□□

a suitcase full of clothes 옷으로 가득 찬 가방

㉢ suitcase [ˈsuːtkeis] (여행) 가방
㉦ full [ful] 가득 찬 ㉭ be full of ~로 가득 차다(=be filled with)
The school yearbook **is filled with** pictures of people and events from your high school years.
졸업 앨범은 고교 시절의 사람들과 사건들의 사진들**로 가득하다**.(01수능)

0759 메이크 어 뤄저ㄹ**붸이**쉰 0760 테이크 어 트륍 투 제주도 0761 테이크 어 뤠스트 **언**더ㄹ 어 트뤼이 0762 어 **수우**트케이스 풀 어브 클로우(ㄷ)즈

0763 ★ □□□

a light bag 가벼운 가방

light [lait] 형 가벼운 명 빛
명 bag [bæg] 가방, 자루
Light is colorless. **빛**은 색깔이 없다.(08수능)
I packed my **bags** and went to my dream university.
나는 **가방**을 싸서 나의 꿈의 대학으로 갔다.(14.06평가원)

0764 ★★ □□□

the direction to the station 역으로 가는 방향

명 direction [dəˈrekʃn] 방향 동 direct [dəˈrekt] 가리키다
a clockwise **direction** 시계 **방향**
We had hit a car coming from the other **direction**.
우리는 다른 **방향**에서 오는 자동차와 부딪쳤다.(01수능)

0765 ★ □□□

a rough road to the top 정상으로 가는 힘든 길

형 rough [rʌf] 거친, 힘든, 어려운
명 top [tɑ:p] 정상, 꼭대기
These waves were **rough** and huge. 이 파도들은 **거칠고** 거대했다.(94수능)
a lonely mountain **top** 외로운 산 **꼭대기**(96수능)

0766 ★ □□□

get lost in the mountain 산에서 길을 잃다

숙 get lost 길을 잃다 형 lost [lɔ:st] 길 잃은, 실종된(=missing)
명 mountain [ˈmauntn] 산
One winter night I found myself **lost** in the fog.
어느 겨울 밤 나는 안개 속에서 **길을 잃었다는** 것을 알았다.(99수능)

0763 어 라이트 백 0764 더 디**렉**쉬 투 더 스**떼이**쉰 0765 어 뤄프 뤄우드 투 더 탑 0766 겟 로스트 인 더 **마운**턴

0767 ★★ □□□

prevent accidents 사고를 예방하다

㊀ prevent [priˈvent] 예방하다
㊔ prevention [priˈvenʃn] 예방, 방지
Blankets can **prevent** ice from melting. 담요는 얼음이 녹는 것을 **막을** 수 있다.
prevention of stress 스트레스 **예방**(96수능)

0768 ★ □□□

celebrate a festival 축제를 기념하다

㊀ celebrate [ˈselibreit] 축하하다, 기념하다 ㊔ celebration [ˈseliˈbreiʃn] 축하, 기념
㊔ festival [ˈfestivl] 축제, 잔치
The movie Amadeus was a **celebration** of the genius of Mozart.
영화 〈아마데우스〉는 모차르트의 천재성을 **기념**하는 영화였다.(17수능)

0769 ★ □□□

travel around the world 세계를 돌아다니며 여행하다

travel [ˈtrævl] ㊀ 여행하다 ㊔ 여행
㊔ world [w3:rld] 세상, 세계
Travel allows us to experience a different **world**.
여행은 우리가 다른 **세상**을 경험하는 것을 가능하게 해준다.(02수능)

0770 ★★ □□□

invite a number of guests 많은 손님들을 초대하다

㊀ invite [inˈvait] 초대하다 ㊔ invitation [ˈinviˈteiʃn] 초대
㊕ a number of 많은 (=many)
㊔ guest [gest] 손님
At Jim's **invitation** the prince and the princess attended the event.
짐의 **초대**로 왕자와 공주가 그 행사에 참석했다.(95수능)

0767 프뤼**벤**트 **액**씨던츠 0768 **쎌**러브뤠이트 어 **풰**스터뷜 0769 **트뤠**뷜 어**롸운**드 더 워ㄹ얼드 0770 인**봐이**트 어 **넘**버ㄹ 어브 게스츠

0771 ★ □□□

check out of the hotel 호텔에서 계산을 치르고 나오다

㊎ check out 지불을 끝내고 나가다 ↔ check in 호텔 수속을 하고 들어오다
㊔ hotel [houˈtel] 호텔
I had overslept at the **hotel**, missing breakfast.
나는 **호텔**에서 늦잠을 자서 아침을 걸렀다.(04.09평가원)

0772 ★ □□□

follow the narrow path 좁은 길을 따라가다

㊔ narrow [ˈnærou] 폭이 좁은 ㊔ path [pæθ] (작은) 길
a **narrow path** through the woods 숲을 관통하는 **좁은 길**(09.09평가원)
The two men were walking up a **path** toward the summerhouse.
그 두 남자는 여름 별장을 향해 길을 걷고 있었다.(10.06평가원)

0773 ★★ □□□

cities of developed countries 선진국의 도시들

㊔ developed country 선진국
㊔ developed [diˈveləpt] 발전한, 선진의 ㊔ country [ˈkʌntri] 시골, 나라
㊐ underdeveloped country 후진국 developing country 개발도상국
America is richer than any other **country** in the world. 미국은 세상의 다른 어떤 **나라**보다도 부유하다.

0774 ★ □□□

set out on a hike 도보여행을 출발하다

㊎ set out 출발하다, 시작하다
hike [haik] ㊔ 장거리 도보여행, 하이킹 ㊗ 도보여행하다
hike in the Alps 알프스산맥에서 **하이킹하다**(97수능)
They **set out** to sea and travel to the right area.
그들은 바다로 **출발해서** 적당한 지역으로 여행한다.(99수능)

0771 **췍** 아웃 어브 더 호우**텔** 0772 **퐐**로우 더 **내**뤄우 패뜨 0773 **씨**리즈 어브 디**벨**럽트 **컨**트뤼즈 0774 **쎗** 아웃 온 어 하이크

04

0775 ★ □□□

a towering skyscraper 높이 솟은 고층 빌딩

㉻ towering [ˈtauəriŋ] 높이 솟은 tower [ˈtauər] ㉿ 우뚝 솟다 ㉼ 탑, 요새
㉼ skyscraper [ˈskaiskreipər] 고층 빌딩 [sky(하늘을) + scrape(긁을 정도로 높은) + er(것)]
Eiffel designed his famous 986-foot iron **tower** in Paris.
에펠은 파리에 그의 유명한 986피트짜리 철**탑**을 설계했다.(05.06평가원)

0776 ★★ □□□

tighten the seatbelt 좌석 벨트를 꽉 조이다

㉿ tighten [ˈtaitn] 단단히 조이다 ㉻ tight [tait] 꽉 달라붙는, 단단한
㉼ seatbelt 좌석 벨트, 안전벨트
You have a **tight** pair of red shoes.
당신은 **꽉 조이는** 빨간 신발 한 켤레가 있다.(04.06평가원)

0777 ★ □□□

become a Japanese legend 일본의 전설적 인물이 되다

㉻ Japanese [dʒæ̀pəníːz,-níːs] 일본의, 일본어의 ㉼ Japan [dʒəpǽn] 일본
㉼ legend [ˈledʒənd] 전설, 전설적인 인물
According to **legend**, a storm hit a large tree in northwestern England.
전설에 따르면, 영국 북서부의 커다란 나무에 폭풍이 몰아쳤다.(01수능)

0778 ★★ □□□

intend to stay long 오랫동안 머무를 작정이다

㉿ intend [inˈtend] 의도하다, 작정하다
㉼ intention [inˈtenʃn] 의도
A mother's good **intention** does not always lead to expected results.
어머니의 좋은 **의도**가 늘 기대하는 결과로 이어지지는 않는다.(95수능)

0775 어 **타우**어링 **스까이**스크뤠이퍼ㄹ 0776 **타이**튼 더 **씨잇**벨트 0777 비**컴** 어 줴퍼**니이**즈 **레**줜드 0778 인**텐**드 투 스떼이 로옹

0779 ★ □□□

Europe has many old castles 유럽엔 오래된 성이 많다

명 Europe [ˈjʊrəp] 유럽
명 castle [kæsl] 성(城), 성곽 *발음주의
The **castle** overlooked the River Thames.
그 **성**은 템스강이 내려다보였다.

0780 ★★ □□□

a safe trip 안전한 여행

safe [seif] 형 안전한 명 금고
명 safety [ˈseifti] 안전
One of the biggest challenges in the Internet world is **safety**.
인터넷 세계에서 가장 큰 과제 중 하나는 **안전**이다.(01수능)

0781 ★★★ □□□

the tourist industry 관광 산업

명 tourist [ˈtʊrist] 관광객
명 industry [ˈindəstri] 산업, 근면 형 industrial [inˈdʌstriəl] 산업의 형 industrious [inˈdʌstriəs] 근면한
modern **industrial** societies 현대 **산업** 사회(11수능)
The video game **industry** is rapidly expanding. 비디오 게임 **산업**이 빠르게 팽창하고 있다.

0782 ★★ □□□

a sightseeing tour 관광 여행

명 sightseeing [ˈsaitsi:iŋ] 관광 동 sightsee [sáitsì:] 관광하다 [sight(경치를) + see(보다)]
tour [tʊr] 명 관광, 유람 동 관광하다 명 tourist [ˈtʊrist] 관광객
a **sightseeing** bus **관광**버스(수능95)
We went **sightseeing** in New Zealand 우리는 뉴질랜드에 **관광**을 갔다.

0779 **유**어뤕 해즈 **메**니 오울드 **캐**쓸즈 0780 어 쎄이프 트륍 0781 더 **투**어뤼스트 **인**더스트뤼 0782 어 **싸이**트씨잉 투어ㄹ

04

0783 ★★ □□□

feel like going for a stroll 산책하고 싶은 마음이 들다

㉭ feel like –ing ~하고 싶은 기분이다
stroll [stroʊl] 명 산책 동 산책하다 ㉭ go for a stroll 산책하다
Say no to what you don't **feel like doing**.
당신이 **하고 싶지** 않은 것에 대해서는 싫다고 말해라.(14수능)

0784 ★ □□□

catch a strange sight 이상한 광경을 보다

㉭ catch a sight 언뜻 보다
명 sight [sait] 광경, 조망 명 eyesight 시력
Out of **sight**, out of mind.
시야에서 멀어지면 마음에서도 멀어진다.

0785 ★★ □□□

reserve a seat 좌석 (자리)을 예약하다

reserve [riˈzɜːrv] 동 예약하다 명 예비, 비축, 매장량
명 reservation [ˌrezərˈveiʃn] 예약
You can **reserve** a study room through your mobile phone. 당신은 휴대폰으로 공부방을 **예약할** 수 있다.
oil and gas **reserves** 석유와 천연가스 **매장량**(14수능)

0786 ★ □□□

continue for three days 3일 동안 계속되다

동 continue [kənˈtinjuː] 계속하다, 계속되다
전 for ~동안, ~을 위해
I **continued** to visit him with his milk.
나는 **계속해서** 우유를 가지고 그를 방문했다.(13수능)

0783 퓌일 라이크 고우잉 풔ㄹ 어 스트뤄울 0784 캐취 어 스트뤠인쥐 싸이트 0785 뤼**저**어ㄹ브 어 씨이트 0786 컨**티**뉴우 풔ㄹ 뜨뤼이 데이즈

0787 ★ □□□

take up all day 하루 종일 걸리다

㊋ take up (시간, 공간을) 차지하다 ㊋ all day long 하루 종일
The sleeping bag **takes up** little space.
그 침낭은 공간을 거의 **차지하지** 않는다.

0788 ★ □□□

the spectacle of the deep blue sea 짙푸른 바다의 광경

㊔ spectacle [ˈspektəkl] 광경, 장관
blue [bluː] ㊌ 푸른 ㊔ 파랑
the colorful **spectacle** of flowers 꽃들의 다채로운 **풍경**
The sky is deep **blue** and cloudless. 하늘은 짙**푸르고** 구름 한 점 없다.(09.06평가원)

0789 ★★ □□□

observe the stars in the night sky 밤하늘의 별을 관찰하다

㊍ observe [əbˈzəːrv] 관찰하다 ㊔ observation [ˌɑːbzərˈveiʃn] 관찰
㊔ star [stɑːr] 별, 항성
We simply do not have the technology to travel to the nearest **star**.
우리는 단지 가장 가까운 **별**로 여행할 수 있는 기술이 없다.(02수능)
observe whale behavior 고래의 행동을 **관찰하다**(12수능)

0790 ★ □□□

bathe in a hot spring 온천욕을 하다

㊍ bathe [beið] 목욕하다, 목욕시키다 ㊔ bath [bæθ] 목욕
㊔ spring [spriŋ] ㊔ 샘물, 봄 ㊍ 튀어오르다, 돋아나다 *시제변화 spring-sprang/sprung-sprung
When rains come, these seeds **spring** to life.
비가 오면, 이 씨앗들은 **싹이 돋아** 살아난다.(03.09평가원)

0787 테이크 업 오올 데이 0788 더 **스뻭**터컬 어브 더 디이프 블루 씨이 0789 업**저어**ㄹ브 더 스따아ㄹ즈 인 더 나이트 스까이 0790 베이드 인 어 핫 스프륑

04

0791 ★ □□□

sort personal belongings 개인 사물(소지품)을 분류하다

sort [sɔːrt] ⓢ 분류하다 ⓜ 종류, 부류
ⓜ belonging [bilɔ́ːŋiŋ] 소유물, 재산 ⓢ belong [biˈlɔːŋ] 제자리에 있다
At my mom's request, I sorted through all her **belongings**.
엄마의 요청으로, 나는 그녀의 모든 **물건들**을 분류했다.(13.09평가원)

0792 ★ □□□

allow him to stay up late 그가 늦게까지 안 자는 것을 허락하다

ⓢ allow [əˈlau] 허락하다
ⓢ stay up 늦게까지 (자지 않고) 깨어 있다
Allow the other person to finish speaking.
상대방이 말을 다 끝내도록 **허락하라.**(03수능)

0793 ★ □□□

Let's pose for a picture 사진 찍을 포즈를 취하자

ⓢ Let's ~하자, ~합시다 (*'Let us'의 단축형)
pose [pouz] ⓢ 자세를 취하다 ⓜ 자세
Let's pick up the trash on the lakeside.
호숫가에 쓰레기를 줍**자.**(06.06평가원)

0794 ★★★ □□□

a tourist attraction 관광명소

ⓜ attraction [ətrǽkʃən] 매력, 인기거리 ⓢ attract [ətrǽkt] 끌어당기다, 매혹하다
ⓗ attractive [ətrǽktiv] 매력적인
a singer with an **attractive** voice **매력적인** 목소리를 가진 가수
There are wonderful **tourist attractions** in Europe. 유럽에는 훌륭한 **관광명소들**이 있다.

0791 쏘오르트 **퍼어ㄹ**서널 비**로옹**잉즈 0792 얼**라우** 힘 투 스떼이 업 레이트 0793 레츠 포우즈 풔ㄹ 어 **픽**춰ㄹ 0794 어 **투**어뤼스트 어**트뢕**션

0795 ★ □□□

visit the lost and found (center) 분실물센터를 방문하다

the lost and found 분실물 보관소
명 center [séntər] 중심, 시설, 센터 형 central [ˈsentrəl] 중심의
In Japan, coins have holes in the **center**.
일본에서는 동전 **중심**에 구멍이 있다.(96수능)

0796 ★★ □□□

extend his stay overseas 그의 해외 체류기간을 연장하다

동 extend [iksténd] 연장하다, 늘이다 부 overseas [ˌouvərˈsi:z] 해외로, 해외에서
He **extended** his arm above his head. 그는 머리 위로 팔을 **뻗었다**.(16수능)
go **overseas** **해외로** 가다

0797[94출] ★ □□□

Most of all, it is important to plan 무엇보다도 계획을 세우는 것이 중요하다

숙 most of all 무엇보다도(=first of all/best of all/above all)
형 most [moust] 최대의 *비교급 변화 many/much-more-most
What people want, **above all**, is peace.
무엇보다도 사람들이 원하는 것은 평화이다.

0795 **뷔**짓 더 로스트 앤ㄷ 퐈운드 **쎈**터ㄹ 0796 익스**뗀**드 히즈 스떼이 오우붜ㄹ**씨이**즈 0797 모우스트 어브 오올 잇 이즈 임**포오ㄹ**턴트 투 플랜

05

0798

★ □□□

a big size 큰 사이즈

㉻ big [big] 큰 *비교급변화 big-bigger-biggest
㉾ size [saiz] 크기
The **size** of our world has not changed.
우리의 세상의 **크기**는 변하지 않았다.(99수능)

0799

★ □□□

a dry towel 마른 수건

㉻ dry [drai] 마른, 건조한 ↔ wet [wet] 젖은
㉾ towel [ˈtauəl] 수건, 타월
Store in a cool and **dry** place and away from light.
직사광선을 피해 서늘하고 **건조한** 곳에 보관하세요.

0800

★ □□□

look in the mirror 거울을 들여다보다

㉿ look [luk] 보다
㉾ mirror [ˈmirər] 거울
Galileo **looked** through his telescope at the sun.
갈릴레오는 망원경을 통해 태양을 **보았다**.(98수능)

0801

★ □□□

a short skirt 짧은 치마

㉻ short [ʃɔ:rt] 짧은 ↔ long [lɔ:ŋ] (길이가) 긴
㉾ skirt [sk3:rt] 치마
Long necks evolved in giraffes.
기린들에게서는 **긴** 목이 발달했다.(06수능)

0798 어 빅 싸이즈 0799 어 드롸이 **타우**얼 0800 룩 인 더 **미**뤄ㄹ 0801 어 쇼오ㄹ트 스커어ㄹ트

0802 ★ □□□

change underwear 속옷을 갈아입다

change [tʃeindʒ] 동 변하다, 바꾸다 명 (지폐를 바꿔 주는) 잔돈
명 underwear [ˈʌndərwer] 내의, 속옷
He found about $5 dollars in small **change** at the beach.
그는 해변에서 **잔돈**으로 대략 5달러를 발견했다.

0803 ★★ □□□

bedroom furniture 침실 가구

명 bedroom [ˈbedru:m] 침실 팁 bathroom [ˈbæθru:m] 욕실, 화장실
명 furniture [ˈfɜ:rnitʃər] 가구
팁 *a piece of furniture(○) a furniture(×)
*two pieces of furniture(○) two furnitures(×)
The **furniture** is soft and comfortable. 그 **가구**는 부드럽고 편안하다.(95수능)

0804 ★ □□□

a bright color 밝은 색깔

형 bright [brait] 밝은, 영리한
명 color [ˈkʌlər] 색깔 형 colorful [ˈkʌlərfl] 화려한, 다채로운
a **bright** boy **영리한** 소년
Being with her is as beautiful as a **colorful** rainbow.
그녀와 함께 있는 것은 **화려한** 무지개만큼이나 아름답다.(99수능)

0805 ★★ □□□

soft towel cloth 부드러운 수건 천

형 soft [sɔ:ft] 부드러운
명 cloth [klɔ:θ] 헝겊, 천 명 clothes [klouðz] 옷
In stores, **clothes** have a price tag on them.
상점 안의 **옷**은 가격표가 있다.(02수능)

0802 췌인쥐 **언**더ㄹ웨어ㄹ 0803 **베드**루움 **풔어**ㄹ니춰ㄹ 0804 어 브라이트 **컬**러ㄹ 0805 쏘오프트 **타우**얼 클로오뜨

0806 ★ □□□

This coat doesn't fit me 이 코트는 나한테 안 맞다

명 coat [kout] 외투, 코트
fit [fit] 동 ~에 꼭 맞다 형 알맞은
The farmer's character was **fit** for farming.
그 농부는 농업에 **알맞은** 성격이었다.(01수능)

0807 ★ □□□

lose a necklace 목걸이를 잃어버리다

명 necklace [ˈnekləs] 목걸이 [neck(목에 거는) + lace(줄)]
팁 earring [íəriŋ] 귀걸이
Little girls wearing **earrings** are not uncommon.
귀걸이를 하고 있는 어린 소녀들이 드물지 않다.(99수능)

0808 ★ □□□

roll up sleeves 소매를 말아 올리다

동 roll [roul] 구르다, 둘둘 말다
명 sleeve [sli:v] 소매(자락)
The stones on the river bank **rolled** under her feet.
강둑의 돌멩이들이 그녀의 발밑으로 **굴러갔다**.(99수능)

0809 ★★ □□□

Chinese traditional clothes 중국의 전통 의상

형 Chinese [ˌtʃaiˈni:z] 중국의, 중국어의 명 China [tʃáinə] 중국
형 traditional [trəˈdiʃənl] 전통적인, 전통의 명 tradition [trəˈdiʃn] 전통
Have the chance to experience each country's dining **traditions**.
각 나라의 식사 **전통**을 경험할 기회를 가져라.(08.06평가원)

0806 디스 코우트 더즌트 퓟 미이 0807 루우즈 어 **네**클리스 0808 뤄울 업 슬리이브즈 0809 촤이**니이**즈 트뤄**디**쉬널 클로우(ㄷ)즈

0810 ★ □□□

wear a suit 정장을 입다

suit [su:t] ⓜ 정장, 소송 ⓓ 어울리다
That new hair style really **suits** you. 그 머리모양은 너에게 정말 잘 **어울려.**
legal **suit** 법적 **소송**(94수능)

0811 ★★ □□□

various kinds of clothes 다양한 종류의 옷

ⓗ various [ˈveriəs] 다양한, 여러 가지의(=a variety of)
ⓜ variety [vəˈraiəti] 다양함
ⓜ kind [kaind] 종류
Other people also have **a variety of** foods.
다른 사람들도 또한 **다양한** 음식들을 가지고 있다.(97수능)

0812 ★ □□□

a jewelry box 보석 상자

ⓜ jewelry [dʒúːəlri] 보석류, 장신구류
ⓜ jewel [ˈdʒuːəl] 보석, 장신구
Most people recognize the diamond as a **jewel**.
대부분의 사람들은 다이아몬드를 **보석**으로 인식한다.(07수능)

0813 ★ □□□

tie up shoelaces 신발 끈을 매다

ⓓ tie [tai] 묶다, 매다
ⓜ shoelace [ˈʃuːleis] 신발 끈, 구두끈
Tie the papers with a rubber band.
고무 밴드로 그 서류들을 **묶어라.**(03.09평가원)

0810 웨어ㄹ 어 수우트 0811 **붸**어뤼어스 카인즈 어브 클로우(ㄷ)즈 0812 어 **쥬우**얼뤼 박스 0813 타이 업 **슈우**레이씨즈

05

0814 ★★ □□□

dye hair red 머리를 빨갛게 염색하다

dye [dai] ⓢ 염색하다, 물들이다 ⓜ 염색약
ⓗ red [red] 빨간, 적색의
The men's hair **dyes** was designed to get out the gray.
그 남성용 머리 **염색약**은 흰머리를 피하려고 고안되었다.(16수능)

0815 ★ □□□

loose pants 헐렁한 바지

ⓗ loose [luːs] 느슨한, 헐렁한 *발음주의 ⓣ lose [luːz] 잃어버리다, 분실하다
ⓜ pants [pænts] 바지
The child had a **loose** tooth.
그 아이는 **흔들리는** 이가 하나 있었다.

0816 ★★ □□□

sew his socks 그의 양말을 꿰매다

ⓢ sew [sou] 바느질하다, 꿰매다 *시제변화 sew-sewed-sewed/sewn
ⓣ a sewing machine 재봉틀 ⓢ sow [sou] 씨를 뿌리다
ⓜ sock [sɑːk] 양말
She **sewed** on a button using a sewing machine
그녀는 재봉틀을 이용해 단추를 **꿰매 달았다.**

0817 ★★ □□□

Wool won't soak up moisture 양모(울)는 습기를 빨아들이지 않는다

ⓜ wool [wul] 양털
ⓢ soak [souk] (흠뻑) 젖다, 적시다 ⓢ soak up 빨아들이다
ⓜ moisture [ˈmɔistʃər] 습기, 수분 ⓗ moist [mɔist] 축축한, 습한
He was standing in the rain, completely **soaked**.
그는 완전히 **젖은** 채로 빗속에 서 있었다.(17수능)

0814 다이 헤어ㄹ 뤠드 0815 루우스 팬츠 0816 쏘우 히즈 싹스 0817 울 워운트 쏘우크 업 **모이**스춰

0818 ★ □□□

get her hair permed 파마를 하다

㊅ get [get] ~시키다, ~하게 하다
㊅ perm [pɜːrm] 파마하다
Avoid getting your hair **permed** too often.
머리를 너무 자주 **파마하는** 것을 피하라.

0819 ★ □□□

a thick blanket 두꺼운 이불

㊖ thick [θik] 두꺼운 ↔ thin [θin] 얇은, 가느다란
㊔ blanket [ˈblæŋkit] 담요, 이불
The legs of insects are long and **thin**.
곤충의 다리는 길고 **가늘다**.

0820 ★ □□□

The colors of the cover faded 덮개 색깔이 바랬다

㊔ cover [ˈkʌvər] 덮개, 뚜껑
㊅ fade [feid] 희미해지다, 색이 바래다
The name of the rock band once written across a ripped T-shirt has **faded**.
찢어진 티셔츠에 새겨졌던 록밴드의 이름이 **바래졌다**.(12수능)

0821 ★ □□□

a stain on my jacket 상의의 얼룩

㊔ stain [stein] 얼룩, 때 ↔ stainless [stéinlis] 얼룩이 지지 않는, 스테인리스의
㊔ jacket [dʒǽkit] 상의, 재킷
My father laughed and wiped away the tear **stains** from my face.
아버지는 웃으며 내 얼굴에 있는 눈물**자국**을 닦아 주셨다.(16.09평가원)

0818 겟 허ㄹ 헤어 퍼ㄹ엄드 0819 어 띡 **블**랭킷 0820 더 **컬**러ㄹ즈 어브 더 **커**버ㄹ **풰이**디드 0821 어 스떼인 온 마이 **줴**킷

0822 ★★ □□□

a fantastic free kick 환상적인 프리킥

㉯ fantastic [fænˈtæstik] 환상적인, 멋진 ㉮ fantasy [ˈfæntəsi] 환상, 판타지
kick [kik] ㉮ 차기, 킥 ㉯ 차다
Often fashion ads, especially perfume ads, use **fantasy**.
종종 패션 광고, 특히 향수 광고는 **판타지**를 이용한다.(08.09평가원)

0823 ★ □□□

play on the muddy ground 진흙 땅에서 경기하다

㉯ muddy [ˈmʌdi] 진흙의 ㉮ mud [mʌd] 진흙
㉮ ground [graund] 땅, 운동장, 근거
The ants came out of the **ground** and up the tree.
개미들이 **땅** 밖으로 나와 나무 위로 올라갔다.

0824 ★ □□□

win a game 시합을 이기다

동 win [win] 이기다 명 winner [ˈwinər] 승자 ↔ loser [ˈlu:zər] 패자
명 game [geim] 놀이, 경기
The men's professional **game** has lost some of its appeal.
남성 프로 **경기**는 그 매력을 약간 잃어버렸다.(06수능)

0825 ★ □□□

catch a ball 공을 잡다

동 catch [kætʃ] 잡다 *시제변화 catch-caught-caught
명 ball [bɔ:l] 공
She waited to **catch** a plane to New York.
그녀는 뉴욕으로 가는 비행기를 **잡으려고** 기다렸다.(14수능)

0822 어 퀜**태**스틱 프뤼이 킥 0823 플레이 온 더 **머**디 그롸운드 0824 윈 어 게임 0825 캐취 어 보올

0826 ★ □□□

The game is over 게임 끝났어

㊝ over [ˈouvər] 끝난, ~이상의
over one thousand dollars 1,000달러 이상
Winter is **over** and rain sets in. 겨울이 **끝나고** 비가 시작된다.(14수능)

0827 ★ □□□

a weak team 약한 팀

㊔ weak [wiːk] 허약한 ㊖ week [wiːk] 일주일
㊊ team [tiːm] 조, 팀
help **weak** older people 허약한 노인들을 돕다(12수능)
For a **week** or two, the teacher worried about the problem.
1~2**주** 동안, 선생님은 그 문제에 대해 걱정하셨다.(11수능)

0828 ★ □□□

join a tennis club 테니스 클럽에 가입하다

㊇ join [dʒɔin] 함께하다, 가입하다
㊊ tennis [ˈtenis] 테니스
㊊ club [klʌb] 동호회, 클럽
He wants you to **join** his birthday party.
그는 당신이 그의 생활파티에 **참가하길** 원한다.

0829 ★★ □□□

do exercise occasionally 이따금씩 운동하다

㊊ exercise [ˈeksərsaiz] 운동, 연습, 훈련
㊝ occasionally [əˈkeiʒənəli] 이따금씩, 때때로
㊔ occasional [əˈkeiʒənl] 이따금씩의 ㊊ occasion [əˈkeiʒn] 경우, 때
Walking is one of the easiest ways to get some minutes of **exercise** after a meal.
산책은 식사 후에 몇 분간 **운동**을 할 수 있는 가장 쉬운 방법 중 하나이다.(12수능)

0826 더 게임 이즈 **오우**붜ㄹ 0827 어 위이크 티임 0828 죠인 어 **테**니스 클럽 0829 두우 **엑**써ㄹ싸이즈 어**케이**줘널리

0830 ★ □□□

a clean swimming pool 깨끗한 수영장

명 swimming [ˈswimiŋ] 수영
동 swim [swim] 수영하다, 헤엄치다 *시제변화 swim-swam-swum
명 pool [puːl] 물웅덩이, 작은 수영장
We have a **pool** in the backyard. 우리는 뒤뜰에 **수영장**이 하나 있다. (03수능)

0831 ★ □□□

put in a locker 사물함에 넣어 두다

명 locker [ˈlɑːkər] 사물함 [lock(열쇠로 잠가) + -er(두는 것)]
lock [lɑk] 동 잠그다, 가두다 명 자물쇠
Their cattle were securely **locked** into their barns.
그들의 소들은 축사에 안전하게 **가두어** 놓았다. (06수능)

0832 ★ □□□

ride a horse 말을 타다

동 ride [raid] 타다, 타고 가다 *시제변화 ride-rode-ridden
명 horse [hɔːrs] 말
Robert kept trying and finally learned to **ride** a bike.
로버트는 끊임없이 노력해서 마침내 자전거 **타는** 법을 배웠다. (01수능)

0833 ★ □□□

blow a whistle 휘파람을 불다

동 blow [blou] 바람 불다, ~을 불다 *시제변화 blow-blew-blown
명 whistle [ˈwisl] 휘파람, 호루라기
The wind is **blowing** through the trees.
나무 사이로 바람이 **불고** 있다.

0830 어 클리인 **스위**밍 푸울 0831 풋 인 어 **락**커ㄹ 0832 롸이드 어 호오ㄹ스 0833 블로우 어 **위**썰

0834 ★ □□□

a cheer leader 응원단장

㉺ cheer [tʃir] 응원, 활기 ㉻ cheerful [ˈtʃirfl] 활기 찬, 명랑한
㉺ leader [ˈliːdər] 지도자, 대장 [led(앞에서 이끄는) + -er(사람)]
The teen girl seemed somewhat **cheerful**.
그 십대 소녀는 다소 **명랑해** 보였다.(15수능)

0835 ★ □□□

a fan club 팬클럽

fan [fæn] ㉺ 팬, 선풍기, 부채 ㉢ 부채질하다
㉮ an electric fan 선풍기
The fire was **fanned** by strong winds.
그 불은 강한 바람이 **부채질해** 키워졌다.(13수능)

0836 ★ □□□

at the end of the game 게임이 끝났을 때

end [end] ㉺ 끝 ㉢ 끝내다
㉻ endless [éndlis] 끝없는, 무한한
end up in failure 실패로 **끝이 나다**.
The supply of fish seemed **endless**. 물고기의 공급이 **끝이 없어** 보였다.(99수능)

0837 ★★ □□□

a final game 마지막 경기

㉻ final [ˈfainl] 마지막의, 최후의
㉫ finally [ˈfainəli] 마침내(=in the end)
The bridge was **finally** completed in 1971.
그 다리 1971년에 **마침내** 완공되었다.(07수능)

0834 어 취어ㄹ **리이**더ㄹ 0835 어 퓐 클럽 0836 앳 디 엔드 어브 더 게임 0837 어 **퐈이**널 게임

0838 ★ □□□

shoot arrows at a target 화살을 과녁에 쏘다

㊍ shoot [ʃuːt] 쏘다, 발사하다 *시제변화 shoot-shot-shot
㊔ arrow [ˈærou] 화살 ㊂ bow [bau] 활
㊔ target [ˈtɑːrgit] 표적, 목표, 과녁
Everything depended on my final **arrow**.
모든 것이 나의 마지막 **화살**에 달려 있었다.(01수능)

0839 ★ □□□

a head coach of a baseball team 야구 팀 감독

㊔ head [hed] 머리, 우두머리 ㊔ coach [koutʃ] 코치, 지도자 ㊔ head coach 감독, 수석코치
㊔ baseball [ˈbeisbɔːl] 야구
㊂ football [ˈfutbɔːl] 축구 volleyball [ˈvɑːlibɔːl] 배구 basketball [ˈbæskitbɔːl] 농구
I saw a boy in the gym playing **basketball**.
나는 한 소년이 체육관에서 **농구**를 하는 것을 보았다.(99수능)

0840 ★★ □□□

challenge on and on 계속해서 도전하다

challenge [ˈtʃæləndʒ] ㊍ 도전하다 ㊔ 도전, 힘든 일
㊈ on and on (쉬지 않고) 계속해서
㊊ on [ɑːn;ɔːn] 계속해서
meet life's **challenges** head-on. 인생의 **난관들**을 정면으로 마주치다(08수능)
The list goes **on and on**. 그 목록은 **계속해서** 이어진다.(12.09평가원)

0841 ★ □□□

crazy fans in the stadium 경기장의 열광하는 팬들

㊎ crazy [ˈkreizi] 미친, 열광하는
㊔ stadium [ˈsteidiəm] (육상) 경기장
All the drivers in this state are **crazy**!
이 주(州)의 운전자들은 모두 **미쳤어**!(98수능)

0838 슈웃 **애**뤄우즈 앳 어 **타아**ㄹ깃 0839 어 헤드 코우취 어브 어 **베이**스보올 티임 0840 **췔**린쥐 온 앤ㄷ 온 0841 **크뤠이**지 퓐즈 인 더 **스떼이**디엄

0842 ★★ □□□

a talented athlete 재능 있는 선수

㉭ talented [ˈtæləntid] 재능 있는 ㉮ talent [ˈtælənt] 재주, 재능, 재능 있는 사람
㉮ athlete [ˈæθliːt] (육상) 운동선수
All **athletes** have the physical skills to be successful.
모든 **선수들**은 성공할 수 있는 신체적 기술들을 지니고 있다.(17.06평가원)

0843 ★ □□□

dislike jogging 조깅을 싫어하다

㉯ dislike [disˈlaik] 싫어하다 [like(좋아하지) + dis-(않다)]
㉯ jog [dʒɑːg] 조깅하다, 달리다
It is small wonder that people **dislike** changing.
사람들이 변화하는 것을 **싫어한다**는 것은 놀랄 만한 일이 아니다.(00수능)

0844 ★ □□□

lead his team to victory 팀을 승리로 이끌다

㉯ lead [liːd] 이끌다, 인솔하다 *시제변화 lead-led-led ↔ mislead [ˈmisˈliːd] 잘못 인도하다, 오해하게 하다
㉭ misleading [ˌmisˈliːdiŋ] 오해하기 쉬운, 잘못된
㉮ victory [ˈviktəri] 승리
The mass media can create a **misleading** impression.
대중매체는 **잘못된** 인상을 만들어 줄 수 있다.

0845 ★ □□□

take part in the Olympic games 올림픽 경기에 참가하다

㉰ take part in ~에 참여하다 [in(~에) + part(한 부분을) + take(담당하다)]
㉭ Olympic [əˈlimpik] 올림픽 경기의, 올림피아의
Students may **take part in** team sports, club activities, and school festivals.
학생들은 단체경기, 클럽활동, 학교축제 등**에 참여할** 수 있다.(02수능)

0842 어 **탤**런티드 **애**뜰리이트 0843 디스**라이**크 **좌**깅 0844 리이드 히즈 티임 투 **빅**터뤼 0845 테이크 파아ㄹ트 인 디 얼**림**픽 게임즈

06

0846 ★ □□□

catch up with other horses 다른 말들을 따라잡다

숙 catch up with ~을 따라잡다
형 other [ˈʌðər] 다른, 그 밖의 팁 another [əˈnʌðər] 또 하나의
I practiced and practiced, trying to **catch up with** the other girls.
나는 연습하고 또 연습하며, 다른 여자애들**을 따라잡으려고** 노력했다.(99수능)

0847[01출] ★ □□□

win the soccer championships 축구 선수권 대회에서 우승하다

명 soccer [sάkər] 축구
명 championship [ˈtʃæmpiənʃip] 선수권 대회 명 champion [ˈtʃæmpiən] 우승자, 챔피언
Your school team won **the soccer championships**.
당신의 학교는 **축구 선수권 대회**에서 우승을 했다.(01수능)

0848 ★★ □□□

call off the game 경기를 취소하다

숙 call off 취소하다(=cancel) 팁 put off 연기하다
put off the meeting 회의를 **연기하다**
The deal was **called off** at the last moment. 그 거래는 마지막 순간에 **취소**되었다.

0849 ★ □□□

run fast 빨리 달리다

동 run [rʌn] 달리다 *시제변화 run-ran-run 명 runner [ˈrʌnər] 경주자
fast [fæst] 부 빨리 형 빠른
Her heart beat **faster**.
그녀의 심장이 **더 빨리** 뛰었다.(06수능)

0846 캐취 업 위드 **어**더ㄹ **호오**ㄹ씨즈 0847 윈 더 **싸**커ㄹ **챔**피언쉽스 0848 코올 오프 더 게임 0849 뤈 f패스트

0850 [96출] ★ □□□

score three runs 3점을 득점하다

score [skɔːr] ⓢ 득점하다, 획득하다 ⓜ 득점, 점수
ⓜ run [rʌn] (야구의) 득점
a three-**run** honer 3**점** 홈런
The game is **scored** similarly to tennis. 그 경기는 테니스와 유사하게 **득점이 이루어**진다. (07수능)

0851 ★★ □□□

cancel a match due to rain 비 때문에 경기를 취소하다

ⓢ cancel [ˈkænsl] 취소하다
ⓜ match [mætʃ] 경기, 성냥 ⓢ 어울리다, 일치하다
ⓢ due to ~ 때문에(=because of)
She decided to **cancel** her plans.
그녀는 자신의 계획들을 **취소하기로** 결심했다. (11수능)

0852 [99출] ★ □□□

practice on Sundays 일요일마다 연습하다

ⓢ on Sunday 일요일마다(=every Sunday) ⓜ Sunday [sʌ́ndei] 일요일
ⓣ Monday [ˈmʌndei] 월요일 Tuesday [ˈtuːzdei] 화요일 Wednesday [ˈwenzdei] 수요일
Thursday [ˈθəːrzdei] 목요일 Friday [ˈfraidei] 금요일 Saturday [ˈsætərdei] 토요일
It was a beautiful **Friday** afternoon. 아름다운 **금요일** 오후였다. (10수능)

0853 [11출] ★★ □□□

the gold medal ceremony 금메달 시상식

ⓜ medal [ˈmedl] 메달, 상패
ⓜ ceremony [ˈserəmouni] 의식, 의례
The graduation **ceremony** will be held next Friday.
졸업**식**은 다음 주 금요일에 열릴 것이다. (08수능)

0850 스코오ㄹ 뜨리이 뤈즈 0851 캔썰 어 매취 듀우 투 뤠인 0852 **프뤡**티스 온 **썬**데이즈 0853 더 고울드 **메**들 **쎄**레모우니

0854 ★ □□□

pull on the rope 밧줄을 잡아당기다

㊐ pull [pʊl] 당기다, 끌다 ↔ push [pʊʃ] 밀다, 압박하다
㊔ rope [roʊp] 줄, 끈
she was **pulled** deeper into the river.
그녀는 강 속으로 더 깊이 **끌어당겨**졌다.(99수능)

0855 ★★ □□□

close the door 문을 닫다

㊐ close [klouz] 닫다, 폐쇄하다 ㊖ close [klous] 가까운 *발음주의
㊔ door [dɔːr] 문, 입구
her **close** friends 그녀의 가까운 친구(16수능)
The airport is **closed** because of the fog. 공항이 안개 때문에 **폐쇄**되었다.(98수능)

0856 ★ □□□

shut the gate 대문을 닫다

㊐ shut [ʃʌt] 닫다 *시제변화 shut-shut-shut
㊖ shutter [ʃʌ́tər] 덧문, (사진기의) 셔터
㊔ gate [geit] 문, 입구
The **shutter** is geared to take only one shot per second.
그 **셔터**는 초당 1장의 사진만 찍을 수 있도록 맞춰져 있다.(94수능)

0857 ★ □□□

stand in front of the house 집 앞에 서다

㊐ stand [stænd] 서다, 서 있다 ㊕ in front of ~ 앞에 front [frʌnt] ㊔ 앞면 ㊖ 정면의
㊔ house [haʊs] 집
I open the **front** door to look outside.
나는 밖을 내다보기 위해 **앞**문을 연다.(13수능)

0854 푸울 온 더 로우프 0855 클로우즈 더 도오ㄹ 0856 쉿 더 게이트 0857 스땐드 인 프뤈트 어브 더 하우스

0858 ★ □□□

sit on the floor 마룻 바닥에 앉다

㊀ sit [sit] 앉다 *시제변화 sit-sat-sat
㊁ floor [flɔːr] 마루, (건물의) 층 ㊂ the second floor 2층
Books about computers were on the second **floor**.
컴퓨터 관련 책들은 2**층**에 있었다.(01수능)

0859 ★ □□□

a pay toilet 유료 화장실

pay [pei] ㊄ 유료의 ㊀ 지불하다 ㊁ 급료, 보수
㊁ toilet [ˈtɔilət] 화장실 ㊁ toilet paper 화장지
water-saving **toilets** 물을 아끼는 **화장실**(07수능)
Pay toilets have been gradually fading out of sight. **유료 화장실**은 점차 (사람들의) 시야에서 사라졌다.(06.06평가원)

0860 ★ □□□

the back yard 뒤 뜰

back [bæk] ㊄ 뒤의 ㊁ 뒷면, 등
㊁ yard [jɑːrd] 마당, 뜰, 야드(길이의 단위, 약 yd)
Sitting at computer desks for hours can cause damage to our **backs**.
컴퓨터 책상에 몇 시간 동안 앉아있는 것은 **등**에 손상을 끼칠 수 있다.(00수능)

0861 ★ □□□

turn the door handle 문의 손잡이를 돌리다

㊀ turn [tɜːrn] 돌리다, 틀다
㊁ handle [ˈhændl] 손잡이
A **door handle** is used to open or close a **door**.
문손잡이는 문을 열거나 닫을 때 사용된다.

0858 씻 온 더 플로오ㄹ 0859 어 페이 **토일**릿 0860 더 백 야아ㄹ드 0861 터ㄹ언 더 도오ㄹ **핸**들

0862

★ □□□

go upstairs 위층에 올라가다

upstairs [ˈʌpˈsterz] ㊖ 위층에, 2층에 ㊔ 위층, 2층 ↔ downstairs [ˈdaʊnˈsterz] ㊖ 아래층에 ㊔ 아래층
㊕ stairs [ster] 계단
She climbed breathlessly up the **stairs**.
그녀는 숨을 헐떡이며 **계단**을 올라갔다.(03.09평가원)

0863

★ □□□

clean his room 방을 청소하다

clean [kliːn] ㊠ 청소하다 ㊜ 깨끗한
㊔ room [ruːm] 방
He decided to **clean** his **room**. 그는 자기 **방**을 **청소**하기로 결심했다.(95수능)
a **clean** sheet of paper **깨끗한** 백지 한 장(08수능)

0864

★★ □□□

build a harbor 항구를 건설하다

㊠ build [bild] 짓다, 건설하다 *시제변화 build-built-built
㊔ harbor [háːrbər] 항구
London city officials wanted to **build** a new bridge.
런던시의 공무원들은 새로운 다리를 **건설하길** 원했다.(07수능)

0865

★ □□□

a ten-story marble hotel 10층짜리 대리석 호텔

㊔ story [ˈstɔːri] 층, 이야기
㊔ marble [ˈmaːrbl] 대리석
Every move of yours tells everyone the **story** of your life.
당신의 모든 행동은 모든 사람에게 당신의 삶의 **이야기**를 말해준다.

0862 고우 **업스떼어**ㄹ즈 0863 클리인 히즈 루움 0864 빌드 어 **하아**ㄹ버ㄹ 0865 어 **텐**-스**또오**뤼 **마아**ㄹ블 호우**텔**

0866

★ □□□

A window in the ceiling opened 천장의 창문이 열렸다

명 window [ˈwindou] 창, 창문
명 ceiling [ˈsi:liŋ] 천장
open [ˈoupən] 동 열리다, 열다 형 열려 있는
The students are beginning to look at the **ceiling**.
학생들이 **천장**을 쳐다보기 시작한다.(05.9평가원)

0867

★ □□□

my own house 내 소유의 집

한 my [mai] 나의 *인칭대명사 변화 I-my-me
팁 you-your-you, he-his-him, she-her-her, we-our-us, they-their-them, it-its-it
own [oun] 대 자기 자신의 동 소유하다
Parents feel a special kind of love for their **own** children.
부모들은 그들 **자신의** 아이들에 대한 특별한 종류의 사랑을 느낀다.(01수능)

0868

★ □□□

sit near the statue 조각상 근처에 앉다

near [nir] 전 ~의 근처에 형 가까운 부 가까이 부 nearly [ˈnirli] 거의(=almost)
명 statue [ˈstætʃu:] 조각상
the **Statue** of Liberty 자유의 여신**상**
He **nearly** fainted with joy. 그는 기뻐서 **거의** 기절할 뻔 했다.(00수능)

0869

★ □□□

a roofless cottage 지붕이 없는 오두막 집

형 roofless [rú:flis] 지붕이 없는 명 roof [ru:f] 지붕
명 cottage [ˈkɑ.tidʒ] 별장, 오두막
We looked up at the stars in the **roofless** house.
우리는 **지붕 없는** 그 집에서 별을 올려다보았다.(14수능)

0866 어 **윈**도우 인 더 **씨일**링 **오우**뻔드 0867 마이 오운 하우스 0868 씻 니어ㄹ 더 스**때**츄 0869 어 **루우**플리스 **카**티쥐

07

0870 ★★ □□□

enter by a back door 뒷문으로 들어가다

㊍ enter [ˈentər] 들어가다(=go into) ㊐ entrance [ˈentrəns] 입구, 입장
㊎ a back door 뒷문
The **entrance** fee is $20 per person.
입장료는 1인당 20달러이다.

0871 ★★ □□□

ancient Roman architecture 고대 로마의 건축물

㊏ Roman [ˈroumən] (고대) 로마의 ㊐ Rome [róum] 로마
㊐ architecture [ˈɑ:rkitektʃər] 건축, 건축물 ㊐ architect [ˈɑ:rkitekt] 건축가
Giorgio Vasari was more successful as an **architect** than a painter.
조르조 바사리는 화가보다는 **건축가**로서 더 성공했다.(12수능)

0872 ★★ □□□

building material 건축 재료

㊐ building [ˈbildiŋ] 건축, 건물 ㊍ bulid [bild] 건설하다
㊐ material [məˈtiriəl] 재료
the raw **materials** 원**료**(16수능)
The brush is made out of smooth **material.**
그 솔은 부드러운 **재료**로 만들어졌다.

0873 ★ □□□

The fire alarm went off 화재경보기가 울렸다

㊐ fire alarm 화재경보기
alarm [əˈlɑ:rm] ㊐ 경보기, 놀람 ㊍ 경계시키다, 놀라게 하다
㊑ go off 울리다, 폭발하다
A bomb **went off.**
폭탄이 폭발했다.

0870 엔터ㄹ 바이 어 백 도오ㄹ 0871 **에인**쉰트 **뤄우**먼 **아**ㄹ커텍춰ㄹ 0872 **빌**딩 머**티**어뤼얼 0873 더 파이어ㄹ 얼**라**ㄹ암 웬트 오프

0874 ★ □□□

a steel bridge 철교

㉢ steel [sti:l] 강철
㉢ bridge [bridʒ] 다리
She broke a small egg into a stainless **steel** bowl.
그녀는 스테인리스 **강철** 그릇에 계란을 깨 넣었다.

0875 ★ □□□

knock on the door 문을 두드리다

knock [nɑ:k] ㉣ 두드리다, 치다 ㉢ 두드림, 노크
㉦ knock down 때려눕히다
The policeman **knocked down** the thief.
그 경찰관이 도둑을 **때려눕혔다**.

0876 ★ □□□

smash a rock with a hammer 망치로 바위를 박살 내다

㉣ smash [smæʃ] 박살 내다, 부수다
㉢ hammer [ˈhæmər] 망치
When you're a **hammer**, everything looks like a nail.
당신이 **망치**이면, 모든 게 못으로 보인다.

0877 ★★ □□□

fasten a screw 나사를 꼭 조이다

㉣ fasten [fǽsn] 조이다, 고정하다 [fast(단단하게) + -en(만들다)] (*발음주의: 't'는 묵음)
㉢ screw [skru:] 나사
All eyes were **fastened** upon him.
모든 눈이 그에게 **고정되어** 있었다.

0874 어 스띠일 브뤼쥐 0875 낙 온 더 도오ㄹ 0876 스매쉬 어 롹 위드 어 **해**머ㄹ 0877 **퐤**쓴 어 스크루우

0878 ★ □□□

graves in the cemetery 공동묘지의 무덤들

grave [greiv] ⑱ 무덤 ⑲ 중대한
⑱ cemetery [ˈsemətəri] (공동)묘지
a **grave** problem 중대한 문제
I stand at the **grave** of the greatest man who taught me in college.
나는 대학 때 나를 가르쳤던 가장 위대한 사람의 **무덤** 앞에 서 있다. (99수능)

0879 ★ □□□

a convenience store 편의점

⑱ convenience [kənvíːnjəns] 편의, 편리 ↔ inconvenience [ˈinkənˈviːniəns] 불편
⑲ convenient [kənˈviːniənt] 편리한, 간편한
An elevator was available for the shoppers' **convenience**.
쇼핑객들의 **편의**를 위한 엘리베이터를 이용할 수 있었다.

0880 ★★ □□□

a long-term loan 장기 대출

long-term 장기간의
⑱ term [təːrm] 기간, 학기; 말, 용어 ⓣ a mid-term exam 중간고사
⑱ loan [loʊn] 대출(금)
The **term** 'multitasking' didn't exist until the 1960s.
'멀티태스킹'이라는 **말**은 1960년대 전까지는 존재하지 않았었다. (15수능)

0878 그우레이브즈 인 더 **쎄**머테리 0879 어 컨**뷔이**년스 스또오ㄹ 0880 어 **롱**-터ㄹ엄 로운

문장 속 괄호의 우리말에 알맞은 단어를 연결하세요.

character ① ⓐ Scientists are (관심이 있는) in stars.
instrument ② ⓑ Don't believe that your work should be (완벽한).
interested ③ ⓒ The janggu is a traditional Korean musical (기구).
perfect ④ ⓓ Moles reveal a person's (성격).

〈보기〉의 단어를 활용하여 빈칸에 우리말에 맞는 단어를 쓰세요.

compose paint

1. He was once expected to be a good ([1]).
그는 한때 훌륭한 **화가**가 될 거라는 기대를 받았다.

2. Schubert was one of the most productive ([2]).
슈베르트는 가장 많은 곡을 쓴 **작곡가들** 중 한 사람이었다.

1 ⓓ 2 ⓒ 3 ⓐ 4 ⓑ
[1] painter [2] composers

〈보기〉의 단어를 활용하여 빈칸에 우리말에 맞는 단어를 쓰세요.

direct effect foreigner industrial inform intend
perform reserve violence

1. Anxiety has a negative effect on physical ([1]).
   걱정은 신체적 **실행**에 부정적인 영향을 지닌다.

2. Actions are more ([2]) than words.
   행동이 말보다 더 **효과적**이다.

3. A ship was sailing on a rough sea during a ([3]) storm.
   배 한 척이 **격렬한** 폭풍 속 거친 바다 위를 항해하고 있었다.

4. ([4]) workers are taught Korean by volunteers.
   외국의 노동자들이 자원봉사자들에게 한국어를 배운다.

5. For further ([5]), please visit our website.
   추가 **정보**를 원하시면, 저희 웹사이트를 방문하십시오.

6. The girl at the counter had no record of my ([6]).
   카운터 여직원에게 내 **예약** 기록이 없었다.

7. We had hit a car coming from the other ([7]).
   우리는 다른 **방향**에서 오는 자동차와 부딪쳤다.

8. A mother's good ([8]) does not always lead to expected results.
   어머니의 좋은 **의도**가 늘 기대하는 결과로 이어지지는 않는다.

9. The video game ([9]) is rapidly expanding.
   비디오 게임 **산업**이 빠르게 팽창하고 있다.

---

[1] performance [2] effective [3] violent [4] Foreign [5] information [6] reservation [7] direction [8] intention [9] industry

문장 속 괄호의 우리말에 알맞은 단어를 연결하세요.

country ① ⓐ Store in a cool and (건조한) place and away from light.
dry ② ⓑ The (가구) is soft and comfortable.
furniture ③ ⓒ That new hairstyle really (어울린다) you.
prevent ④ ⓓ Kathmandu was the (장소) of the ancient kingdom of Nepal.
reserve ⑤ ⓔ Blankets can (막다) ice from melting.
site ⑥ ⓕ America is richer than any other (나라) in the world.
suits ⑦ ⓖ You can (예약하다) a study room through your mobile phone.

〈보기〉의 단어를 활용하여 빈칸에 우리말에 맞는 단어를 쓰세요.

architecture cloth final lead roof sew

1. In stores, ([1]) have a price tag on them.
상점 안의 **옷**은 가격표가 붙어 있다.

2. She ([2]) on a button using a ([3]) machine
그녀는 **재봉**틀을 이용해 단추를 **꿰매 달았다**.

3. The bridge was ([4]) completed in 1971.
그 다리는 1971년에 **마침내** 완공되었다.

4. The mass media can create a ([5]) impression.
대중매체는 **오해하게 만드는** 인상을 만들어 줄 수 있다.

5. We looked up at the stars in the ([6]) house.
우리는 **지붕 없는** 그 집에서 별을 올려다보았다.

6. Giorgio Vasari was more successful as an ([7]) than a painter.
조르조 바사리는 화가보다는 **건축가**로서 더 성공했다.

1 ⓕ 2 ⓐ 3 ⓑ 4 ⓔ 5 ⓖ 6 ⓓ 7 ⓒ
[1] clothes [2] sewed [3] sewing [4] finally [5] misleading [6] roofless [7] architect

문장 속 괄호의 우리말에 알맞은 단어를 연결하세요.

athlete	①	ⓐ Your school team (우승했다) the soccer championships.
ceiling	②	ⓑ He wants you to (함께하다) his birthday party.
cheerful	③	ⓒ The teen girl seemed somewhat (명랑한).
floor	④	ⓓ All (선수들) have the physical skills to be successful.
handle	⑤	ⓔ Books about computers were on the second (층).
join	⑥	ⓕ A door (손잡이) is used to open or close a door.
won	⑦	ⓖ The students are beginning to look at the (천장).

1 ⓓ 2 ⓖ 3 ⓒ 4 ⓔ 5 ⓕ 6 ⓑ 7 ⓐ

Chapter 6

Natural Environment
자연환경

① Environment **환경**

② Animals & Plants **동식물**

③ Resources **자원**

④ Geography **지리**

⑤ Agriculture & Fisheries **농수산**

0881 ★ □□□

a gray cloud 회색 구름

㉻ gray [gréi] 회색의 (*영국에서는 grey 로 쓰기도 함)
㉾ cloud [klaud] 구름 ㉻ cloudy [ˈklaudi] 구름 낀, 흐린
Trees cannot grow in the sky, nor **clouds** be in the deep sea.
나무는 하늘에서 자랄 수 없고, **구름**도 깊은 바다에는 존재할 수가 없다.(94수능)

0882 ★ □□□

a cold winter 추운 겨울

㉻ cold [kould] 추운 ↔ hot [hɑ:t] 더운, 뜨거운
㉾ winter [ˈwintər] 겨울
㉷ spring [spriŋ] 봄, summer [ˈsʌmər] 여름, autumn [ˈɔ:təm] 또는 fall [fɔ:l] 가을
The **summer** air near the ground is **hot**.
지표면 근처의 **여름** 공기는 **뜨겁다**.(98수능)

0883 ★ □□□

a darkening evening sky 어두워지는 저녁 하늘

㉱ darken [dά:rkən] 어두워지다 [dark(어둡게) + -en(만들다)]
㉾ sky [skai] 하늘
I watched the planes taking off into the **sky**.
나는 비행기가 하늘로 이륙하는 것을 보았다.(01수능)

0884 ★ □□□

a deep pond 깊은 연못

㉻ deep [di:p] 깊은
㉾ depth [depθ] 깊이
㉾ pond [pɑ:nd] 연못
Whales can dive to a **depth** of a kilometer.
고래는 1km **깊이**까지 잠수할 수 있다.(12수능)

0881 어 그레이 클라우드 0882 어 코울드 **윈**터 0883 어 **다ㄹ**크닝 **이브**닝 스카이 0884 어 디이프 폰드

0885

★ □□□

put an umbrella up 우산을 쓰다

㊀ put up 올리다 ↔ put down 내려놓다
㊁ umbrella [ʌmˈbrelə] 우산
He **put down** his cup.
그는 컵을 **내려놓았다**.(09.09평가원)

0886

★ □□□

a late fall 늦가을

fall [fɔːl] ㊁ (낙엽이 떨어지는) 가을, 떨어짐, 폭포 ㊂ 넘어지다, 떨어지다 *시제변화 fall-fell-fallen
㊃ the Niagara Falls 나이아가라 폭포
Tears started **falling down** my cheeks.
눈물이 내 볼에 **떨어지기** 시작했다.(05수능)

0887

★ □□□

a dark night 어두운 밤

㊄ dark [dɑːrk] 어두운 ㊁ darkness [ˈdɑːrknəs] 어둠
㊁ night [nait] 밤 ↔ day [dei] 낮
Nothing came from the **darkness**.
어둠 속에서 어떤 것도 나타나지 않았다.(09수능)

0888

★★ □□□

foggy weather 안개 낀 날씨

㊄ foggy [ˈfɔːgi] 안개 낀, 흐린 ㊁ fog [fɔːg;fɑːg] 안개
㊁ weather [ˈweðər] 날씨, 일기 ㊃ whether [ˈweðər] ~인지 아닌지
Many people are worried about the cold **weather**.
많은 사람들이 추운 **날씨**에 대해 걱정한다.

0885 풋 언 엄**브렐**러 업 0886 어 레이트 풔올 0887 어 다ㄹ크 나이트 0888 **풔**기 **웨**더ㄹ

01

0889 ★ □□□

at the sea shore 바닷가에서

㉢ sea [siː] 바다
㉢ shore [ʃɔːr] 해변, 강변, 기슭
She sells seashells at the **sea shore.**
그녀는 **바닷가**에서 조개껍데기를 판다.

0890 ★★ □□□

throw away garbage 쓰레기를 버리다

㉦ throw away 버리다 [away(멀리) + throw(던지다)]
㉢ garbage [ˈgɑːrbidʒ] 쓰레기
We need to separate recyclables from **garbage**.
우리는 재활용품을 **쓰레기**와 분리할 필요가 있다.

0891 ★ □□□

a man-made lake 인공 호수

㉣ man-made 인공의 [man(인간에 의해) + made(만들어진)]
㉢ lake [leik] 호수
A disaster could happen because of natural or **man-made** reasons.
재해는 자연적인 혹은 **인공적인** 이유로 발생할 수 있다.

0892 ★ □□□

a typhoon forecast 태풍 예보

㉢ typhoon [taiˈfuːn] 태풍
㉢ forecast [ˈfɔːrkæst]
Repeated mistakes in weather **forecasts** led to a loss of trust.
일기**예보**의 반복된 잘못은 신뢰의 상실로 이어졌다. (01수능)

0889 앳 더 씨이 쇼어ㄹ 0890 뜨로우 어**웨이 가ㄹ**비쥐 0891 어 **맨 메이드** 레이크 0892 어 타이**푸운 포ㄹ**캐스트

0893 ★★★ □□□

concern for the environment 환경에 대한 관심

(명) concern [kən|s3:rn] 관심, 관계
(명) environment [in|vairənmənt] 환경
Not all animals survive in a natural **environment.**
모든 동물들이 자연 **환경**에서 살아남는 것은 아니다.

0894 ★ □□□

plant a hedge 울타리를 심다

plant [plænt] (명) 식물 (동) 심다
(명) hedge [hedʒ] 울타리
The rainforests are full of **plants** and animals.
열대우림 지역은 **식물들**과 동물들로 가득하다.(04수능)

0895 ★★ □□□

an empty bottle 빈 병

empty [ˈempti] (형) (텅) 빈, 공허한 (동) 비우다
(명) bottle [ˈbɑ:tl] 병, 술병
empty the trash can 쓰레기통을 비우다
Between the two wine glasses was a small **empty** box.
두 와인 잔 사이에 작은 **빈** 상자 하나가 있었다.(05수능)

0896 ★★ □□□

a touching scene 감동적인 장면

(형) touching [ˈtʌtʃiŋ] 감동적인(=moving [ˈmu:viŋ])
(명) scene [si:n] 장면 (명) scenery 경치, (무대) 배경
a **moving** story **감동적인** 이야기
Mexico is well known for its **scenery**. 멕시코는 그 **경치**로 유명하다.(94수능)

0893 칸**써ㄹ언** 풔ㄹ 디 인**바이**런먼트 0894 플랜트 어 헤쥐 0895 언 **엠**프티 바를 0896 어 **터**칭 씨인

01

0897 ★ □□□

a wonderful view 멋진 전망

㊕ wonderful [ˈwʌndərfl] 멋진, 훌륭한
wonder [ˈwʌndər] ㊔ 놀라움, 경탄 ㊐ 놀라다, 궁금하다 ㊔ view [vjuː] 경치, 전망
I **wonder** where he is.
어디 있는지 **궁금하다**.

0898 ★ □□□

a heavy thunderstorm 심한 폭풍우

㊔ thunderstorm [ˈθʌndərstɔːrm] 폭풍우 ㊇ thunder [ˈθʌndər] 천둥 lightning [ˈlaitniŋ] 번개
It is never safe to be outdoors during a **thunderstorm**.
폭풍우 동안 야외에 있는 것은 결코 안전하지 않다.
a **lightning** fast snap of the jaws **번개**처럼 빠른 입질(07수능)

0899 ★ □□□

destroy forests 숲을 파괴하다

㊐ destroy [diˈstrɔi] 파괴하다 ㊔ destruction [diˈstrʌkʃn] 파괴
Modern technology **destroys** nature.
현대 기술은 자연을 **파괴한다.**
destruction of their natural habitats 그들의 자연서식지 **파괴**(04수능)

0900 ★ □□□

climb the cliff 절벽을 오르다

㊐ climb [klaim] (기어)오르다
㊔ cliff [klif] 절벽, 낭떠러지
Climbing the mountain was much more difficult than I had imagined.
산을 **오르는 것**은 내가 상상했던 것보다 훨씬 더 어려웠다.(01수능)
the beach below a **cliff** **절벽** 아래에 있는 해변(12.06평가원)

0897 어 **원**더ㄹ플 뷰우 0898 어 헤비 **떤**더ㄹ스토옴 0899 디스**트로**이 **포오**리스츠 0900 클라임 더 클리프

0901 ★ □□□

a global issue 전 세계적 문제

(형) global [ˈgloʊbl] 지구의, 전 세계적인
(명) globe [gloʊb] 지구본, 지구
(명) issue [ˈiʃuː] 문제, 논쟁
Some universities remain silent on the important **issues** of the day.
일부 대학들은 시대의 중요한 **문제들**에 대해 침묵한다.(95수능)

0902[01출] ★ □□□

a magical sunrise 환상적인 일출

(형) magical [ˈmædʒikl] 마법의, 매혹적인
(명) magic 마술 (명) magician 마술사
(명) sunrise [ˈsʌnraiz] 일출, 해돋이 ↔ sunset [ˈsʌnset] 일몰, 해넘이
They were standing on a beach, watching a beautiful **sunset**.
그들은 아름다운 **일몰**을 지켜보며, 해변에 서 있었다.(10수능)

0903 ★ □□□

pop up behind the rock 바위 뒤에서 갑자기 나타나다

(동) pop [pɑp] 펑 소리 나다, 불쑥 나타나다
(전) behind ~뒤에 ↔ before ~앞에
(명) rock [rɑk] 바위
Old memories **popped up** in his dreams.
오래된 추억들이 그의 꿈속에 **나타났다**.

0904 ★ □□□

The sun rises in the east 해는 동쪽에서 뜬다

(명) sun [sʌn] 해, 태양 (팁) moon [muːn] 달
(동) rise 뜨다, 오르다 *시제변화 rise rose risen
We sent a rocket to the **moon**.
우리는 로켓을 **달**까지 보냈다.(99수능)

0901 어 **글로우**벌 **이**쓔우 0902 어 **매**쥐컬 **썬**라이즈 0903 팝 업 비**하인**드 더 롹 0904 더 썬 롸이지즈 인 디 이스트

01

0905 ★★ □□□

a mild climate 온화한 기후

㉻ mild [maild] 부드러운, 온화한
㉾ climate [ˈklaimət] 기후
The city of Kathmandu enjoys a warm **climate** year-round.
카트만두라는 도시는 연중 따뜻한 **기후**를 누린다.(05수능)

0906 ★ □□□

a branch of an oak tree 오크 나뭇가지

㉾ branch [bræntʃ] 가지, 지점 ㉱ stem [stem] 줄기 leaf [li:f] 잎 root [ru:t] 뿌리
㉾ oak [ouk] 오크(나무)
The **branches** of a tree are cut off.
나뭇**가지들**이 잘려져 있다.(04수능)

0907 ★ □□□

duck feather pillows 오리 (깃)털 베개

㉾ duck [dʌk] 오리
㉾ feather [ˈfeðər] 깃털
㉾ pillow [ˈpilou] 베개
Birds of a **feather** flock together.
같은 **깃털**의 새들이 함께 모인다.(=유유상종類類相從)

0908 ★★ □□□

pollute a river 강을 오염시키다

㉺ pollute [pəˈlu:t] 오염시키다 ㉾ pollution [pəˈlu:ʃn] 오염
㉾ river [ˈrivər] 강
㉱ sea [si:] 바다 ocean [ˈouʃn] 대양, 바다
Air **pollution** causes global warming.
대기 **오염**이 지구 온난화를 야기한다.

0905 어 마일드 **클라이**밋 0906 어 브랜취 어브 언 오우크 츄리이 0907 덕 **풰**더ㄹ **필**로우즈 0908 펄**루우**트 어 **뤼**버ㄹ

0909 ★★ □□□

reduce environmental pollution 환경오염을 줄이다

(동) reduce [riˈduːs] 줄이다, 축소하다 (명) reduction [riˈdʌkʃn] 감소
(형) environmental [inˌvairənˈmentl] 환경의 (명) environment [inˈvairənmənt] 환경
The annual death rate was **reduced** by half.
연간 사망률이 절반으로 **줄어**들었다.(07.06평가원)

0910 ★ □□□

a bamboo forest 대나무 숲

(명) bamboo [ˌbæmˈbuː] 대나무
(명) forest [ˈfɔːrist]/[ˈfɑːr-] 숲
The **forest** air is cool and pleasant.
숲의 공기는 시원하고 상쾌하다.

0911 ★ □□□

a cloud of dust 먼지투성이 (흙먼지)

(명) dust [dʌst] 먼지
(형) dusty [ˈdʌsti] 먼지투성이인
The automobile is running on a **dusty** road.
자동차가 **먼지투성이인** 도로 위를 달리고 있다.

0912 [02출] ★ □□□

frost and snow 눈서리

frost [frɔːst] (명) 서리 (동) 서리가 내리다
snow [snou] (명) 눈 (동) 눈이 내리다
The **snow** made everything look so different.
눈은 모든 것을 달라 보이게 만들었다.(04.06평가원)

0909 뤼**듀우**스 인바이런**멘**털 펄**루우**션 0910 어 뱀**부우** **풔오**리스트 0911 어 클라우드 어브 더스트 0912 프뤄스트 앤ㄷ 스노우

01

0913[09출] ★ □□□

the water supply 물 공급

supply [sə|plai] 명 공급 동 공급하다 ↔ demand [di|mænd] 명 수요, 요구 동 요구하다
There is a gap between the labor **supply** and **demand**.
노동의 **공급**과 **수요** 사이에는 차이가 있다.(03수능)

0914[08출] ★ □□□

sweet-smelling soil 향긋한 냄새가 나는 흙

형 sweet [swi:t] 달콤한, 향기로운
명 soil [sɔil] 흙, 토양
The vine's roots dig deep into the **soil**.
덩굴의 뿌리는 **땅** 속 깊이 파고든다.(06수능)

0915 ★★ □□□

average temperatures in January 1월 평균 기온

명 January [|dʒænjueri] 1월 팁 February [|februeri] 2월 March [mɑ:rtʃ] 3월 April [|eiprəl] 4월
May [mei] 5월 June [dʒu:n] 6월 July [dʒu|lai] 7월 August [|ɔ:gəst] 8월 September [sep|tembər] 9월
October [ɑ:k|toubər] 10월 November [nou|vembər] 11월 December [di|sembər] 12월
In Siberia, temperatures in **January** range from −20℃ to −35℃.
시베리아의 **1월** 기온은 영하 20℃에서 영하 35℃이다.(14수능)

0916 ★ □□□

a rainy season 장마철

형 rainy [|reini] 비오는 rain [rein] 명 비 동비오다
팁 sunny [|sʌni] 맑은, cloudy [|klaudi] 흐린, snowy [|snoui] 눈이 오는, windy [|windi] 바람 부는,
foggy [|fɔ:gi;|fɑ:gi] 안개 낀 명 season [|si:zn] 계절
You should not judge a tree by only one **season**.
한 **계절**만 보고 나무를 판단해서는 안 된다.(06.09평가원)

0913 더 **워**어러ㄹ 써**플라이** 0914 스위이트-스**멜**링 쏘일 0915 **애**붜ㄹ리쥐 **템**퍼뤄춰ㄹ즈 인 **줴**뉴에리 0916 어 **뤠이**니 **씨이**즌

0917 ★ □□□

hard like a stone 돌처럼 딱딱한

hard [hɑ:rd] 딱딱한, 어려운
㉺ like [laik] ~처럼, ~같이 ⓗ alike [əˈlaik] 서로 같은, 닮은
The beautiful view made the **hard** climb worthwhile.
아름다운 경치는 **어려웠던** 등반을 보람 있게 만들었다.(01수능)

0918 ★ □□□

The flood spoiled the crops 홍수가 농작물을 망쳐 놓았다

ⓜ flood [flʌd] 홍수 *발음주의
ⓓ spoil [spɔil] 망치다, 손상시키다
Too many cooks **spoil** the broth.
너무 많은 요리사는 고깃국을 **망친다.** (=사공이 많으면 배가 산으로 간다.)(05.06평가원)

0919[03출] ★★ □□□

universal truths 보편적 진실

ⓗ universal [ˌju:niˈvə:rsl] 보편적인, 우주의 ⓜ universe [ˈju:nivə:rs] 우주
We explore the **universe** by observing it with all kinds of telescopes.
우리는 모든 종류의 망원경으로 관찰함으로써 **우주**를 탐험한다.(02수능)

0920 ★ □□□

convert a time zone 시간대를 변경하다

ⓓ convert [kənˈvə:rt] 바꾸다, 전환하다
ⓜ zone [zoun] 지대, 지역
Oaks grow widely throughout the mild temperature **zone**.
오크나무는 온화한 기온 **지역** 전역에서 널리 자란다.(07.06평가원)

0917 하아ㄹ드 라이크 어 스또운 0918 더 플러드 **스뽀일**드 더 크랍스 0919 유우니**붜**ㄹ설 추루우뜨ㅅ 0920 컨**붜어**ㄹ트 어 타임 조운

0921 ★ □□□

a cute puppy 귀여운 강아지

㉧ cute [kju:t] 귀여운
㉨ puppy [ˈpʌpi] 강아지
You can turn the plastic bottles into **cute** vases.
당신은 플라스틱 병을 **귀여운** 꽃병으로 바꿀 수 있다.

0922 ★ □□□

hate a dog 개를 싫어하다

㉢ hate [heit] 싫어하다, 미워하다(=dislike)
㉨ dog [dɔ:g] 개
When we **hate** ourselves, we **hate** everybody else.
자신을 **미워하면**, 다른 모든 사람들도 **미워진다.** (99수능)

0923 ★ □□□

hunt a bear 곰을 사냥하다

㉢ hunt [hʌnt] 사냥하다 ㉨ hunter [ˈhʌntər] 사냥꾼
㉨ bear [ber] 곰
The number of **hunting** accidents has increased sharply.
사냥 사고의 횟수가 급격하게 증가했다. (02수능)

0924 ★ □□□

a bird's nest 새의 둥지

㉨ bird [b3:rd] 새
㉨ nest [nest] 둥우리, 둥지
Cuckoo birds lay an egg in the **nest** of another **bird**.
뻐꾸기들은 다른 **새**의 **둥지**에 알을 낳는다. (17.06평가원)

0921 어 큐우트 퍼피 0922 헤이트 어 도옥 0923 헌트 어 베어ㄹ 0924 어 버어ㄹ즈 네스트

0925 ★★ □□□

save many lives of humans and animals 많은 인간과 동물들의 목숨을 구하다

㊍ save [seiv] 구하다, 절약하다 ㊒ many [ˈmeni] 많은, 다수의 ㊖ much [mʌtʃ] 많은, 다량의
㊔ life [laif] 생명, 삶 ㊙ lives [laivz] *발음주의
㊔ wolf [wulf] 늑대 ㊙ wolves, ㊔ wife [waif] 아내 ㊙ wives, ㊔ knife [naif] 칼 ㊙ knives
㊔ human [ˈhju:mən] 인간, 인류 ㊔ animal [ˈæniml] 동물
The city is doing **many** things to **save** energy. 시는 에너지를 **절약하기** 위해서 **많은** 일들을 하고 있다.(01수능)

0926 ★ □□□

roots of a tree 나무의 뿌리

㊔ root [ru:t] 뿌리, 선조
㊔ tree [tri:] 나무
My true **roots** were from Scotland.
나의 본 **뿌리(=선조)**는 스코틀랜드에서 왔다.

0927 ★ □□□

sit on the grass 풀밭에 앉다

㊔ grass [græs] 풀밭, 잔디
㊖ glass [glæs] 유리잔
A large wine **glass** suddenly broke.
커다란 와인 **유리잔**이 갑자기 깨졌다.(99수능)

0928 ★ □□□

slow like a turtle 거북처럼 느린

㊒ slow [slou] 느린
㊔ turtle [ˈtɜ:rtl] (바다) 거북
Slow and steady wins the race.
느리고(=서두르지 않고) 꾸준해야 경주에서 승리한다.

0925 쎄이브 메니 라이브즈 어브 **휴우**먼즈 앤ㄷ **애**너멀즈 0926 루우츠 어브 어 츄리이 0927 씻 온 더 그뤠스 0928 슬로우 라이크 어 **터**어ㄹ를

02

0929 ★ □□□

Watch out the fierce dog! 그 사나운 개 조심해!

㊌ watch out 조심하다(=look out, be careful)
㊐ fierce [fiərs] 사나운, 지독한 ㊎ fiercely [fiərsli] 사납게, 맹렬히
The dogs were barking **fiercely** on the floor.
개들이 복도에서 **사납게** 짖어 대고 있었다.(16.06평가원)

0930 ★ □□□

a pet parrot 애완용 앵무새

㊔ pet [pet] (고양이, 새, 강아지 등) 애완동물 ㊔ parrot [ˈpærət] 앵무새
Pets like dogs and cats need special care.
개나 고양이와 같은 **애완동물**들은 특별한 관심이 필요하다.

0931 ★ □□□

be afraid of a snake 뱀을 무서워하다

㊒ afraid [əˈfreid] 무서워하는, 걱정하는
㊔ snake [sneik] 뱀
I'm **afraid** I can't go. (**안타깝지만**) 못 갈 거 같아.
The **snake** vibrates its tail and even bites.
그 **뱀**은 꼬리를 흔들고 심지어 물기까지 한다.(04.06평가원)

0932 ★ □□□

a little buzzing bee 윙윙거리는 작은 벌

㊒ buzzing [bʌ́ziŋ] 윙윙거리는 ㊐ buzz [bʌz] 윙윙거리다
㊔ bee [biː] 꿀벌, 벌
A **bee** is **buzzing** busily collecting honey
벌 한 마리가 꿀을 찾아 바쁘게 **윙윙거리고** 있다

0929 와취 아웃 더 **퓌**어ㄹ스 **도옥** 0930 어 펫 **패뤗** 0931 비 어**프레이**드 어브 어 스네이크 0932 어 리를 **버**징 비이

0933 ★★ □□□

protect animals 동물을 보호하다

㊍ protect [prəˈtekt] 보호하다, 지키다
㊔ protection [prəˈtekʃn] 보호
The natural environment needs to be **protected**.
자연환경은 **보호**될 필요가 있다.(17수능)

0934 ★ □□□

tame wild animals 야생 동물들을 길들이다

tame [teim] ㊍ 길들이다 ㊖ 유순한, 길든
㊖ wild [waild] 야생의, 사나운
Chemical poisons can kill **wild** animals or even pets.
화학물질의 독은 **야생** 동물들과 애완동물들까지도 죽일 수 있다.(00수능)

0935 ★ □□□

an elephant's trunk 코끼리 코

㊔ elephant [ˈelifənt] 코끼리
㊔ trunk [trʌŋk] (코끼리의) 코, (여행용) 가방, (나무의) 줄기 ㊙ trunks 헐렁한 (운동용) 반바지
㊙ swimming trunks (남성용) 수영팬츠
The **trunk** of a tree contains a large amount of water.
나무의 **줄기**는 매우 많은 양의 물을 담고 있다.(07.06평가원)

0936 ★★ □□□

get rid of mosquitos 모기들을 없애 버리다

㊕ get rid of ~을 제거하다, 없애다
㊔ mosquito [məˈskiːtou] 모기
We should **get rid of** all the cars in the world.
우리는 세상의 모든 자동차들**을 없애야** 한다.(97수능)

0933 프뤄**텍**트 **애**너멀즈 0934 테임 와일드 **애**너멀즈 0935 언 **엘**러퓐츠 튜뤙크 0936 겟 뤼드 어브 머스**끼이**로우즈

02

0937

★ □□□

Whales are mammals 고래는 포유류이다

Ⓜ whale [weil] 고래 Ⓣ dolphin [ˈdɑːlfin] 돌고래
Ⓜ mammal [ˈmæml] 포유류, 포유동물
Polar bears are powerful marine **mammals**.
북극곰은 강력한 바다 **포유류**이다.(11.06평가원)

0938

★★ □□□

the unknown world of communication between animals

알려지지 않은 동물 간 의사소통의 세계

형 unknown [ˈʌnˈnoʊn] 미지의, 알려지지 않은 ↔ known [noʊn] 알려진
명 communication [kəˌmjuːniˈkeiʃn] 의사소통, 전달
동 communicate [kəˈmjuːnikeit] 의사소통하다, 전달하다
We can **communicate** with others no matter where we are.
우리는 어디에 있든 다른 사람들과 **의사소통할** 수 있다.(08수능)

0939

★ □□□

a bald eagle flying in the sky 하늘을 나는 대머리 독수리

형 bald [bɔːld] 대머리의, 털이 없는
명 eagle [ˈiːgl] 독수리
Old bulls are usually **bald**.
나이 든 황소는 보통 **털이 없다**.

0940

★ □□□

A hawk caught a sparrow 매 한 마리가 참새를 잡았다

명 hawk [hɔːk] 매
명 sparrow [ˈspæroʊ] 참새
A **sparrow** flying swiftly across the field struck the glass.
들판을 가로질러 빠르게 날던 **참새**가 유리에 부딪혔다.(07.06평가원)

0937 웨일즈 아ㄹ **매**멀즈 0938 디 언**노운** 워얼드 어브 커뮤니**케이**션 비**트위인 애**너멀즈 0939 어 보올드 **이**걸 **플라**잉 인 더 스까이 0940 어 호오크 코오트 어 **스빼**뤄우

0941 ★★ □□□

an active volcano 활화산

㉻ active [ˈæktiv] 활동적인 ㉾ action [ˈækʃn] 활동, 행위 ㉯ act [ækt] 활동하다
㉾ volcano [vɑːlˈkeinou] 화산
Normal mountains are really dead compared to **volcanoes**.
보통의 산은 **화산**과 비교하면 정말 죽어 있은 산이다.(03.09평가원)

0942 ★ □□□

a huge wave 거대한 파도

㉻ huge [hjuːdʒ] 거대한 막대한
wave [weiv] ㉾ 파도, 물결 ㉯ 파도치다, 손을 흔들다
㉾ sound wave 음파
I would smile and **wave** to the passing cars.
나는 지나가는 차들에 웃으며 **손을 흔들**곤 했다.

0943 ★★ □□□

gather nectar from the flowers 꽃에서 꿀을 모으다

㉯ gather [ˈgæðər] 모으다, 채집하다
㉾ nectar [ˈnektər] 꿀, 과즙
live by hunting and **gathering** 수렵과 **채집**으로 살아가다(06.09평가원)
She **gathered** the seashells on the beach. 그녀는 해변에서 조개껍데기를 **모았다**.(00수능)

0941 언 **액**티브 봘**케이**노우 0942 어 휴우쥐 웨이브 0943 **개**더ㄹ **넥**터ㄹ 프뤔 더 **플라우**어ㄹ즈

0944 ★ □□□

shine brightly 밝게 빛나다

㉣ shine [ʃain] 빛나다
㉣ brightly [bráitli] 밝게 ㉣ bright [brait] 밝은, 영리한
Hikers should wear **bright**, colorful clothing during hunting season.
등산객들은 사냥철에 **밝고** 화려한 색깔의 옷을 입어야 한다.(02수능)

0945 ★ □□□

burn some wood 나무를 태우다

㉣ burn [bɜːrn] 타다, 불태우다 *시제변화 burn-burned/burnt-burned/burnt
㉣ wood [wʊd] 나무, 목재 ㉣ woods 숲
Many people were publicly **burnt** to death.
많은 사람들을 공개적으로 **태워** 죽였다(=화형시켰다).

0946 ★ □□□

flow slowly 천천히 흐르다

㉣ flow [floʊ] 흐르다 *시제변화 flow-flowed-flowed
㉣ fly [flai] 날다 *시제변화 fly-flew-flown
㉣ slowly [ˈsloʊli] 느리게, 천천히 ㉣ slow [sloʊ] 느린
The slow-moving Duoro River **flows** to the Atlantic.
느리게 움직이는 듀오로강은 대서양으로 **흐른다**.(08.09평가원)

0947 ★ □□□

save energy 에너지를 절약하다

㉣ save [seiv] 절약하다, 구하다
㉣ energy [ˈenərdʒi] 에너지, 힘
save his life 그의 목숨을 구하다
Time and **energy** are important to learning. 시간과 **에너지**는 배움에 있어서 중요하다.

0944 샤인 **브라이**틀리 0945 버어언 썸 우드 0946 플로우 **슬로**울리 0947 쎄이브 **에**너ㄹ쥐

0948

★ □□□

damage by an earthquake 지진으로 인한 피해

명 damage [ˈdæmidʒ] 손상, 피해
명 earthquake [ˈɜːrθkweik] 지진 [earth(땅이) + quake(흔들리는 것)]
Strong winds can cause **damage** to crops.
강한 바람은 농작물에 **피해**를 끼칠 수 있다.

0949

★ □□□

run out of gas 연료가 다 떨어지다

숙 run out of ~을 다 써버리다, ~이 다 떨어지다
명 gas [gæs] 기체, 가스, 가솔린 (*gasoline의 줄임말)
Arthur was **running out of** money.
아서는 돈**이 다 떨어져 가고** 있었다.(96수능)

0950

★★ □□□

produce natural gas 천연가스를 생산하다

natural gas 천연가스
형 natural [ˈnætʃrəl] 자연(천연)의 명 nature [ˈneitʃər] 자연
Nature provides food to humans.
자연은 인간에게 먹을 것을 제공해 준다.

0951

★ □□□

The tank is filled with water 탱크가 물로 채워져 있다

명 tank [tæŋk] 탱크 동 fill [fil] 채우다, 채워 넣다
숙 be filled with ~로 가득하다(=be full of)
Children **filled** the buckets with water.
아이들이 양동이를 물로 **가득 채웠다**.

0948 **대**미쥐 바이 언 **어**ㄹ뜨퀘이크 0949 뤈 아웃 어브 개스 0950 프뤄**듀우**스 **내**춰럴 개스 0951 더 탱크 이즈 **퓔**드 위드 **워**어러ㄹ

0952 ★ □□□

burn coal in a fireplace 벽난로에 석탄을 때다

명 coal [koul] 석탄
명 fireplace [ˈfaiərpleis] (벽)난로, 아궁이
The **coal** industry required many miners.
석탄 산업은 많은 광부들을 필요로 했다.

0953 ★ □□□

a heavy metal such as lead 납과 같은 중금속

heavy metal 중금속, (록 음악의) 헤비메탈
명 metal [metl] 금속
명 lead [led]납
Gold was looked upon as the most perfect **metal**.
금은 가장 완벽한 **금속**으로 간주되었다.(06.06평가원)

0954 ★ □□□

dig a well 우물을 파다

동 dig [dig] 파다 *시제변화 dig-dug-dug
well [wel] 명 우물 부 잘
The ant **digs** a hole in the ground.
개미는 땅속에 굴을 **판다**.

0955 ★ □□□

slip on ice 얼음 위에서 미끄러지다

동 slip [slip] (벌러덩) 미끄러지다, 미끄러져서 넘어지다
팁 slide [slaid] (길게) 미끄러져 가다, 활주하다
명 ice [ais] 얼음, 빙판
The spoon **slipped** from your hand, pouring its contents.
숟가락이 손에서 **미끄러져** 내용물을 쏟았다.(15.06평가원)

0952 버ㄹ언 코울 인 어 **퐈이**어ㄹ플레이스 0953 어 **헤**비 **메**를 서취 애즈 레드 0954 디그 어 웰 0955 슬립 온 아이스

0956 ★★ □□□

the yearly average temperature 연 평균 기온

㉻ yearly [ˈjirli] 매년의 연간의 ㉷ monthly [ˈmʌnθli] 매월의 weekly [ˈwiːkli] 매주의 daily [ˈdeili] 매일의
㉻ average [ˈævəridʒ] 평균의
㉾ temperature [ˈtemprətʃər] 기온, 온도
Lower the **temperature** a little to about 37℃. **온도**를 37℃까지 조금 낮춰라.(01수능)

0957 ★★ □□□

the desert area 사막 지역

㉾ desert [dézərt] 사막
㉷ dessert [dizə́ːrt] 디저트, 후식
They serve ice cream for **dessert** in Chinese restaurants.
중국요리 식당에서는 **후식**으로 아이스크림을 제공한다.(10.06평가원)

0958 ★ □□□

the bottom of the ocean 바다 밑, 해저

㉾ ocean [ˈouʃn] 대양, 해양 ㉷ sea [siː] 바다
㉷ the Pacific Ocean 태평양, the Atlantic Ocean 대서양, the Indian Ocean 인도양
Mexicans can swim in the warm **ocean** water.
멕시코 사람들은 따뜻한 **바닷**물에서 수영을 할 수 있다

0959 ★ □□□

Make sure you turn off the water 물 잠그는 것 잊지 마라

㉽ make sure (that) 확실히 ~하도록 하다, 잊지 않고 꼭 ~하다
㉷ make sure to 확실히 ~하다(=be sure to)
㉽ turn off ~을 끄다, 잠그다 ↔ turn on ~을 켜다
Make sure you review your material thoroughly.
내용을 철저하게 복습하는 것을 **잊지 마라.**(05.09평가원)

0956 디 **이**얼리 **애**붜뤼쥐 **템**퍼뤄춰 0957 더 **데**저ㄹ트 **에어**뤼어 0958 더 **바**럼 어브 디 **오우**션 0959 메이크 슈어ㄹ 유우 터ㄹ언 어프 더 **워어**러ㄹ

0960 ★ □□□

live in clear water 깨끗한 물에서 살다

형 clear [kliər] **깨끗한, 맑은** **부** clearly [ˈklirli] **깨끗하게, 분명히**

a **clear** answer **분명한** 대답

You should first set your goals **clearly.**

당신은 먼저 목표를 **분명히** 세워야 한다.(01수능)

0961 ★ □□□

Fuel is leaking 연료가 새고 있다

명 fuel [ˈfjuːəl] **연료**

동 leak [liːk] **새다, 누출되다**

fuel and food problems **연료**와 식량 문제(07수능)

When the roof **leaks**, only the parent worries.

지붕이 **물이 새면**, 부모님만 걱정을 하신다.(05수능)

0962 ★★ □□□

tear paper into scraps 종이를 조각조각 찢다

동 tear [tɛər] **찢다** ***시제변화** tear-tore-torn **명** tear [tiər] **눈물** ***발음주의**

명 scrap [skræp] **작은 조각, 쓰레기**

People wear **torn** jeans to express personal style.

사람들은 개인적 스타일을 표현하기 위해 **찢어진** 청바지를 입는다.

0960 리브 인 클리어ㄹ **워**어러ㄹ 0961 **퓨우**얼 이즈 **리이**킹 0962 테어ㄹ **페이**퍼ㄹ 인투 스크뤱스

0963 ★ □□□

far from here 여기서 먼

㊕ far from ~에서 먼, 결코 ~이 아닌(=never)
far [fɑːr] ㊔ 먼 ㊖ 멀리 *비교급변화 far-farther-farthest
㊗ far from the truth 전혀 사실이 아닌
Humans are learning how to travel faster and **farther**.
인간은 더 빨리 **더 멀리** 여행하는 방법을 배우고 있다.(02수능)

0964 ★ □□□

I was born in Busan 난 부산에서 태어났다

㊓ bear [bɛər] (아이를) 낳다 *시제변화 bear-bore-born/borne
㊕ be born 태어나다
㊔ born [bɔːrn] 선천적인, 타고난
Lisa is a **born** liar. 리사는 **타고난** 거짓말쟁이이다.(97수능)

0965 ★ □□□

South Korea 남한

㊒ south [sauθ] 남쪽 ㊗ east [iːst] 동쪽 west [west] 서쪽 north [nɔːrθ] 북쪽
㊔ southern [ˈsʌðərn] 남쪽의
㊒ Korea [kəríːə,kɔː-] 한국 ㊗ North Korea 북한
The Bushmen live in the Kalahari Desert in **southern** Africa.
부시맨 부족은 **남**아프리카의 칼라하리 사막에 산다.(16.09평가원)

0966 ★★ □□□

an accurate map of a territory 정확한 영토 지도

㊔ accurate [ˈækjərət] 정확한, 정밀한
㊒ map [mæp] 지도
㊒ territory [ˈterətɔːri] 영토, 땅
Maps reflect the world views of their makers.
지도는 제작자의 세계관을 반영한다.

0963 퐈아ㄹ 프뤔 히어ㄹ 0964 아이 워즈 보ㄹ온 인 **부**산 0965 싸우뜨 커**리**이어 0966 언 **애**켜뤼트 맵 어브 어 **테**뤄토오뤼

04

0967 ★ □□□

Go straight two blocks 두 구역 곧장 가세요

㉮ straight [streit] 곧장, 똑바로
㉯ block [blɑ:k] 구획, 블록
㉰ turn right/left 오른쪽/왼쪽으로 돌다
We're going to send a rocket **straight** to the sun.
우리는 **곧장** 태양까지 로켓을 보낼 예정이다.(99수능)

0968 ★★ □□□

the continent of Africa 아프리카 대륙

명 continent [ˈkɑ:ntinənt] 대륙
명 Africa [ǽfrikə] 아프리카 팁 Asia [éiʒə] 아시아, Europe [ˈjʊrəp] 유럽, America [əmérikə] 아메리카
The North American **continent** is the 3rd largest **continent**.
북아메리카 **대륙**은 세 번째로 큰 **대륙**이다.

0969 ★★ □□□

the capital of France 프랑스의 수도

명 capital [ˈkæpitl] 수도, 대문자, 자본 팁 a capital letter 대문자
명 France [fræns] 프랑스
Human **capital** consists of the skills and knowledge.
인적**자본**(=인적자원)은 기술과 지식으로 구성된다.(04.09평가원)

0970 ★★ □□□

discover an island 섬을 발견하다

동 discover [diˈskʌvər] 발견하다 명 discovery [diˈskʌvəri] 발견
명 island [ˈailənd] 섬 (*발음주의: 's'는 묵음)
Columbus **discovered** the "New World" of the Americas.
콜럼버스는 신세계 아메리카 대륙을 **발견했다.**

0967 고우 스트뤠이트 투우 블락스 0968 더 **칸**터넌트 어브 **애**프리커 0969 더 **캐**피를 어브 프뤤스 0970 디스**커**버ㄹ 언 **아일**런드

0971 ★ □□□

cross the border 국경을 넘다

cross [krɔ:s] ⓢ 건너다 ⓜ 십자가
ⓜ border [ˈbɔ:rdər] 국경, 경계
In 1921 the Tibetan government opened its **borders** to foreigners.
1921년에 티베트 정부는 외국인들에게 **국경**을 개방했다.(12수능)

0972 ★ □□□

a steep valley 가파른 골짜기

ⓗ steep [sti:p] 가파른, 깎아지른
ⓜ valley [ˈvæli] 골짜기, 계곡
Five thousand years ago, Sumerians in the Tigris–Euphrates **valley** had a calendar.
5천 년 전, 티그리스–유프라테스강 **계곡**의 수메르인들은 달력이 있었다.(11.09평가원)

0973 ★ □□□

explore the Arctic 북극을 탐험하다

ⓢ explore [ikˈsplɔ:r] 탐험하다
Arctic [ˈɑ:rktɪk] ⓜ 북극 ⓗ 북극의 ↔ Antarctic [ænˈtɑ:rktik] ⓜ 남극 ⓗ 남극의
Humans **explore** the universe through technology.
인간은 기술을 통해서 우주를 **탐험한다**.

0974 ★ □□□

a remote village 외딴 마을

ⓗ remote [riˈmoʊt] 외딴, 먼 곳의
ⓜ village [ˈvilidʒ] 마을, 부락
Farmers in **remote** areas will be able to access weather data.
외딴 지역의 농부들이 날씨 자료에 접근할 수 있을 것이다.(15.06평가원)

0971 크뤄오스 더 **보오**ㄹ더ㄹ 0972 어 스띠이프 **뷀**리 0973 익스**플로**오ㄹ 디 **아**ㄹ크틱 0974 어 뤼**모우**트 **뷜**리쥐

04

0975 ★★★ □□□

the distant horizon 머나먼 수평선(지평선)

㉮ horizon [həˈraizn] 수평선, 지평선
㉯ horizontal [ˈhɔːrəˈzɑːntl] 수평의 ↔ vertical [ˈvəːrtikl] 수직의
The sun is rising above the **horizon**.
태양이 **지평선** 위로 떠오르고 있다.

0976 ★ □□□

the temple built beside the pyramid 피라미드 옆에 지어진 사원

㉷ beside [biˈsaid] ~옆에
㉮ pyramid [ˈpirəmid] 피라미드
The traveler ate in a restaurant **beside** the station.
그 여행객은 정거장 **옆** 식당에서 식사를 했다.

0977 ★★ □□□

locate a campsite on the map 지도에서 야영지를 찾다

㉸ locate [lóukeit] 위치를 찾다, 위치시키다
㉮ location [loukéiʃən] 위치, 장소
㉮ campsite [kæmpsait] 야영지
The fort was an important **location** for defense.
그 요새는 방어를 위해 중요한 **장소**였다.

0975 더 **디**스턴트 허**라이**전 0976 더 템플 빌트 비**싸이**드 더 **피**뤄밋 0977 **로우**케이트 어 **캠**프싸이트 온 더 맵

0978 ★ □□□

a fruit farm 과일 농장

farm [fɑːrm] ⓜ 농장 ⓓ 경작하다
ⓜ farmer [ˈfɑːrmər] 농부
Farmers grow crops.
농부들은 곡식을 재배한다.(09수능)

0979 ★ □□□

buy some fruit 과일을 좀 사다

ⓓ buy [bai] 사다, 구입하다 *시제변화 buy-bought-bought
ⓜ fruit [fruːt] 과일
Fruit peel contains essential vitamins.
과일 껍질은 필수적인 비타민을 포함하고 있다.(07수능)

0980 ★★ □□□

grow flowers in a greenhouse 온실에서 꽃을 기르다

ⓓ grow [groʊ] 자라다, 기르다 *시제변화 grow-grew-grown
ⓜ flower [ˈflaʊər] 꽃
ⓜ greenhouse [ˈgriːnhaʊs] 온실
CO_2 causes a **greenhouse** effect. CO_2(이산화탄소)는 **온실** 효과를 일으킨다.(02수능)

0981 ★ □□□

grape vine 포도 덩굴

ⓜ grape [greip] 포도, 포도나무
ⓜ vine [vain] 덩굴
Some fruits such as apples, pears, and **grapes** have a tough skin.
사과, 배, **포도**와 같은 일부 과일들은 껍질이 질기다.(07수능)

0978 어 프루웃 퐈아암 0979 바이 썸 프루웃 0980 그로우 **플라우**어ㄹ즈 인 어 **그리인**하우스 0981 그뤠이프 봐인

0982 ★ □□□

a mature flower bud 성숙한 꽃봉오리

㉢ mature [məˈtʃʊr] 성숙한, 잘 발육된
㉢ bud [bʌd] 싹, 봉오리
The rabbit feeds on the winter **buds** of young trees.
토끼는 어린 나무의 겨울 **싹**을 먹고 산다.(99수능)

0983 ★★★ □□□

sow seeds 씨를 뿌리다

㉢ sow [soʊ] 씨를 뿌리다 *시제변화 sow-sowed-sowed/sown
㉢ seed [si:d] 씨, 씨앗
The farmer **sowed seeds** and reaped what he **sowed**.
그 농부는 **씨앗을 뿌리고 뿌린** 것을 거두었다.(01수능)

0984 ★ □□□

grow deep into the earth 땅속 깊이 자라다

㉢ earth [3:rθ] 땅, 지구 ㉢ earthly [ˈ3:rθli] 지구의, 세상의
The **earth** is a part of the universe.
지구는 우주의 일부이다.(95수능)

0985 ★ □□□

starfish, crabs, oysters, and so on 불가사리, 게, 굴 등등

㉢ starfish [ˈstɑ:rfiʃ] 불가사리
㉢ crab [kræb] 게 ㉢ oyster [ˈɔistər] 굴
㉢ and so on 기타 등등(=and the like/etc.)
A doctor checks weight, blood pressure, **and so on**.
의사는 몸무게, 혈압, **기타 등등**을 검사한다.(05수능)

0982 어 머**츄**어ㄹ **플라우**어ㄹ 버드 0983 쏘우 씨이즈 0984 그뤄우 디이프 인투 디 어ㄹ뜨 0985 **스타ㄹ**퓌쉬 크뤱즈 **오이**스터ㄹ즈 앤ㄷ 쏘우 온

0986

★★★ □□□

a cabbage worm 배추벌레

㉮ cabbage [ˈkæbidʒ] 양배추
㉮ worm [wɜːrm] 벌레 ㉱ warm [wɔːrm] 따뜻한, 따스한 ㉱ earthworm [ˈəːrθwəːrm] 지렁이
Earthworms feed on dead leaves.
지렁이는 죽은 잎을 먹고 산다.

0987

★★ □□□

produce high-yield crops 다수확 작물을 생산하다

yield [jiːld] ㉮ 수확(량) ㉯ 산출하다
㉮ crop [krɑːp] 곡물, 농작물
I could see **crops** ripening in the fields.
나는 들판에서 **곡식들**이 익어 가는 것을 볼 수 있었다.(03수능)

0988

★★★ □□□

a harmful insect 해로운 곤충

㉰ harmful [ˈhɑːrmfl] 해로운 ↔ harmless [ˈhɑːrmləs] 무해한 ㉮ harm [hɑːrm] 해로움, 손해
㉮ insect [ˈinsekt] 곤충
Our actions can cause **harm** to another person.
우리의 행동이 다른 사람에게 **해**를 끼칠 수도 있다.

0989

★ □□□

harvest with a combine 콤바인으로 수확하다

harvest [ˈhɑːrvist] ㉯ 추수하다, 수확하다 ㉮ 추수, 수확
combine [ˈkɑːmbain] ㉮ 콤바인, 수확기 ㉯ [kəmˈbain] 결합하다
Heat creates dangers for farmers at **harvest** time.
열은 **수확**기의 농부들을 위험하게 한다.

0986 어 **캐**비쥐 워ㄹ엄 0987 프뤄**듀우**스 하이-이일드 크랍스 0988 어 **하**ㄹ암풜 **인**쎅트 0989 **하**ㄹ뷔스트 위드 어 **캄**바인

05

0990 ★ □□□

plow a rice field 논을 (쟁기로) 갈다

plow [plau] ⓢ 쟁기질하다, 갈다 ⓜ 쟁기 ⓣ flow [flou] 흐름
ⓜ rice [rais] 모, 벼, 쌀, 밥 ⓜ field [fi:ld] 논, 들판, 밭 ⓜ rice field 논

The water for the **fields** is taken from a number of small ponds.
밭의 물은 수많은 작은 연못에서 가져온다.(95수능)

0991 ★ □□□

fields of wheat 밀밭

ⓜ wheat [wi:t] 밀
ⓣ barley [ˈbɑ:rli] 보리, rice [rais] 쌀, corn [kɔ:rn] 옥수수

In Mexico, people live on **corn**, rice and beans.
멕시코 사람들은 **옥수수**, 쌀, 콩 등을 먹고 산다.

0992 ★★★ □□□

produce fruit and vegetables 과일과 야채를 생산하다

ⓢ produce [prəˈdu:s] 생산하다 ⓜ production [prəˈdʌkʃn] 생산(량)
ⓜ vegetable [ˈvedʒtəbl] 야채

The amount of rice **produced** in 1990 matched the **production** in 1985.
1990년에 **생산된** 쌀의 양은 1985년의 **생산량**에 맞먹었다.(02수능)

0993 ★★★ □□□

lay an egg 알을 낳다

ⓢ lay [lei] (사람을) 눕히다, (알 따위를) 낳다, (사물을) 내려놓다 *시제변화 lay-laid-laid
ⓣ lie [laɪ] 눕다 *시제변화 lie-lay-lain

Greek thinkers **laid** the foundations for modern Western politics.
그리스의 사상가들은 현대 서양 정치의 토대를 **놓았다**.(14.06평가원)

0990 플라우 어 롸이스 퓌일드 0991 퓌일즈 어브 위이트 0992 프뤄**듀우**스 프루웃 앤ㄷ **붸**줘터벌즈 0993 레이 언 에그

0994 ★ □□□

the Great Plains (미국의) 대평원

형 great [greit] 거대한, 큰
plain [plein] 명 평야, 평원 형 쉬운, 평이한
The way to wealth is as **plain** as the way to market.
부(富)에 이르는 길은 시장 가는 길만큼이나 **쉽다.** (94수능)

0995 ★★ □□□

feed on cabbage leaves 양배추 잎을 먹고 살다

동 feed [fi:d] 먹이를 주다 명 food [fu:d] 식품, 먹이
숙 feed on ~을 먹고 살다(=live on)
명 leaf [li:f] (나뭇)잎 복 leaves
Farmers grow crops to **feed** the people in the cities.
농부들은 도시 사람들을 **먹일** 작물들을 재배한다. (09수능)

0996 ★ □□□

a honey jar 꿀단지

명 honey [ˈhʌni] 꿀, 벌꿀
명 jar [dʒɑ:r] 항아리, 단지
People use earthen **jars** to keep the water cool.
사람들은 물을 시원하게 유지하기 위해 흙으로 만든 **항아리**를 사용한다. (95수능)

0997 ★ □□□

weed my garden 정원의 잡초를 뽑다

weed [wi:d] 동 잡초를 뽑다 명 잡초
명 garden [ˈgɑ:rdn] 정원, 화원
Farmers don't like using chemicals to control **weeds**.
농부들은 **잡초**를 관리하기 위해 화학물질을 사용하는 것을 싫어한다. (00수능)

0994 더 그뤠이트 플레인즈 0995 퓌이드 온 **캐**비쥐 리이브즈 0996 어 **허**니 좌아ㄹ 0997 위이드 마이 가아ㄹ든

05

0998 ★ □□□

soft calf skin leather 부드러운 송아지 가죽

㉻ soft [sɔ:ft] 부드러운
㉴ calf [kæf] 송아지 ㉭ calves [kævz]
㉴ leather [ˈleðər] 가죽
The men and women walking down the main street were wearing **leather** jackets.
중심가를 걸어가는 남녀들은 **가죽** 재킷을 입고 있었다.(99수능)

0999 ★ □□□

rural societies based on agriculture 농업 중심의 시골사회 (=농촌)

㉻ rural [rúərəl] 시골의, 지방의 ↔ urban [ə́:rbən] 도시의
㉴ agriculture [ǽgrikʌ̀ltʃər] 농업(=farming)
Wages are higher in **urban** areas than in **rural** areas.
도시 지역은 **시골** 지역보다 임금이 더 높다.

1000 ★ □□□

take the sheep to the meadow 양들을 풀밭으로 몰고 가다

㉴ sheep [ʃi:p] 양 ㉭ sheep 양들
㉴ meadow [médou] 목초지, 풀밭
Wildfires turn woodlands into **meadows**.
들불은 삼림을 **목초지**로 변화시킨다.(10.09평가원)

0998 쏘프트 캐프 스낀 **레**더ㄹ 0999 **루**어뤌 써**싸이**어리즈 베이스트 온 **애**그뤼컬춰ㄹ 1000 테이크 더 쉬이프 투 더 **메**도우

문장 속 괄호의 우리말에 알맞은 단어를 연결하세요.

environment	①	ⓐ Many people are worried about the cold (날씨).
garbage	②	ⓑ We need to separate recyclables from (쓰레기).
sunset	③	ⓒ Not all animals survive in a natural (환경).
weather	④	ⓓ They were standing on a beach, watching a beautiful (일몰).

〈보기〉의 단어를 활용하여 빈칸에 우리말에 맞는 단어를 쓰세요.

deep destruction dust pollute

1. Whales can dive to a ([1]) of a kilometer.
   고래는 1km **깊이**까지 잠수할 수 있다.

2. Modern technology ([1]) nature.
   현대 기술은 자연을 **파괴한다**.

3. Air ([3]) causes global warming.
   대기 **오염**이 지구 온난화를 야기한다.

4. The automobile is running on a ([4]) road.
   자동차가 **먼지투성이**의 도로 위를 달리고 있다.

---

1 ⓒ 2 ⓑ 3 ⓓ 4 ⓐ
[1] depth [2] destroys [3] pollution [4] dusty

문장 속 괄호의 우리말에 알맞은 단어를 연결하세요.

continent	①	ⓐ The slow-moving Duoro River (흐른다) to the Atlantic.
damage	②	ⓑ Strong winds can cause (피해) to crops.
earth	③	ⓒ Gold was looked upon as the most perfect (금속).
explore	④	ⓓ Lower the (온도) a little to about 37℃.
feed	⑤	ⓔ The North American (대륙) is the 3rd largest (대륙).
flows	⑥	ⓕ Humans (탐험한다) the universe through technology.
harvest	⑦	ⓖ The (지구) is a part of the universe.
metal	⑧	ⓗ Heat creates dangers for farmers at (수확) time.
temperature	⑨	ⓘ Farmers grow crops to (먹이다) the people in the cities.

〈보기〉의 단어를 활용하여 빈칸에 우리말에 맞는 단어를 쓰세요.

clear farm harmful south

1. ([1]) grow crops.
   농부들은 곡식을 재배한다.

2. Our actions can cause ([2]) to another person.
   우리의 행동이 다른 사람에게 **해**를 끼칠 수도 있다.

3. The Bushmen live in the Kalahari Desert in ([3]) Africa.
   부시맨 부족은 **남부의** 아프리카 칼라하리 사막에 산다.

4. You should first set your goals ([4]).
   당신은 먼저 목표를 **분명히** 세워야 한다.

---

1 ⓔ 2 ⓑ 3 ⓖ 4 ⓕ 5 ⓘ 6 ⓐ 7 ⓗ 8 ⓒ 9 ⓓ
1 Farmers 2 harm 3 southern 4 clearly

Bonus

다의어 & 혼동어

두 개 이상의 뜻을 가진 다의어.

모양은 비슷하지만 뜻이 전혀 다른 혼동어.

실수 없도록 꼼꼼한 암기와 체크가 필요해요.

수능 완전 분석 ① 다의어

01. nail

1. 못
a hammer and **nails** 망치와 **못**

2.손톱
Stop biting your **nails**! **손톱** 좀 그만 깨물어라!

02. change

1. 바꾸다
Where can I **change** my dollars? 어디서 달러를 **환전**할 수 있을까요?

2. 잔돈
I told the driver to keep the **change.** 나는 운전자에게 **잔돈**을 가지라고 말했다.

03. work

1. 효과가 있다
The medicine didn't **work.** 그 약은 **효과**가 없었다.

2. 작품
an artistic **work** 예술 **작품**

3. 공부하다
work hard to pass the exam 시험에 합격하기 위해 열심히 **공부하다**

04. swallow

1. 삼키다
swallow gum 껌을 **삼키다**

2. 제비
A **swallow** flew over my head. **제비**가 머리위로 날아갔다.

05. tear

1. 눈물[tiər]
break into **tears** **눈물**을 터뜨리다

2. 찢다[tɛər]
tear a letter 편지를 **찢다**

06. correct

1. 올바른
a **correct** answer **정**답

2. 고치다
correct his pronunciation 발음을 **교정하다**

07. seat

1. 앉히다
Please, be s**eated**. 자리에 **앉아** 주십시오.

2. 좌석
an empty **seat** 빈 **좌석**

08. complex

1. 강박관념
have a **complex** about being overweight 살찐 것에 대해 **콤플렉스**를 가지고 있다

2. 복잡한
a **complex** problem **복잡한** 문제

09. run

1. 달리다
run fast 빨리 **달리다**

2. 경영하다, 운영하다
run a restaurant 식당을 **운영하다**

10. charge

1. 요금
free of **charge** **요금** 무료

2. 책임
take **charge** of a team 팀을 **책임**지다

3. 채우다
charge batteries 건전지를 **충전하다**

11. just

1. 정당한
a **just** society **정의로운** 사회

2. 단지
Wait **just** a minute! **단지** 잠깐만 기다려!

12. object

1. (~to) 반대하다
object to his plan 그의 계획에 **반대하다**

2. 물체
a strange **object** 이상한 **물체**

13. patient

1. 환자
examine a **patient** **환자**를 진료하다

2. 인내심 있는
be **patient** and wait **참을성 있게** 기다리다

14. still

1. 조용한
stand **still** **조용히** 있다

2. 여전히
She was **still** beautiful. 그녀는 **여전히** 아름다웠다.

15. age

1. 나이
at the **age** of 25 25세의 **나이**에

2. 시대
a new **age** 새로운 **시대**

16. fine

1. 벌금
traffic **fine** 교통 **범칙금**

2. 좋은, 멋진
fine wines **좋은** 포도주

17. appear

1. 나타나다
appear on the stage 무대에 **나타나다**

2. 보이다
appear calm 차분하게 **보이다**

18. even

1. 짝수의
an **even** number **짝**수

2. 동등한
even score 동점

19. plain

1. 쉬운
write in **plain** English **쉬운** 영어로 쓰다.

2. 평야
move across the **plain** **평야**를 가로질러 이동하다

3. 평범한

She looks very **plain.** 아주 **평범하게** 생겼어.

20. spring

1.봄

spring breeze **봄**바람

2. 튀다

The cat **sprang** onto the sofa. 고양이가 소파위로 **튀어 올랐다.**

3. 샘(물)

drink **spring** water **샘**물을 마시다.

21. space

1. 우주

a **space** station **우주** 정거장

2. 공간

time and **space** 시간과 **공간**

22. fair

1. 공정한(<->unfair)

a **fair** test **공정한** 시험

2. 박람회

an international book **fair** 국제 도서 **박람회**

23. raise

1. 올리다

1. **raise** his hand 손을 **들다**

2. 기르다

2. **raise** children 아이들을 **키우다**

24. move

1. 움직이다

move quickly 빨리 **움직이다**

2. 감동시키다

move the readers 독자들에게 **감동을 주다**

25. last

1. 마지막

his **last** words 그의 **마지막** 말

2. 지난

last Sunday **지난** 일요일

3. 지속되다

last for months 몇 달간 **계속되다**

26. book

1. 책

borrow a **book** **책**을 한권 빌리다.

2. 예약하다

2. **book** a flight to London 런던행 비행기 표를 **예약하다**

27. natural

1. 자연적인

natural gas **천연** 가스

2. 당연한

It's **natural** that he should be angry. 그가 화내는 것도 **당연하다.**

28. order

1. 주문(하다)

Can I take your **order** now? 지금 **주문**하시겠어요?

2. 명령(하다)

give **orders** to the soldiers 병사들에게 **명령**을 내리다

3. 순서

in alphabetical **order** 알파벳 **순서**대로

29. certain

1. 확실한

She is **certain** to do well in the exams. 그녀는 **틀림없이** 시험을 잘 볼 것이다.

2. 어떤

certain people **어떤** 사람들

30. suit

1. 알맞다, 어울리다

Green really **suits** you. 초록색이 너한테 **잘 맞는다.**

2.정장

wear a dark blue **suit** 진한 파랑색 **정장**을 입다

31. lose

1. 잃다

lose her necklace 목걸이를 **잃어버리다**

2. 지다

lose a game 경지에서 **패하다**

32. waste

1. 낭비하다

waste time 시간을 **낭비하다**

2. 쓰레기

household **waste** 가정에서 나오는 **쓰레기**

33. own

1. 소유하다

own a big company 큰 회사를 **소유하고 있다**

2. 자기 자신의

my **own** paintings 내가 **직접** 그린 그림들

34. figure

1. 숫자

Can you read this **figure**? Is it a three or an eight?

이 **숫자** 좀 읽어 줄래? 3이니 8이니?

2. 인물

a major **figure** 중요한 **인물**

3. 그림

Please see **figures** 8 and 9. **그림** 8과 9를 보시오.

35. good

1. 좋은

That's a **good** idea! 그거 **좋은** 생각이네!

2. 선(善)

good and evil **선**과 악

3. 상품(goods)

high-quality **goods** 질 좋은 **상품**

36. grade

1.성적

get poor **grades** **성적**이 안 좋게 나오다

2.등급, 학년

He is in sixth **grade.** 그는 6**학년**이다.

수능 완전 분석 ① 다의어

37. story

1. 이야기

a fantastic **story** 환상적인 **이야기**

2. 층

a ten-**story** building 10**층**짜리 건물

38. fix

1. 고치다

fix a broken watch 고장난 시계를 **수리하다**

2. 고정시키다, 정하다

Let's **fix** a day to meet. 만날 날짜를 정하자.

39. save

1. 구하다

save his life 그의 목숨을 **구하다**

2. 저축하다, 절약하다

save lots of money 많은 돈을 **저축하다**

40. plant

1. 식물

plant-eating animals **초**식 동물

2. 심다

plant trees in the garden 정원에 나무를 **심다**

41. tip

1. 사례금

give the waiter a **tip** 웨이터에게 **팁**을 주다

2.끄트머리

He stood on the **tips** of his toes. 발가락 **끝**으로 섰다.

3. 정보, 조언

useful **tips** about diet 다이어트에 대한 유용한 **조언들**

42. safe

1. 안전한

a **safe** trip **안전한** 여행

2. 금고

keep the money in the **safe** 돈을 **금고**에 보관하다

43. hard

1. 열심히

work **hard** **열심히** 일하다

2. 어려운

a **hard** job **어려운** 일

3. 딱딱한

a **hard** shell **딱딱한** 조개껍질

44. capital

1. 수도(의)

the **capital** of the United States 미국의 **수도**

2. 대문자(의)

2. a **capital** letter **대**문자

45. check

1. 검사하다

check his spellings 철자를 **검사하다**

2. 수표

pay by **check** **수표**로 지불하다

46. hold

1. 잡다

hold a hand 손을 **잡다**

2. 개최하다

hold a meeting to talk about the matter 문제를 토의하기 위해 회의를 **열다**

47. right

1. 옳은

1. You got three answers **right**. 답 중에 세 개가 **맞았다.**

2. 오른쪽으로

2. turn **right** at the corner 모퉁이에서 **오른쪽으로** 돌다

3.권리

3. the **right** to vote 투표**권**

48. light

1. 빛

the speed of **light** **빛**의 속도

2. 가벼운

have a **light** lunch 점심을 **가볍게** 먹다

49. ask

1. 묻다

ask silly questions 어리석은 **질문을 하다**

2. 요구(부탁)하다

ask him for money 그에게 돈을 **요구하다**

50. store

1. 가게

a grocery **store** 식료품 **가게**

2. 저장하다

store data 데이터를 **저장하다**

51. grave

1. 심각한

a **grave** problem **중대한** 문제

2. 무덤

dig a **grave** **무덤**을 파다

52. address

1. 주소

send a mail to a wrong **address** 잘못된 **주소**로 우편을 보내다.

2. 연설

give an **address** to the nation 국민에게 **연설**을 하다.

53. bill

1. 계산서

a phone **bill** 전화 **요금계산서**

2. 지폐

a ten dollar **bill** 10달러짜리 **지폐**

54. rest

1. 휴식(을 취하다)

take **rest** for a while 잠시 **휴식**을 취하다.

2. 나머지

for the **rest** of his life 그의 **남은** 여생동안

55. miss

1. 놓치다

miss the train 기차를 **놓치다**

2. 그리워하다
miss his hometown 고향을 **그리워하다**

56. bank

1. 은행
a **bank** robbery **은행** 강도

2. 둑, 제방
take a walk along a river **bank** 강**둑**을 따라 거닐다

57. count

1. 세다
count his money carefully 돈을 세심하게 **세다**

2. 중요하다
Health **counts** more than money 건강이 돈보다 더 **중요하다**

58. tongue

1. 혀
stick out his **tongue 혀**를 내밀다

2. 언어
learn mother **tongue** 모국**어**를 습득하다.

59. draw

1. 그리다
draw a circle 원을 **그리다**

2. 끌다, 당기다
draw his attention 그의 주의를 **끌다**

60. match

1. 시합
a soccer **match** 축구 **경기**

2. 어울리다
Does this tie **match** the shirt? 이 넥타이 셔츠하고 **어울리니**?

3. 성냥
a box of **matches 성냥** 한 갑

61. become

1. 되다
become a famous scientist 유명한 과학자가 **되다**

2. 어울리다
Those jeans really **become** you. 그 청바지 너랑 정말 잘 **어울린다**

62. trunk

1. 코끼리 코
Elephants use their **trunk** to pick up things. 코끼리는 **코**를 사용해 물건을 집는다.

2. 가방
put underwear in a **trunk** 내의를 **여행용 가방**에 넣다.

3. 나무 몸통
a tree **trunk** 나무**줄기**

4.자동차 트렁크
keep tools in the **trunk** of his car 공구들을 차의 **트렁크**에 보관하다

63. mind

1. 마음
mind and body **심**신

2. 꺼리다
Would you **mind** opening the door? 문 좀 열어 주시겠어요?(=문을 여는 게 **꺼려지나요**?)

64. present

1. 출석한, 현재 Present [prézənt]
Past, Present, and Future 과거, 현재 그리고 미래(08수능)

2. 선물 Present [prézənt]
give expensive presents 비싼 선물을 주다(00수능)

3. 제시하다 Present [prizént]
present my new idea to the company 회사에 새로운 아이디어를 제시하다(15수능)

65. account

1. 계좌
open a bank **account** 은행**계좌**를 개설하다

2. (~for)설명하다
account for the accident 사고의 이유를 **설명하다**

66. leave

1. 남기다
leave a message 메시지를 **남기다**

2. 떠나다
leave for Seoul 서울로 **떠나다**

3. 휴가
a sick **leave** 병**가**

67. interest

1. 관심
the public **interest** 공공의 **이익(관심)**(14수능)

2. 이자
raise the **interest** rate **이자**율을 인상하다

68. sound

1. 소리
turn the **sound** down on the TV set 텔레비전 **소리**를 낮추다(09수능)

2. 건전한
a **sound** mind **건전한** 정신

69. firm

1. 확고한
a **firm** decision **확고한** 결심(16수능)

2. 회사
a successful software **firm** 성공한 소프트웨어 **회사**(94수능)

70. lower

1. 더 낮은
offer **lower** prices **더 낮은** 가격을 제시하다(01수능)

2. 낮추다
lower blood pressure 혈압을 **낮추다**(08수능)

수능 완전 분석 ② 혼동어

01.

• **bow** [bau] **인사하다**
bow to your grandparents.
할아버지, 할머니께 **절하다**

• **bow** [bou] **활**
a **bow** and arrow **활**과 화살

02.

• **weather** [ˈweðə(r)] **날씨**
cold or stormy **weather**
춥고 폭풍 치는 **날씨**(08수능)

• **whether** [ˈweðə(r)] **~인지 아닌지**
whether it rained or snowed 비가 **왔는지** 눈이 **왔는지**(01수능)

03.

• **glove** [glʌv] **장갑**
a **glove** and ball (야구)**장갑**과 공

• **globe** [gloub] **지구**
fly around the **globe** **지구** 주위를 비행하다(06수능)

04.

• **bald** [bɔ:ld] **대머리인**
a **bald**-headed man **대머리**의 남자

• **bold** [bould] **배짱 있는, 대담한**
a **bold** attack **대담한** 공격

05.

• **pork** [pɔ:rk] **돼지고기**
have a **pork** cutlet **돈**가스를 먹다

• **fork** [fɔ:rk] **포크, 갈퀴**
a dinner **fork** 식사용 **포크**

06.

• **considerate** [kənˈsɪdərət] **사려 깊은**
grow up to be honest and **considerate** 정직하고 **사려 깊게** 자라다(07수능)

• **considerable** [kənˈsɪdərəbl] **상당한, 꽤 많은**
a **considerable** amount of time **상당한** 양의 시간(99수능)

07.

• **industrial** [ɪnˈdʌstriəl] **산업의**
modern **industrial** societies 현대 **산업** 사회(11수능)

• **industrious** [ɪnˈdʌstriəs] **근면한**
an **industrious** worker **근면한** 일꾼

08.

• **clown** [klaun] **광대**
a circus **clown** 서커스의 **광대**

• **crown** [kraun] **왕관**
wear a golden **crown** 금**관**을 쓰다

09.

• **desert** [dézərt] **사막**
drive across the **desert**
사막을 가로질러 운전하다(00수능)

• **dessert** [dɪˈzɜ:rt] **식후 디저트**
have coffee for **dessert** **디저트**로 커피를 마시다.

10.

• **terrific** [təˈrɪfɪk] **끝내주는, 멋진**
a **terrific** football player **끝내주는** 축구선수

• **terrible** [térəbl] **끔찍한**
a **terrible** accident **끔찍한** 사고(11수능)

11.

• **rob** [rɑ:b] **강탈하다** **rob** him of all his goods 그에게서 모든 재물을 **빼앗다**(13수능)

• **rub** [rʌb] **문지르다** **rub** her eyes with her hands 손으로 눈을 **비비다**(10수능)

12.

• **mean** [mi:n] **의미하다**
What does this word **mean**? 이 단어 무슨 **뜻입니까?**

means [mi:nz] **수단** a **means** of making money 돈 버는 **수단**

13.

• **cloth** [klɔ:θ] **천**
soft towel **cloth** 부드러운 수건용 **천**(01수능)

• **clothes** [klouðz] **옷**
the leisure or sports **clothes** 레저스포츠 **의류**(94수능)

14.

• **fair** [fer] **공정한**
a **fair** price **공정한** 가격

• **fare** [fer] **요금**
bus **fares** 버스 **요금**

15.

• **award** [əˈwɔ:rd] **상**
win many Academy **Awards** 많은 아카데미**상**을 타다(17수능)

• **reward** [rɪˈwɔ:rd] **보상**
rewards for running an errand 심부름한 것에 대한 **보상**

16.

• **sow** [sou] **씨를 뿌리다**
The farmer **sowed** seeds. 농부가 씨를 **뿌렸다.**(01수능)

• **sew** [sou] **꿰매다, 바느질하다**
sew a button on 단추를 **꿰매어 달다**

17.

• **lie-lied-lied** **거짓말(하다)**
tell a **lie** **거짓말**하다

• **lie-lay-lain** **눕다**
lie on the beach 해변에 **눕다**

• **lay-laid-laid** **눕히다**
lay down the baby on the bed 아기를 침대에 **눕히다**

18.

• **noble** [ˈnoubl] **고귀한, 귀족의**
a **noble** family **귀족** 가문

• **novel** [ˈnɑ:vl] **소설**
popular **novels** 대중 **소설**(13수능)

19.

• prey [preɪ] **먹이**
fall **prey** to the eagle 독수리의 **먹이**가 되다

• pray [preɪ] **기도하다**
pray to God 신에게 **기도하다**

20.

• follow [ˈfɑ:loʊ] **따르다**
Everyone **followed** him gladly. 모든 사람들이 그를 기꺼이 **따랐다.**(99수능)

• fellow [ˈfeloʊ] **친구, 동료**
my **fellow** students 내 **동료** 학생들(00수능)

21.

• collect [kəˈlekt] **수집하다, 모으다**
collect helpful data 도움이 되는 데이터를 **수집하다**

• correct [kəˈrekt] **정확한, 수정하다**
the **correct** answer **정확한** 대답(11수능)

22.

• daily [ˈdeɪli] **매일의**
a **daily** newspaper **일간** 신문

• diary [ˈdaɪəri] **일기**
keep a **diary** **일기**를 쓰다

23.

• pat [pæt] **토닥거리다**
pat on the head 머리를 **쓰다듬다**

• pet [pet] **애완동물**
a **pet** shop **애완동물** 가게

24.

• beat [bi:t] **두드리다**
beat a big drum 큰 북을 **두드리다**

• bit [bɪt] **소량, 조금**
Wait a **bit!** **조금만** 기다려!

• bite-bit-bitten **물다, 물린 상처**
a mosquito **bite** 모기에 **물린 상처**

25.

• miner [ˈmaɪnə(r)] **광부**
a coal **miner** 석탄 **광부**

• minor [ˈmaɪnə(r)] **사소한, 소수의**
minor problems **사소한** 문제들

26.

• crew [kru:] **승무원**
the **crew** of the ship 배의 **선원들**

• crow [kroʊ] **까마귀**
scare away **crows** and sparrows **까마귀**와 참새를 쫓아버리다.

27.

• arm [ɑ:rm] **팔**
break his **arm** **팔**이 부러지다

• arms [ɑ:rmz] **무기**
the supply of **arms** **무기** 공급

28.

• region [ˈri:dʒən] **지역**
the hot **regions** of the country 그 나라의 더운 **지역**(94수능)

• religion [rɪˈlɪdʒən] **종교**
freedom of **religion** **종교**의 자유

29.

• loose [lu:s] **느슨한**
a **loose** screw **느슨해진** 나사

• lose [lu:z] **잃다**
lose their jobs 그들의 직장을 **잃다**(94수능)

30.

• borrow [ˈbɑ:roʊ] **빌리다**
borrow some books 책을 몇 권 **빌리다**(10수능)

• lend [lend] **빌려 주다**
lend your money 돈을 **빌려주다**(95수능)

R
F
H

Index

인덱스

Index

A

a bad habit 나쁜 습관 162
a bad smell 악취 048
a bald eagle flying in the sky
하늘을 나는 대머리 독수리 274
a bamboo forest 대나무 숲 267
a bank robber 은행 강도 152
a beautiful palace 아름다운 궁전 117
a big size 큰 사이즈 234
A bike has two wheels
자전거는 바퀴가 둘이다 180
a bird's nest 새의 둥지 270
a book shelf 책꽂이 076
a boring professor 따분한 교수 086
a branch of an oak tree 오크 나뭇가지 266
a brave soldier 용감한 병사 123
a bright color 밝은 색깔 235
a broad chest 넓은 가슴 047
a busy schedule 바쁜 일정 119
a cabbage worm 배추벌레 287
a camping site 야영 장소 221
a captain of a ship 배의 선장 185
a car exhibition 자동차 전시회 185
a car thief 자동차 도둑 152
a cello concert 첼로 연주회 210
a cheer leader 응원단장 243
a circle and a square 원과 사각형 111
a clean swimming pool 깨끗한 수영장 242
a clever boy 영리한 소년 059
a cloud of dust 먼지투성이 (흙먼지) 267
a cold winter 추운 겨울 260
a comic play 희극 217
a common name 흔한 이름 094
a complete failure 완전한 실패 123
a confusing sign 혼동되는 표지판 184
a consistent research finding
일관된 연구 결과 110
a convenience store 편의점 254
a convenient bus service
편리한 버스 서비스 184
a correct answer 바른 답 082
a creative mind 창조적인 정신 064
a customer's complaint 고객의 불만 145
a cute puppy 귀여운 강아지 270
a cutting board 도마 022
a dark cave 어두운 동굴 118
a dark night 어두운 밤 261
a darkening evening sky
어두워지는 저녁 하늘 260
a deadly weapon 치명적인 무기 154
a deep pond 깊은 연못 260
a delicious dish 맛있는 요리 021
a different culture 다른 문화 223
a direct ancestor 직계 조상 019
a disappointing result 실망스러운 결과 063
a distant planet 멀리 떨어진 행성 108
a dry towel 마른 수건 234
a fair trial 공정한 재판 151
a false idea 잘못된 생각 161
a familiar face 친숙한 얼굴 054
a fan club 팬클럽 243
a fantastic free kick 환상적인 프리킥 240
a fat body 뚱뚱한 몸 036

a favorite hobby 제일 즐기는 취미 206
a female secretary 여자 비서 121
A fight broke out 싸움이 일어났다 153
a fighting spirit 싸우고자 하는 정신력, 투지 062
a final game 마지막 경기 243
a fire safety drill 소방안전 훈련을 실시하다 127
a flower market 꽃 시장 135
a flying object 비행 물체 107
a flying ticket 비행기 승차권 222
a foolish idea 어리석은 생각 104
a frightening film 무서운 영화 218
a fruit farm 과일 농장 285
a ghost story 귀신 이야기 095
a global issue 전 세계적 문제 265
a government activity for the common good
공익을 위한 정부의 활동 158
a gray cloud 회색 구름 260
a greedy person 탐욕스러운 사람 166
a handsome actor 잘생긴 배우 217
a harmful insect 해로운 곤충 287
A hawk caught a sparrow
매 한 마리가 참새를 잡았다 274
a head coach of a baseball team
야구 팀 감독 244
a heavy metal such as lead
납과 같은 중금속 278
a heavy thunderstorm 심한 폭풍우 264
a high fever 높은 열 038
a high standard of living 높은 생활수준 142
a honey jar 꿀단지 289
a host at the party 파티의 주인 023
a hot stove 뜨거운 난로 026
a huge amount of money 엄청난 양의 돈 137
a huge wave 거대한 파도 275
a jewelry box 보석 상자 237
a late fall 늦가을 261
a light bag 가벼운 가방 225
a little buzzing bee 윙윙거리는 작은 벌 272
a logical explanation 논리적인 설명 107
a long tale 긴 이야기 097
a long-term loan 장기 대출 254
a look of surprise 놀란 표정 061
a loud noise 큰 소음 189
a magical sunrise 환상적인 일출 265
a man-made lake 인공 호수 262
a mathematical genius 수학의 천재 113
a mature flower bud 성숙한 꽃봉오리 286
a middle school principal
중학교 교장 선생님 081
a mild climate 온화한 기후 266
a miracle from heaven 하늘에서 내려준 기적 175
a miserable defeat 비참한 패배 155
a missing child 실종된 아이 017
a movie director 영화감독 217
a movie theater 영화관 216
a musical instrument 악기 213
a naked body 벌거벗은 몸 045
a national flag 국기 153
a native speaker 원어민 082
a necessary skill 필요한 기술 121
a negative answer 부정적인 답변 089
a normal person 정상적인 사람 062
a nuclear bomb 핵폭탄 155
a numerical advantage 수적 우위 113
a pack of cigarette 담배 한 갑 142
a pain in my left side 왼쪽 옆구리의 통증 056
a pair of shoes 신발 한 켤레 207
a parking space 주차 공간 182

a particular case 특별한 경우 111
a pay toilet 유료 화장실 249
a pencil and an eraser 연필과 지우개 077
a perfect crime 완전 범죄 152
a perfect harmony 완벽한 조화 212
a performance schedule 공연 스케줄 217
a period of four months 4개월의 기간 116
a personal reason 개인적인 이유 171
a pet parrot 애완용 앵무새 272
a piece of an apple pie 애플파이 한 조각 020
a post office 우체국 188
a product made in Korea
한국에서 만든 상품 138
a punctual student 시간을 잘 지키는 학생 083
a quarrel between family members
식구들 간의 다툼 015
a quick service 빠른 서비스 180
a rainy season 장마철 268
a rare case 드문 경우 050
a real situation 실제 상황 197
a recent survey 최근의 조사 108
a remote village 외딴 마을 283
a rich source of vitamin
풍부한 비타민 공급원 045
a rise of interest in social psychology
사회 심리학에 대한 관심의 증가 088
a roofless cottage 지붕이 없는 오두막 집 251
a rough road to the top
정상으로 가는 힘든 길 225
a round table 둥근 탁자 027
a rude attitude 무례한 태도 065
a sad movie 슬픈 영화 216
a safe trip 안전한 여행 229
a satisfactory reply 만족할 만한 답변 192
a scientific experiment 과학적인 실험 104
a search engine 검색 엔진 197
a second-hand store 중고품 가게 146
a sense of humor 유머 감각 065
a severe toothache 심각한 치통 055
a sharp knife 날카로운 칼 025
a short skirt 짧은 치마 234
a shy smile 수줍은 미소 058
a sightseeing tour 관광 여행 229
a simple shape 단순한 모양 112
a sincere heart 진실한 마음 068
a smoking area 흡연 구역 037
a sore throat (감기 따위로) 쓰라린 목 049
a special effect 특수 효과 218
a special event 특별 행사 220
a specific purpose 특정한 목적 124
a stain on my jacket 상의의 얼룩 239
a steel bridge 철교 253
a steep valley 가파른 골짜기 283
a stiff neck 뻣뻣한 목 052
a stolen vehicle 도난 차량 185
a strange behavior 이상한 행동 060
a strange man 이상한 남자 162
a stupid mistake 어리석은 실수 060
a suitcase full of clothes
옷으로 가득 찬 가방 224
a symbol of wealth 부의 상징 148
a talented athlete 재능 있는 선수 245
a taxi stand 택시 승차장 179
a telephone bill 전화요금 청구서 142
a ten-story marble hotel
10층짜리 대리석 호텔 250
a terrible accident 끔찍한 사고 183
a terrific present 멋진 선물 069

a thick blanket 두꺼운 이불 239
a thin egg shell 얇은 달걀 껍데기 026
a tooth brush 칫솔 036
a touching scene 감동적인 장면 263
a tough question to answer
답하기 어려운 질문 081
a tourist attraction 관광명소 232
a towering skyscraper 높이 솟은 고층 빌딩 228
a toy factory 장난감 공장 142
a trading company 무역 회사 139
a tragic ending 비극적 결말 100
a typhoon forecast 태풍 예보 262
a university graduate 대학교 졸업생 092
a vacation plan 휴가 계획 075
a violent movie 폭력적인 영화 219
a volunteer's help 자원봉사자의 도움 120
a war hero 전쟁 영웅 156
a warm heart 따뜻한 마음 057
a weak team 약한 팀 241
a well-known lawyer 유명한 변호사 125
a wife and a husband 아내와 남편 014
A window in the ceiling opened
천장의 창문이 열렸다 251
a wise decision 현명한 결정 061
a witty joke 재치 있는 농담 064
a woman of great courage
매우 용감한 여자 065
a wonderful view 멋진 전망 264
a wounded soldier 부상당한 군인 039
a wrong answer 틀린 대답 085
a young teenager 어린 십대 청소년 168
abstract paintings 추상화 212
accept an apology 사과를 받아들이다 175
accept his proposal 그의 제안을 받아들이다 191
according to the research 조사에 따르면 109
achieve his dream 꿈을 성취하다 125
act like a grown-up 어른처럼 행동하다 166
add some sugar 설탕을 첨가하다 023
address a labor union 노동조합에서 연설하다 154
adopt the metric system 미터법을 채택하다 110
advanced technology 진보된 기술 109
advertise cigarette on television 담배 광고 138
'Ad' stands for advertisement
'Ad'는 광고를 의미한다 145
agree with his idea 그의 생각에 동의하다 078
airport authorities 공항 관계자들 (공항 당국) 128
all-night grocery stores
밤새 영업하는 식료품점 126
allow him to stay up late
그가 늦게까지 안 자는 것을 허락하다 232
an accurate map of a territory
정확한 영토 지도 281
an active volcano 활화산 275
an administration office 행정실 087
an advance warning system 조기 경보 체계 158
an alien invasion 외계인의 침범 102
an amazing story 놀라운 이야기 098
an ancient tomb 고대의 무덤 117
an antenna on the roof 지붕 위의 안테나 190
an anti-war campaign 전쟁 반대 캠페인 153
an appetizing salad 식욕을 돋우는 샐러드 024
an ash tray 재떨이 026
an assistant nurse 보조 간호사 039
an automobile crash 자동차 충돌 186
an eight percent salary increase
8% 봉급 인상 144
an electric cord 전기선 198
an elephant's trunk 코끼리 코 273

an e-mail address 이메일 주소 196
an emergency room 응급실 049
an empty bottle 빈 병 263
an excellent job 잘한 일 (대단한 일) 120
an exciting adventure 흥미진진한 모험 062
an expensive car 비싼 차 181
an heart disease 심장병 051
an impatient kid 참을성 없는 아이 059
an impossible goal 불가능한 목표 168
an interesting story 흥미진진한 이야기 095
an international organization 국제기구 152
an old folk remedy 오래된 민간요법 055
an old temple of India 인도의 오래된 절 116
an ugly monster 흉측한 괴물 099
an uncertain future 불확실한 미래 163
an uncomfortable stillness 불안한 정적 069
an uncomfortable truth 불편한 진실 178
an unexpected outcome 예상치 못한 결과 087
an unforgettable experience
잊을 수 없는 경험 059
an urgent job 긴급한 일 199
ancient Roman architecture
고대 로마의 건축물 252
appear suddenly 갑자기 나타나다 178
apply for financial aid
학자금 지원을 신청하다 092
appreciate works of art 예술 작품을 감상하다 214
Are you ready? 준비됐니? 188
argue with his father 아버지와 말다툼하다 016
around 5 p.m. 오후 5시경 077
arrest a thief 도둑을 체포하다 128
arrive at the station 역에 도착하다 181
ask for a refund 환불을 요구하다 148
ask for approval 승인을 요청하다 169
at a bargain price 특가로, 싼 가격으로 149
at the bottom of the page 페이지 밑에 099
at the end of the game 게임이 끝났을 때 243
at the sea shore 바닷가에서 262
attend the contest 경연 대회에 참가하다 079
average temperatures in January
1월 평균 기온 268
avoid danger 위험을 피하다 045
award-winning authors
수상한 (표창을 받은) 작가들 101

B

bake some bread 빵을 굽다 029
bathe in a hot spring 온천욕을 하다 231
be absent from school 학교에 결석하다 087
be adopted by Swedish parents
스웨덴 부모님에게 입양되다 019
be afraid of a snake 뱀을 무서워하다 272
be always late for school
학교에 항상 지각하다 074
be based on facts 사실에 근거하다 107
be careful! 조심해라! 038
be good at playing the violin
바이올린 연주에 능숙하다 212
be in a hurry 서두르다 080
be likely to forget 잊어버릴 것 같다 171
be made of plastic 플라스틱으로 만들어진다 140
be proud of her son
아들을 자랑스럽게 여기다 015
be scared of a ghost 귀신을 무서워하다 098
be tired from a long journey
긴 여행으로 지치다 223
beat a slave 노예를 때리다 118

become a famous scientist 유명한 과학자가 되다 103

become a Japanese legend 일본의 전설적 인물이 되다 228

become efficient through an automatic system 자동화 시스템을 통해 114

bedroom furniture 침실 가구 235

beef sauce 쇠고기 소스 020

Beethoven's ninth symphony 베토벤의 9번 교향곡 213

begin to cry 울기 시작하다 057

believe in gods 신의 존재를 믿다 177

bend the knees 무릎을 굽히다 048

benefits for full-time work 전임에 대한 수당 127

bite a thumbnail 엄지손톱을 물어뜯다 053

bite me on the arm 내 팔을 물다 043

blow a whistle 휘파람을 불다 242

body language 몸짓 언어 096

boiling water 끓는 물 105

Booking is essential 예약은 필수입니다 031

borrow a novel from the library 도서관에서 소설책을 빌리다 099

both you and me 너와 나 둘 다 171

break a stick 막대기를 부러뜨리다 094

break a vase 꽃병을 깨뜨리다 207

break an appointment 약속을 깨다 165

break down easily 쉽게 고장 나다 106

break into an abandoned house 버려진 집에 침입하다 157

breathe deeply 깊이 숨을 쉬다 041

Bring me that knife 저 칼 좀 갖다 줘 021

browse shelves 선반을 둘러보다 198

build a harbor 항구를 건설하다 250

build muscle strength 근력을 키우다 056

building material 건축 재료 252

burn coal in a fireplace 벽난로에 석탄을 때다 278

burn some wood 나무를 태우다 276

burst into tears 눈물을 터트리다 066

bury his treasure 보물을 묻다 116

buy a ready-made costume 기성복을 구입하다 148

buy and sell used stuff 중고품을 사고 팔다 150

buy at a reasonable price 적당한 가격에 구입하다 147

buy household goods 살림살이를 구입하다 018

buy some fruit 과일을 좀 사다 285

C

Call him at once! 그에게 당장 전화해라! 194

call his name 그의 이름을 부르다 074

call off the game 경기를 취소하다 246

call up his memory 기억을 되살려 내다 105

calm down a crying baby 우는 아기를 진정시키다 018

cancel a match due to rain 비 때문에 경기를 취소하다 247

care about his health 그의 건강에 대해 염려하다 042

carry a baggage 짐을 나르다 143

carry a cane 지팡이를 짚고 다니다 044

carry heavy books 무거운 책들을 나르다 096

catch a bad cold 지독한 감기에 걸리다 037

catch a ball 공을 잡다 240

catch a strange sight 이상한 광경을 보다 230

catch up with other horses 다른 말들을 따라잡다 246

cause a big trouble 큰 문제를 일으키다 174

celebrate a festival 축제를 기념하다 226
challenge on and on 계속해서 도전하다 244
change a flat tire 펑크 난 타이어를 교체하다 184
change underwear 속옷을 갈아입다 235
characters in the play 극중의 인물들 216
chat with a friend 친구와 잡담하다 164
check out of the hotel
호텔에서 계산을 치르고 나오다 227
check out the engine 엔진을 검사하다 183
cherish old memories 옛 추억을 간직하다 172
chew some gum 껌을 씹다 022
Chinese traditional clothes 중국의 전통 의상 236
choose a topic 주제를 선택하다 079
cities of developed countries
선진국의 도시들 227
clap at the end of a speech
연설이 끝난 후 박수를 치다 193
classical literature 고전문학 101
classify by subject 주제별로 분류하다 085
clean his room 방을 청소하다 250
climb the cliff 절벽을 오르다 264
close neighbors 가까운 이웃 160
close the door 문을 닫다 248
collect stamps 우표를 수집하다 208
comb hair 머리를 빗다 054
come across an unfamiliar word
생소한 단어와 마주치다 102
come back soon 곧 돌아오다 161
comfortable living conditions
편안한 생활 여건 121
commonly used idioms
흔히 사용되는 숙어들 100
compare him with his brother
그를 동생과 비교하다 017
complain about the service
서비스에 대해 불평하다 140
compose music 음악을 작곡하다 214
conceal our thoughts on purpose
고의로 우리의 생각을 숨기다 157
concentrate on work 일에 집중하다 124
concern for the environment
환경에 대한 관심 263
conduct an experiment in a vacuum
진공 상태에서 실험하다 110
connect a printer to a computer
컴퓨터에 프린터를 연결하다 197
consider quitting his job
일을 그만둘 생각을 하다 123
continue for three days 3일 동안 계속되다 230
contribute to country's development
국가 발전에 기여하다 115
control his mind 그의 마음을 통제하다 067
convert a time zone 시간대를 변경하다 269
cost at least 20 dollars 최소한 20달러가 들다 137
cough medicine 기침약 046
count the number of words 단어의 수를 세다 112
cover a box 상자를 덮다 189
crawl at a snail's pace
달팽이 걸음으로 기어가다 187
crazy fans in the stadium
경기장의 열광하는 팬들 244
create an academic atmosphere
면학 분위기를 만들다 075
cross the border 국경을 넘다 283
cut a finger 손가락을 베다 020
cut down on their leisure expenses
레저 비용을 줄이다 209
cyber space 가상공간 195

D

damage by an earthquake 지진으로 인한 피해 277

dangerous chemicals 위험한 화학물질 106

dark eyebrows 짙은 눈썹 043

deaf and blind 귀먹고 눈먼 041

deceive his friend 친구를 속이다 172

decorate a Christmas tree 크리스마스트리를 장식하다 208

deeply respect his teacher 선생님을 (마음) 깊이 존경하다 083

defeat the enemy 적을 물리치다 155

delete useless data 쓸모없는 자료를 삭제하다 194

deliver a package 소포를 배달하다 138

depend on parents 부모님께 의존하다 016

describe computers as complex machines 컴퓨터를 복잡한 기계 199

design our wedding invitations 결혼 청첩장을 디자인하다 215

destroy forests 숲을 파괴하다 264

determine the purchase price 구매 가격을 결정하다 150

develop economy 경제를 발전시키다 145

develop new drugs 신약을 개발하다 047

develop the interpersonal skills 대인관계의 기술을 발전시키다 066

devote his life to art 그의 삶을 예술에 바치다 214

die in a traffic accident 교통사고로 사망하다 183

difficult math problems 어려운 수학 문제 112

dig a well 우물을 파다 278

dirty hands 더러운 손 036

disappear from the stage 무대에서 사라지다 218

discover an island 섬을 발견하다 282

discuss a matter 문제를 토의하다 189

dislike jogging 조깅을 싫어하다 245

distinguish between right and wrong 선과 악을 구별하다 176

divide six by three 6을 3으로 나누다 112

do exercise occasionally 이따금씩 운동하다 241

do it by himself 혼자서 그것을 하다 168

do one's best 최선을 다하다 163

double figures 두 자리 숫자 113

doubt his ability 그의 능력을 의심하다 080

draw a dotted line 점선을 긋다 213

draw a picture 그림을 그리다 210

dream a nightmare 악몽을 꾸다 054

Dreams come true 꿈은 이루어진다 169

drink herbal tea 한방차 (허브티)를 마시다 030

drive a truck 트럭을 운전하다 180

drive along the road 길을 따라 운전하다 221

drop a coin 동전을 떨어뜨리다 134

duck feather pillows 오리 (깃)털 베개 266

during the special promotion 특별 판매촉진 기간 중에 150

dye hair red 머리를 빨갛게 염색하다 238

E

earn billions of dollars 수십억 달러를 벌다 141

easily get angry and upset 쉽게 화나고 속상해지 068

elbow injury 팔꿈치 부상 051

elect a president 회장을 선출하다 156

electric resistance 전기 저항 115

employ one million workers 백만 명의 노동자들을 고용하다 137

enjoy the party 파티를 즐기다 206

enough time and money 충분한 시간과 돈 136
enter a coffee shop 커피숍에 들어가다 209
enter a password 암호를 입력하다 197
enter by a back door 뒷문으로 들어가다 252
entrance fees 입장료 219
escape from prison 감옥에서 탈출하다 159
establish a company 회사를 설립하다 146
Europe has many old castles
유럽엔 오래된 성이 많다 229
everyone except him 그를 제외한 모든 사람 159
evidence of a crime 범죄의 증거 157
examine a patient 환자를 검사하다 106
exchange greetings 인사를 교환하다 192
expect a good news 좋은 소식을 기대하다 196
explain over and over again
반복해서 설명하다 080
explore the Arctic 북극을 탐험하다 283
export cars 자동차를 수출하다 139
express his thought 그의 생각을 표현하다 191
extend his stay overseas
그의 해외 체류기간을 연장하다 233

F

fact and fiction 사실과 허구 099
fail to acquire a license 면허를 따는 데 실패하다
092
fair competition between businesses
기업 간의 공정한 경쟁 137
fall asleep in a minute 곧 잠들다 039
fall off the ladder 사다리에서 떨어지다 056
far from here 여기서 먼 281
fasten a screw 나사를 꼭 조이다 253
feed on cabbage leaves
양배추 잎을 먹고 살다 289
feel a generation gap 세대 차이를 느끼다 174
feel fear 두려움을 느끼다 064
feel hungry 배고픔을 느끼다 021
feel like going for a stroll
드라이브하고 싶은 마음이 들다 230
feel nervous 긴장을 느끼다 040
fields of wheat 밀밭 288
figure out the meaning 의미를 이해하다 091
fill out the blank 빈칸을 채우다 093
find his lost wallet 잃어버린 지갑을 찾다 139
find original bronze sculptures
진본 청동 조각품을 발견하다 215
finish his work 일을 끝내다 119
fire a lazy worker 게으른 일꾼을 해고하다 143
fix a machine 기계를 수리하다 107
flow slowly 천천히 흐르다 276
flu and colds 독감과 감기 051
fly a kite 연을 날리다 207
foggy weather 안개 낀 날씨 261
fold a sheet of paper 종이 한 장을 접다 078
follow the narrow path 좁은 길을 따라가다 227
follow the steps 절차를 따르다 159
follow your teacher's instruction
선생님의 지시를 따르다 086
for the first time in 5 years 5년 만에 처음으로 178
force him to be a king
억지로 그를 왕으로 추대하다 087
foreign aid 외국의 원조 138
forget his name 이름을 잊어버리다 077
forgive his mistake 그의 실수를 용서하다 177
form a balanced diet 균형 잡힌 식단을 이루다 031
form a group 그룹을 만들다 157

free of charge 요금을 받지 않는 (무료의) 145
freedom of expression 표현의 자유 156
freeze to death 얼어 죽다 048
from morning to evening 아침부터 저녁까지 160
frost and snow 눈서리 267
Fuel is leaking 연료가 새고 있다 280
funny cartoons 웃기는 만화 095

G

gather nectar from the flowers 꽃에서 꿀을 모으다 275
generally speaking 일반적으로 말하자면 102
get a discount 할인을 받다 147
get a ticket for nothing 공짜로 표를 얻다 219
get an annual checkup 1년에 한 번 하는 정기검진을 받다 052
get her hair permed 파마를 하다 239
get lost in the mountain 산에서 길을 잃다 225
get on the bus 버스에 올라타다 182
get rid of mosquitos 모기들을 없애 버리다 273
get stuck in a traffic jam 교통 체증에 갇히다 183
get upset with him 그에게 화내다 067
get used to a new school 새 학교에 익숙해지다 083
Ghosts don't exist 귀신은 존재하지 않는다 114
give a hint 힌트를 주다 090
give a word of advice 충고 한마디를 하다 165
give him a gift 그에게 선물을 주다 161
give it a try 한번 (시도) 해보다 122
give my best regards 안부를 전하다 068
give my best regards 안부를 전하다 176
give up smoking 담배를 끊다 044
glue the pieces together 조각들을 (풀로) 모아서 붙이다 214
go off the track 선로를 벗어나다 (탈선하다) 179
Go straight two blocks 두 구역 곧장 가세요 282
go through a hard training course 힘든 훈련 과정을 거치다 093
go to the dentist 치과에 가다 036
go to work by subway 전철로 출근하다 180
go upstairs 위층에 올라가다 250
good for health 건강에 좋은 037
graduate (from) college 대학교를 졸업하다 086
grape vine 포도 덩굴 285
graves in the cemetery 공동묘지의 무덤들 254
grow deep into the earth 땅속 깊이 자라다 286
grow flowers in a greenhouse 온실에서 꽃을 기르다 285
guess the answer 답을 추측하다 088
guide a foreigner 외국인을 안내하다 222

H

hand in a daily report 일일 보고서를 제출하다 193
handle the procedures 절차를 처리하다 159
hang the picture 그림을 걸다 212
happen at the same time 동시에 발생하다 103
hard like a stone 돌처럼 딱딱한 269
harvest with a combine 콤바인으로 수확하다 287
hate a dog 개를 싫어하다 270
have a conversation with parents 부모님과 대화하다 015
have a good time during the holiday 휴가 중에 즐거운 시간을 보내다 161
Have a seat 앉으세요 216
have a stomachache 복통이 있다, 배가 아프다 049

have breakfast 아침을 먹다 020
He must be sick 아픈 게 틀림없다 041
He seldom goes out
좀처럼 밖에 나가지 않는다 173
head to the beach 해변으로 향하다 208
hear his voice 그의 목소리를 듣다 188
heat a frying pan 프라이팬을 가열하다 024
height and weight 신장과 몸무게 042
help each other 서로 돕다 163
help yourself to the cookies
쿠키를 마음껏 드세요 022
hide money 돈을 감추다 135
high income earners 고소득자들 144
his only daughter 그의 외동딸 014
hit the chin 턱을 치다 047
hold a meeting 모임을 개최하다 173
Hold on a minute! 잠깐만 기다려 봐! 194
hunger and thirst 배고픔과 갈증 025
hunt a bear 곰을 사냥하다 270
hurt his feelings 그의 마음을 아프게 하다 062
hurt his waist 허리를 다치다 037

I

I beg your pardon? 뭐라고 하셨죠? 166
I cooked this meal especially for you
특별히 널 위해 이 요리를 했다 031
I don't care for seafood
난 해산물을 좋아하지 않는다 027
I don't know for certain 확실히는 모른다 078
I usually get up early 난 보통 일찍 일어난다 160
I was born in Busan 난 부산에서 태어났다 281
I'm broke 돈이 다 떨어졌어 136
I'm glad you came 와줘서 반갑습니다 067
I'm interested in classical music
고전 음악에 관심이 있다 211
I'm sure of his success 그의 성공을 확신한다 119
I'm worried about your health
너의 건강이 걱정된다 040
imagine herself as a princess
스스로 공주라고 상상하다 095
imitate his voice 그의 목소리를 흉내 내다 193
improve his English skills
영어 실력을 향상시키다 090
in spite of his effort 그의 노력에도 불구하고 125
include tax 세금을 포함하다 144
indifferent to politics 정치에 무관심한 155
inside a building 건물 안에서 206
instant food 즉석 식품 027
intend to stay long 오랫동안 머무를 작정이다 228
interview one by one 한 사람씩 면접을 보다 190
invent a new machine 새 기계를 발명하다 104
invite a number of guests
많은 손님들을 초대하다 226
iron the clothes 옷을 다림질하다 018
irregular meals 불규칙적인 식사 029
Is your grandfather still alive?
할아버님 아직 살아 계시니? 017
It doesn't matter 그건 문제가 되지 않는다 162
It's already five o'clock 벌써 5시다 080
It's not your fault 너의 잘못이 아니야 165

J

Jack is in the sixth grade 잭은 6학년이다 076
join a tennis club 테니스 클럽에 가입하다 241
judge him by his appearance
외모로 그를 판단하다 151

jump for joy 기뻐서 껑충 뛰다 061

K

keep his promise 약속을 지키다 170
keep the lesson in mind
교훈을 마음속에 간직하다 088
keep the plan secret 계획을 비밀로 유지하다 085
knock on the door 문을 두드리다 253

L

last for several months 몇 달 동안 지속되다 093
laugh loudly 큰소리로 웃다 058
lay an egg 알을 낳다 288
lead his team to victory 팀을 승리로 이끌다 245
learn a poem by heart 시를 암송하다 100
learn about history 역사에 관해 배우다 116
learn step by step 하나씩 차근차근 배우다 091
leave a message 메시지를 남기다 195
lend some money 돈을 좀 꿔주다 139
let him know the news 그에게 소식을 알리다 196
Let's pose for a picture
사진 찍을 포즈를 취하자 232
lie on the bed 침대에 눕다 038
lie unintentionally from time to time
가끔씩 무심코 거짓말을 하다 169
Life must go on 삶은 계속되어야 한다 170
light a candle 초에 불을 붙이다 021
live a lonely life 외로운 삶을 살다 166
live an ordinary life 평범한 삶을 살다 173
live here forever 여기서 영원히 살다 118
live in clear water 깨끗한 물에서 살다 280
live without a safety net
사회적 안전망 없이 살다 174
locate a campsite on the map
지도에서 야영지를 찾다 284
look after the children 아이들을 돌보다 040
look down on the poor
가난한 사람들을 무시하다 066
look for a job 일자리를 찾다 135
look forward to seeing him
그를 만나길 고대하다 168
look in the mirror 거울을 들여다보다 234
look like a doll 인형처럼 생기다 208
look similar 유사하게 보이다 049
loose pants 헐렁한 바지 238
lose a necklace 목걸이를 잃어버리다 236
lose a passport 여권을 잃어버리다 222
lower the quality of life
삶의 질을 떨어뜨리다 149

M

mail a letter 편지를 부치다 198
major in philosophy 철학을 전공하다 124
make a lot of money 많은 돈을 벌다 134
make a reservation 예약을 하다 224
make every effort to accomplish a goal
목표를 성취하려고 모든 119
make fun of his weakness
그의 약점을 놀려대다 170
make pocket money 용돈을 벌다 146
Make sure you turn off the water
물 잠그는 것 잊지 마라 279
make the most of your chance
기회를 최대한 이용하다 122
make the trouble worse 문제를 악화시키다 171
manage to pass the test

시험을 가까스로 통과하다 090
marry a prince 왕자와 결혼하다 096
May I ask you a favor?
제 부탁 좀 들어주실래요? 081
measure the length 길이를 재다 113
meet by accident 우연히 만나다 175
Mind your own business 네 일이나 신경 써라 069
miss a train 기차를 놓치다 181
miss his hometown 고향을 그리워하다 058
mix flour and water 밀가루와 물을 섞다 023
modern society 현대 사회 154
Most of all, it is important to plan
무엇보다도 계획을 세우는 것이 중요하다 233
mother tongue 모국어 100
motion sickness (차량의) 멀미 179
music and art 음악과 미술 211
my dearest friends 나의 가장 소중한 친구들 172
my favorite subject 내가 가장 좋아하는 과목 076
My mouth is watering 입에 군침이 도네 030
my own house 내 소유의 집 251

N

name a baby after his parents
부모를 따라 아기 이름을 짓다 017
name her son Mike
아들을 마이크라고 이름 짓다 014
neat handwriting 깔끔한 글씨 089
need some time 시간을 필요로 하다 167
notice a small error 작은 실수를 발견하다 060

O

obey the law 법에 복종하다 156
observe the stars in the night sky
밤하늘의 별을 관찰하다 231
offer better opportunities and pay
더 좋은 기회와 보수를 제공하다 126
often meet him 그를 종종 만나다 160
old but still usable
낡았지만 여전히 쓸만한 물건 150
on a tight budget 돈이 없는, 빈곤한 149
on my way home 집에 오는 길에 164
open a savings account online
온라인으로 저축예금을 개설하다 147
operate the machine 기계를 작동시키다 105
order a special dish 특별 요리를 주문하다 024
organic products 유기농 제품 147
own a mansion 큰 저택을 소유하다 143

P

paint the wall 벽에 (페인트) 칠하다 210
part with his girl friend 여자 친구와 헤어지다 173
pass away years ago 몇 년 전에 돌아가시다 054
pay an admission fee 입장료를 지불하다 220
pay attention to the lecture
강의에 주의를 기울이다 091
pay for health insurance
건강보험료를 지불하다 055
pay in cash 현금으로 지불하다 136
peace-loving people 평화를 사랑하는 사람들 176
physical education 체육 081
physical strength 육체적인 힘 050
pick up a coin 동전을 집다 134
plan ahead 미리 계획을 짜다 084
plane passengers 비행기 승객 186
plant a hedge 울타리를 심다 263
play a minor role 비중 없는 역할을 하다 218

play on the muddy ground
진흙 땅에서 경기하다 240
play the guitar 기타를 연주하다 210
play with toys 장난감을 가지고 놀다 206
please the audience 청중을 기쁘게 하다 068
plenty of time 많은 시간 141
plow a rice field 논을 (쟁기로) 갈다 288
pollute a river 강을 오염시키다 266
poor grades 형편없는 성적 082
pop up behind the rock
바위 뒤에서 갑자기 나타나다 265
popular opinion 대중의 의견 (여론) 189
population growth 인구 증가 148
pour hot water 뜨거운 물을 붓다 023
practice a lot 연습을 많이 하다 121
practice on Sundays 일요일마다 연습하다 247
praise my homework 내 숙제를 칭찬하다 094
pray at the church 교회에서 기도하다 178
predict his future 그의 미래를 예언하다 167
prefer banana to apple
사과보다 바나나를 더 좋아하다 028
prepare the dinner 저녁 식사를 준비하다 028
press the accelerator 가속페달을 밟다 187
prevent accidents 사고를 예방하다 226
produce fruit and vegetables
과일과 야채를 생산하다 288
produce high-yield crops
다수확 작물을 생산하다 287
produce natural gas 천연가스를 생산하다 277
protect animals 동물을 보호하다 273
protect children from evil spirits
아이들을 악령으로부터 보호하다 177
prove a theory 이론을 입증하다 114
provide vital goods 필수품을 공급하다 050
public places 공공 장소 182
publish a book 책을 출판하다 190
pull on the rope 밧줄을 잡아당기다 248
push a button 버튼을 누르다 109
put a car in the garage 차를 차고에 두다 181
put a high value on honesty
정직에 높은 가치를 두다 064
put an umbrella up 우산을 쓰다 261
put him into prison 그를 감옥에 넣다 154
put in a locker 사물함에 넣어 두다 242
put in salt 소금을 넣다 029
put in the refrigerator 냉장고에 넣다 195
put on weight 몸무게가 늘다 046

R

raise his salary 봉급을 올려 주다 141
rapid growth 빠른 성장 140
reach a goal 목표에 도달하다 122
read an article 기사를 읽다 192
realize his fault 그의 잘못을 깨닫다 167
really love him 그를 정말로 사랑하다 057
receive a letter 편지를 받다 192
recognize incorrect pronunciation
부정확한 발음을 인지하다 101
recommend a good restaurant
좋은 식당을 추천하다 026
record his voice 목소리를 녹음하다 215
recycle food waste
음식물 쓰레기를 재활용하다 030
reduce environmental pollution
환경오염을 줄이다 267
refer to a dictionary 사전을 참조하다 090
reflect light 빛을 반사하다 109

relax his body 몸을 편안하게 하다 051
release the movie 영화를 개봉하다 220
relieve the pain 고통을 덜어 주다 052
religious belief 종교적 신념 177
remain silent 조용히 있다 066
remarkably easy questions 너무 쉬운 질문들 093
remember his name 그의 이름을 기억하다 075
remove the caffeine 카페인을 제거하다 044
repair a broken watch
고장 난 시계를 수리하다 106
Repeated practice is important
반복된 연습이 중요하다 084
replace a light bulb 전구를 갈아 끼우다 105
reply in a tender voice
부드러운 목소리로 대답하다 063
reserve a seat 좌석 (자리)을 예약하다 230
return books 책을 반납하다 091
reverse a decision 결정을 철회하다 (바꾸다) 158
ride a horse 말을 타다 242
ring a golden bell 황금 종을 울리다 211
roll up sleeves 소매를 말아 올리다 236
roots of a tree 나무의 뿌리 271
rule over a large empire 대제국을 다스리다 117
run a restaurant 음식점을 운영하다 025
run errands 심부름을 하다 094
run fast 빨리 달리다 246
run into delicate problems
미묘한 문제들과 마주치다 169
run out of gas 연료가 다 떨어지다 277
run over a deer (차로) 사슴을 치다 186
rural societies based on agriculture
농업 중심의 시골사회 290
rush to the station 역으로 달려가다 182

S

sail on a rough sea 거친 바다 위를 항해하다 124
save energy 에너지를 절약하다 276
save many lives of humans and animals
많은 인간과 동물들의 271
say hello to your family
가족들한테 안부 전해줘 016
score three runs 3점을 득점하다 247
scrape the surface 표면을 긁다 110
see him off at the airport
공항에서 그를 배웅하다 223
seek psychological help
심리적 도움을 구하다 163
sell books for children
어린이를 위한 책을 팔다 075
seminars on hardware and software
하드웨어와 소프트웨어에 관한 세미나 114
send a message via e-mail
이메일로 메시지를 보내다 196
send a text message 문자 메시지를 보내다 199
set out on a hike 도보여행을 출발하다 227
sew his socks 그의 양말을 꿰매다 238
shake hands with him 그와 악수하다 164
share the money 돈을 나누다 143
share the pain and sorrow
고통과 슬픔을 함께하다 060
sharp color contrast 강렬한 색의 대비 213
She reminds me of my mother
그 여자를 보면 엄마가 생각난다 014
shine brightly 밝게 빛나다 276
shoot arrows at a target 화살을 과녁에 쏘다 244
show a talent for golf
골프에 대한 재능을 보여 주다 123

show an example 예를 보여 주다 111
show up late 늦게 나타나다 084
shut the gate 대문을 닫다 248
sign the contract 계약서에 서명하다 127
sink to the bottom 바닥으로 가라앉다 108
sit near the statue 조각상 근처에 앉다 251
sit on the cozy sofa 아늑한 소파에 앉다 209
sit on the floor 마룻 바닥에 앉다 249
sit on the grass 풀밭에 앉다 271
skin and bone 피부와 뼈 039
skip a chapter 한 단원을 건너뛰다 089
sleep during lunch time 점심 시간 동안 자다 041
slip on ice 얼음 위에서 미끄러지다 278
slow like a turtle 거북처럼 느린 271
smash a rock with a hammer 망치로 바위를 박살 내다 253
soft calf skin leather 부드러운 송아지 가죽 290
soft towel cloth 부드러운 수건 천 235
solve a serious problem 심각한 문제를 해결하다 085
something else 그 밖의 다른 것 122
sort personal belongings 개인 사물 (소지품)을 분류하다 232
South Korea 남한 281
sow seeds 씨를 뿌리다 286
speak in a quiet voice 조용한 목소리로 말하다 190
speak in Jeju-do dialect 제주도 사투리로 말하다 097
speak not only English but also French 영어뿐만 아니라 프랑스어도 한다 084
special treatment 특별대우 046
spell words 단어의 철자를 적다 102
spend less time shopping 쇼핑에 시간을 덜 쓰다 135
spill some milk 우유를 엎지르다 030
spread a rumor 소문을 퍼뜨리다 193
squeeze juice 즙을 짜내다 024
stand his rudeness 그의 무례함을 참다 065
stand in front of the house 집 앞에 서다 019
stand in front of the house 집 앞에 서다 248
starfish, crabs, oysters, and so on 불가사리, 게, 굴 등등 286
start immediately 즉시 시작하다 128
starve to death 굶어 죽다 052
stay at home 집에 머무르다 222
step on his foot 그의 발을 밟다 170
stimulate the reader's imagination 독자의 상상력을 자극하라 194
store food 음식을 저장하다 028
strike him on the head 그의 머리를 때리다 056
strong shoulders 강한 어깨 053
Students are anxious about the next exam 학생들이 다음 시험을 걱정한다 076
study abroad 외국에서 공부하다 083
submit an application form 지원서를 제출하다 127
submit papers 과제 (보고서)를 제출하다 092
succeed after all 결국 성공하다 126
suffer from cancer 암으로 고통받다 048
suggest a good restaurant 좋은 식당을 제안하다 029
support senior citizens 노인을 부양하다 018
survive an accident 사고에서 살아남다 185
swallow a pill 알약을 삼키다 047
sweet-smelling soil 향긋한 냄새가 나는 흙 268

T

take a break after work
일한 뒤에 휴식을 취하다 136

take a nap after lunch 점심 먹고 낮잠 자다 172

take a picture of him 그의 사진을 찍다 211

take a rest under a tree
나무 밑에서 휴식을 취하다 224

take a trip to Jejudo 제주도로 여행가다 224

take an basic English course
기초 영어 과정을 밟다 079

take care of orphans 고아들을 돌보다 016

take him to the hospital
그를 병원에 데려가다 043

take his age into account 나이를 고려하다 125

take medicine 약을 복용하다 038

take notes 노트 필기를 하다 082

take off his cap 모자를 벗다 209

take part in the Olympic games
올림픽 경기에 참가하다 245

take the sheep to the meadow
양들을 풀밭으로 몰고 가다 290

take up all day 하루 종일 걸리다 231

talk gently 점잖게 말하다 058

tame wild animals 야생 동물들을 길들이다 273

taste sour 신맛이 나다 028

teach him English 그에게 영어를 가르치다 074

tear paper into scraps 종이를 조각조각 찢다 280

tell a lie 거짓말하다 165

test blood type 혈액형을 검사하다 040

Thank you for your help 도와줘서 고마워 067

thanks to their efforts 그들의 노력 덕분에 063

That's a pity 유감이군요 059

the 21st century 21세기 195

the 26 letters of the English alphabet
영어 알파벳 26글자 101

the back yard 뒤 뜰 249

the bird flu 조류 독감 055

the bottom of the ocean 바다 밑, 해저 279

the capital of France 프랑스의 수도 282

The colors of the cover faded
덮개 색깔이 바랬다 239

the continent of Africa 아프리카 대륙 282

the crowd in the square 광장에 있는 군중 151

the desert area 사막 지역 279

the direction to the station 역으로 가는 방향 225

the distant horizon 머나먼 수평선 (지평선) 284

The diving coach shouted at him
다이빙 코치가 소리쳤다 188

the exact meaning of a word
단어의 정확한 뜻 098

The film is about to start
영화가 막 시작하려고 한다 219

The fire alarm went off 화재경보기가 울렸다 252

The flood spoiled the crops
홍수가 농작물을 망쳐 놓았다 269

the front row seat 앞줄 좌석 220

The game is over 게임 끝났어 241

the gold medal ceremony 금메달 시상식 247

the government's support 정부 지원 151

the Great Plains (미국의) 대평원 289

the high economic growth rates
높은 경제 성장률 149

The house belongs to him
그 집은 그의 소유다 144

the human brain 인간의 뇌 043

the Industrial Revolution 산업혁명 118

the meeting of separated families 이산가족 019

the name below the title 제목 아래의 이름 097
the pain of toothache 치통으로 인한 통증 045
the police station 경찰서 187
The pot calls the kettle black
솥이 주전자보고 검다 한다 031
the right to privacy 사생활에 대한 권리 175
the same number 같은 번호 111
the spectacle of the deep blue sea
짙푸른 바다의 광경 231
the speed limit 속도 제한 184
the stock market 증권시장 126
The sun rises in the east 해는 동쪽에서 뜬다 265
The tank is filled with water
탱크가 물로 채워져 있다 277
the temple built beside the pyramid
피라미드 옆에 지어진 사원 284
the tourist industry 관광 산업 229
the underground parking lot 지하 주차장 179
the unknown world of communication between animals 알려지지 않은 동물 간 의사소통의 세계 274
the water supply 물 공급 268
the welfare of its citizens 시민들의 복지 146
the whole world 전 세계 191
the yearly average temperature
연 평균 기온 279
things to do 할 일 (것)들 074
think of new ways 새로운 방법을 생각해 내다 103
This coat doesn't fit me
이 코트는 나한테 안 맞다 236
throw a stone 돌을 던지다 207
throw away garbage 쓰레기를 버리다 262
tie up shoelaces 신발 끈을 매다 237
tighten the seatbelt 좌석 벨트를 꽉 조이다 228
touch the child's face 아이의 얼굴을 만지다 053
translate English into Korean
영어를 한국어로 번역하다 098
travel around the world
세계를 돌아다니며 여행하다 226
treat a patient 환자를 치료하다 046
trust his honesty 그의 정직함을 믿다 063
try on a wedding dress
웨딩드레스를 입어 보다 015
try to pass the exam
시험에 합격하려고 노력하다 078
turn down the volume 볼륨을 줄이다 198
turn out to be true 사실인 것으로 판명되다 108
turn the door handle 문의 손잡이를 돌리다 249

U

unable to see anything 아무것도 볼 수 없는 053
understand the meaning 뜻을 이해하다 079
unify two countries 두 나라를 통일하다 117
universal truths 보편적 진실 269
use a tool 도구를 사용하다 104
use background knowledge
배경 지식을 사용하다 086
use chopsticks instead of knives
나이프 대신 젓가락을 사용하다 027
use public transportation
대중교통을 이용하다 186
useful information 유용한 정보 223

V

various kinds of clothes 다양한 종류의 옷 237
various political opinions
다양한 정치적 의견들 158
visit a museum 박물관을 방문하다 221

visit the lost and found (center)
분실물센터를 방문하다 233
vote in the election 선거에서 투표하다 153

W

wait all day long 하루 종일 기다리다 162
wait for a while 잠시 기다리다 176
wake him up in the morning
아침에 그를 깨우다 167
walk down the street 길을 걸어 내려가다 221
walk side by side 나란히 걷다 164
warm comfort 따뜻한 위로 061
wash plates 접시를 닦다 025
wash the dishes 설거지를 하다 022
waste time 시간을 낭비하다 174
Watch out the fierce dog!
그 사나운 개 조심해! 272
watch things closely 사물을 면밀히 관찰하다 103
wear a suit 정장을 입다 237
wear an army uniform 육군 제복을 입다 128
wear glasses 안경을 쓰다 042
weed my garden 정원의 잡초를 뽑다 289
weigh 20 kilograms (무게가) 20킬로그램 나가다 044
Whales are mammals 고래는 포유류이다 274
What does it mean? 그건 무슨 뜻입니까? 077
What took place last night?
지난 밤 무슨 일이 일어났지? 191
win a game 시합을 이기다 240
win a prize 상을 타다 120
win the soccer championships
축구 선수권 대회에서 우승하다 246
wine's scents and flavors 포도주의 향과 맛 141
wipe sweat 땀을 닦다 042
wish him luck 그에게 행운을 빌다 057
Wool won't soak up moisture
양모 (울)는 습기를 빨아들이지 않는다 238
work as a clerk 점원으로 일하다 120
work in a school laboratory
학교 실험실에서 연구하다 088
worry about the paycheck
월급에 대해 걱정하다 134
worsen his health 건강을 악화시키다 050
wrap a present 선물을 포장하다 140
write a poem 시를 쓰다 096
write a sentence 한 문장을 쓰다 097

Y

yawn during class 수업시간에 하품하다 089